알자지라 효과

뉴글로벌 미디어와 세계정치 그리고 중동의 대변혁

Philip Seib 지음
서정민 옮김

명인문화사

알자지라 효과: 뉴글로벌 미디어와 세계정치 그리고 중동의 대변혁

1쇄 펴낸 날 / 2011년 7월 22일

지은이 / Philip Seib
옮긴이 / 서정민
펴낸이 / 박선영
펴낸곳 / 명인문화사

내지디자인 / 이지혜
표지디자인 / 조수연

등 록 / 제2005-77호(2005.11.10)
주 소 / 서울시 송파구 석촌동 58-24 미주빌딩 202호
이메일 / myunginbooks@hanmail.net
전 화 / 02)416-3059
팩 스 / 02)417-3095

ISBN / 978-89-92803-34-2
가 격 / 22,000원

ⓒ 명인문화사

The Al Jazeera Effect: How the New Global Media Are Reshaping World Politics

Philip Seib

Copyright ⓒ 2008 Potomac Books, Inc.
Translated into Korea by permission of Potomac Books, Inc.

Korean edition copyright 2011 by Myung In Publishers.

간략목차

1. 문명의 충돌을 넘어   1
2. 위성채널의 급증   27
3. 인터넷의 범람   65
4. 가상국가의 부상   89
5. 글로벌 커넥션, 글로벌 테러리즘   125
6. 민주주의를 위한 사이버 투쟁   151
7. 중동을 바꾸는 힘   189
8. 변화의 의미는   233

세부목차

역자 서문   vii

서문   xiii

1. 문명의 충돌을 넘어   1
2. 위성채널의 급증   27
   - 알-자지라 그리고 기업   28
   - 레바논, 팔레스타인 그리고 다른 방송들   36
   - 미국의 존재   42
   - 텔레수르   46
   - 경쟁에 참여한 다른 매체들   51
3. 인터넷의 범람   65
   - 우선과제의 선정   66
   - 새로운 협력관계   73
   - 뉴스를 넘어서   79
4. 가상국가의 부상   89
   - 쿠르디스탄의 가상주권   91
   - 중동 그리고 글로벌 이슬람   99
   - 가상의 움마   105
   - 수정된 지도상에서의 외교정책   121

5. 글로벌 커넥션, 글로벌 테러리즘   125
    가상국가로서의 알-카에다   131
    알-카에다를 넘어서   148

6. 민주주의를 위한 사이버 투쟁   151
    중국: 거대 실험실   155
    다른 지역의 변화 그리고 정체   175

7. 중동을 바꾸는 힘   189
    알-자지라의 선도적 역할   190
    민주화의 역동성   197
    미래의 과제는   226

8. 변화의 의미는   233
    언급되어야 하는 이야기들   235
    위성 뉴스 채널과 수많은 매체   240
    언론 무기화의 위험성   243
    가상 커뮤니티의 출현   245
    테러리즘을 넘어서: 이슬람 세계에 대한 고찰   247
    새로운 전략의 모색   251

주석   257
참고문헌   279
찾아보기   285
저자 소개   297
역자 소개   298

역자 서문

튀니지에서 촉발된 민주화 물결이 이집트 정권을 수장시키고 주변 사막도 적시고 있다. 당장 리비아, 예멘, 그리고 시리아의 상황이 심상치 않다. '버티기' 전술을 취하고 있지만 무암마르 카다피, 알리 살리흐, 그리고 바샤르 알-아사드 정권도 풍전등화 상태에 놓여있다. 시민혁명의 높은 파도는 또 다른 아랍국가들로 넘쳐 흘러들어가고 있다. 알제리, 바레인, 모로코, 팔레스타인, 요르단, 수단 등에서도 개혁을 요구하는 반정부 시위가 이어지고 있다. 22개 아랍국 중에서 시위나 정치 개혁요구가 발생하지 않는 나라는 카타르뿐이다. 중동의 벽도 넘어서고 있다. 아프리카의 남단 남아프리카공화국, 유럽 남부의 이탈리아, 북방의 러시아는 물론 중국에서도 반정부 시위기도가 발생했다.

이번 혁명이 아랍의 정치변화에 국한될 것이라는 예측은 근시안적인 것이다. 아랍권뿐만 아니라 전 세계 정치역학의 근간을 흔들 것이다. 시간은 걸리겠지만 전 세계 권위체제 하에 사는 억압받는 민중의 심리구조(mentality)를 바꾸어 놓을 것이다. 수년 혹은 수십 년이 걸릴 수도 있겠지만 전 세계로 확산할 반권위주의 민주화의 봇물이 터진 것만은 틀림없다.

외면상으로 아랍의 현 시민혁명 현상은 베를린 장벽 붕괴로 상징되는 1980년대 말 동유럽 공산권 몰락과 비슷하다고 할 수 있다. 수십 년간 지속된 독재 정권의 압정을 시민의 힘으로 떨쳐내고 민주화시대를 열고 있다는 점에서 그렇다. 그러나 18세기말 프랑스 혁명에 더 가깝다. 아랍권의 시민혁명은 단순한 독재타도 혁명이 아니다. 1789년 시작된 프랑스 혁명이 부르주아 계급에 대한 단순한 서민혁명이 아니었던 것처럼 말이다. 프랑스 혁명이 신권왕정의 절대주의체제에 반기를 들고 자유로운 개인으로서 평등한 권리를 확립했듯, 21세기 현 아랍민주화혁명도 권위주의에 도전하고 개인의 인간적인 삶을 추구하는 '사상혁명'이다.

우선 무력을 바탕으로 한 '남성중심의 가부장적 인식체계'에 정면으로 도전하고 있다. 가부장적 인식체계는 특히 아랍권의 중요한 전통 그리고 아랍인의 심리구조에 자리 잡아 왔다. 지도자가 아버지로 여겨지는 가부장적 전통 속에서 가장 강력한 가문이 부족이나 국가를 수천 년 동안 지배해 왔다. 근대에 와서도 무력을 기반으로 한 쿠데타 군부세력이 장기 집권할 수 있었다. 국민들은 공화정이든 왕정이든 가부장적 권위에 도전할 엄두를 내지 못했다. 아랍의 5,000년 중앙집권 권위주의 체제 역사에서 시민혁명이 성공한 사례는 거의 없었다. 그러나 이러한 전통과 심리구조에 일격을 가하고 아랍인들의 마음속에 '자신감'을 넣어준 것이 이번 시민혁명이다.

특히 이번 아랍시민혁명은 또 중동의 정치체제 즉, 가부장적 세습 전통의 고리를 끊고 있다. 3대 세습을 시도하고 있는 북한과 가까운 공화정 시리아는 21세기 부자세습에 성공했다. 2000년 아버지 하피즈 알-아사드에 이어 아들 바샤르가 집권해 통치하고 있다. 이 때문에 2011년 6월 기준, 심각한 반정부 시위가 이어지고 있다. 공화정임에도 부자세습을 시도하려 했었던 이집트 정권도 붕괴했고, 다른 부자세습 시도 공화정 국가 예멘과 리비아도 현재 국민의 대규모 반발에 직면하고 있다. 3대 세습을 준비하고 있는 북한으로서는 가슴 철렁한 소식일 수밖에 없다.

　아랍권 최대 정치, 문화 강국 이집트가 무너진 날, 22개 아랍국가 수도 중심가에 모여든 인파는 이것이 자국의 일인 양 환호했다. 압제에 저항할 수 있다는 자신감의 표출이었다. 심리구조의 변화가 이처럼 아랍 전역에 빠르게 확산되는 데는 위성방송과 소셜네트워크서비스(SNS)와 같은 뉴미디어 역할이 지대했다. "리더가 없는 혁명이었다. 시민들이 진정한 영웅이다. 이제 더 이상 나의 역할이 없다. 나는 일터로 돌아갈 것이다. 혁명의 불길이 다음에는 어느 나라로 옮아 붙을 지는 페이스북에 물어보면 알 것이다." 구글의 직원이자 이집트 혁명에서 가장 큰 역할을 담당했던 와일 구님은 알-자지라 방송과의 인터뷰에서 위와 같이 밝혔다.

　큰 틀로 보면 20세기와 21세기의 통신기술 발달이 아랍의 시민혁명에 중요한 역할을 했다고 할 수 있다. 물론 이 책의 저자 세이브가 언급한 바처럼 '가장 중요한 변수'는 아닐지라도 말이다. 특히 위성방송, 인터넷, 소셜네트워크서비스(SNS) 등 뉴미디어가 확산되면서 가부장적 권력에 도전할 수 있는 힘을 결집할 수 있었다. 산유국을 제외하면 대부분 아랍국가는 50여 년 동안 독재와 부패, 미진한 경제발전의 부의 불공평한 분배, 높은 실업률 하에서 살아왔다. TV와 신문은 수십 년 전부터 존재했지만 대부분 정부가 소유하거나 통제해 왔다. 불만은 있었으나 지금처럼 결집할 수 있는 매개체가 없었다. 왕정국가를 제외하고 공화정 체제하에서 뉴미디어가 가장 발달한 튀니지와 이집트가 다른 국가보다 빠른 변화를 달성했다는 것이 이를 반증한다.

　실제로 위성TV와 SNS는 튀니지와 이집트의 시민혁명 성공에 결정적인 역할을 했다. 튀니지의 노점상 무함마드 부 아지지가 분신하는 모습이 휴대폰 동영상에 잡히지 않았다면 이번 시민 혁명 전체의 불씨는 없었을 것이다. 더불어 1980년 말 중동의 상황을 비교해 보면 더욱 뉴미디어의 역할이 명확해 진다. 당시 동구 공산권이 도미노처럼 붕괴했을 때 세계의 정치학자들은 '다음 차례'로 중동을 언급했다. 민주화에서 가장 뒤쳐진 지역이었기 때문이다. 하지만 중동 정권의 변화는 전혀 없었다. 당시에도 생활고와 빈부차이가 심했고, 독재체제가 지금과 별반 다르지 않았었다. 따라서 국민의 불만도 고조돼 있었다. 그러나 시민의 힘을 결집할 수단이 없었던 것이 현재와의 가장 큰 차이점이다.

그러나 SNS는 아직 중동에서는 걸음마 단계다. 중동 전체 평균 인터넷 보급률이 아직 30퍼센트를 넘지 못하기 때문이다. 이보다는 알-자지라 방송의 역할이 더 중대했다고 할 수 있다. 불과 10년 전하고 비교하더라도 알-자지라의 중동 내 지위는 확고하다. 이번 중동의 시위 사태에서 특히 큰 역할을 한 것은 알-자지라 그룹의 여러 채널 중 하나인 알-자지라 라이브(al-Jazeera Live)다. 연일 시위가 발생하던 튀니지 수도의 광장에는 알-자지라 라이브 채널의 카메라들이 24시간 돌아가고 있었다. 다른 21개 아랍국가의 시청자들은 안방에서 튀니지의 상황을 자국의 상황인양 볼 수 있었다. 수십 년을 집권한 독재정권이 그리고 도전할 엄두를 내지 못했던 독재 권력이 무너지는 것을 눈앞에서 볼 수 있었다. 이것이 바로 이 책의 저자가 주장하는 알-자지라 효과다.

이 책을 집필할 당시 저자도 그 효과가 이처럼 빨리 현실화할 것이라고는 상상하지 못했을 것이다. 하지만 알-자지라를 포함한 뉴미디어 효과를 이제 피부로 느낄 수 있다. 2011년 2월 이집트 내 교민철수가 결정되자, 이집트 카이로 공항에서 항공편을 기다리던 한 한국청년이 올린 메시지가 그 예다. "일본 대사관은 공항에서 식사를 제공하고 있는데, 우리 대사관은 무엇을 하는가"가 그 메시지의 요지다. 한 일반 청년의 메시지가 9시 뉴스에 등장했다. 알-자지라 효과는 단순히 중동 혹은 제3세계에 국한된 것이 아니다. 세계 최고수준의 인터넷 문화를 자랑하는 우리나라에서는 그 효과가 더욱 클 것이다. 특히 중동보다 더 가부장적 권위주의 체제인 북한이 우리와 접해있다. 알-자지라 효과가 우리 주변에 항상 있을 수밖에 없다.

2011년 7월
이집트 시민혁명의 성지
카이로 해방광장에서

서문

민심을 차지하기 위한 전투가 중동에서 연일 진행되고 있다. 바그다드 거리에서의 총격전뿐만이 아니다. 알-자지라(al-Jazeera)의 뉴스 보도와 토크 쇼에서도 매일 입을 통해 논쟁이 벌어지고 있다. 중국의 미래도 그렇다. 공산당 소속 고위 관리가 모든 것을 결정하는 것은 아니다. 인터넷 카페에서 조용히 움직이는 블로거들의 영향력도 커지고 있다. 알-카에다(al-Qaeda)의 다음 공격도 동굴에 숨어있는 오사마 빈 라덴(Osama bin Laden)이 직접 지시할 필요는 없다. 인터넷을 통해 연결된 세계 각지의 세포조직들이 독자적으로 감행할 수 있다.

다른 여러 사례들에서도 국제정치를 움직이는 전통적 방식이 점차 뉴미디어의 영향력에 잠식당하는 현상이 나타나고 있다. 위성 TV, 인터넷 그리고 다른 최첨단 통신 수단의 정치적 역할이 확대되고 있는 것이다. 기존의 미디어 역할을 훨씬 뛰어넘어서다. 현재의 미디어는 지구촌을 포괄적으로 재연결하고 세계가 작동하는 원칙을 재편하고 있다.

하루의 뉴스를 생각해 볼 때마다 우리는 사건의 표면 아래에 또 다른 현실이 있다는 점을 인식해야 한다. 그 현실은 혼돈과 발전 양면에 있어 새로운 정황을 제공하기도 한다. 이것을 이해하는 것은 상당히 중요하다. 왜냐하면 동일한 사건이 평화적 변화 요구로 혹은 테러 공격으로 다르게 해석될 수 있기 때문이다.

알-자지라는 새롭게 등장하는 '미디어 중심의 세계'를 상징한다. 이 매체는 국제정치와 문화에 중요한 변수로 부상하고 있다. 특히 이슬람 세계의 영향력을 끌어올리는 역할을 하고 있다. 영어와 아랍어로 (곧 여러 언어로) 프로그램을 내보내고 있고, 방송의 메시지가 이슬람 세계의 웹사이트, 블로그, 그리고 기타 온라인 매체에 뒤엉켜 다시 게재되고 있다. 이를 통해 알-자지라는 전 세계 무슬림공동체가 예전에는 볼 수 없었던 결속을 다질 수 있는 매개체가 되고 있다.

이 뿐만 아니다. 알-자지라는 미디어의 새로운 영향력을 보여주는 패러다임이 되고 있다. 10년 전만해도 'CNN의 영향력'에 대해 많은 얘기가 오갔다. 시각적 이야기 전개를 통한 언론보도가 외교정책에 막대한 영향을 주었다. 그러나 오늘날 '알-자지라 효과'는 한층 더 진보된 양상을 보이고 있다. 'CNN 효과'가 CNN 방송에 국한되지 않은 것처럼, '알-자지라 효과'도 본사가 있는 카타르를 뛰어넘어 전 세계를 아우른다. '현대 언론의 영향력'이라는 개념은 뉴미디어가 소속 국가를 넘어 국제적 사건과 사안에 대해 포괄적으로 다룬다는 것을 의미한다. 민주화에서 테러리즘까지 그리고 '가상 국가들(virtual states)'이라는 개념도 포함한다.

쿠르디스탄(Kurdistan)은 '가상 국가'의 대표적인 예다. 다른 나라들이 공식적으로 승인하지 않고 있는 국가다. 대부분 지도에도 국가로 표기되지 않고 있다. 그러나 쿠르디스탄은 존재한다. 라디오와 TV 방송국 그리고 웹사이트와 온라인 매체에서는 자주 등장한다. 미디어도 이라크, 터키, 시리아 그리고 기타 지역에 거주하는 쿠르드인들과 접촉하고 있다. 그 결과로 쿠르드 정체성이 유지되고 있고, 또 독립 국가를 설립하기 위한 정치적 노력도 계속되고 있다. 가상 국가 현상은 쿠르디스탄의 범위를 넘어서기도 한다. 전 세계 흩어져 사는 일부 민족을 가상 국가의 틀로 단합시키고 있다. 대표적인 예가 이슬람공동체를 의미하는 '움마(ummah)'다. 이처럼 새로운 미디어가 이슬람공동체에 결속을 가져다주고 있다. 따라서 전 세계 정책입안자들은 국제사회에 중요한 행위자로 부상한 이들 새로운 세력에 대해 신중히 고려해야 할 것이다.

뉴미디어의 성장은 폭발적이다. 중동에서는 알-자지라 방송 외에도 많은 위성 방송이 등장하고 있다. 수년 전만 해도 방송국 수가 몇 개에 불과했다. 그러나 현재는 450개 이상의 위성채널이 전파를 타고 있다. 이들 대부분은 민간이 소유하고 있다. 국영 미디어의 독점이 중동지역에서도 사라지고 있는 것이다. 남미에서는 차베스(Hugo Chabez) 베네수엘라 대통령이 알-자지라를 모델로 하는 지역 방송인 텔레수르(Telesur)의 출범을 주도했다. 차베스 대통령은 "텔레수르가 거대 국제뉴스네트워크의 미디어 독재에 맞설 것"이라고 말했다. 유사한 움직임이 사하라이남 아프리카와 기타 지역에서도 계획되고 있다. 이 같은 지역적 위성방송의 출현은 세계가 오랫동안 의존해온 CNN, BBC, 그리고 다른 서방 언론매체의 영향력을 잠식하고 있다.

많은 국가들은 새로 출현하는 이런 미디어에 거부감을 나타내고 있다. 특히 알-자지라에 대한 일부 국가의 반감은 거세다. 뉴미디어가 객관적으로 정보를 제공하지 않는다는 이유에서다. 결국 시청자들로부터 큰 호응을 얻지 못할 것이라는 주장이다. 그러나 이들 미디어의 성공적인 시장진출을 평가하는데 큰 설득력을 가지지는 못한다. 서구의 언론 객관성 기준에만 의존하기 때문이다. 결국 왜 이들 미디어가 그렇게 영향력을 발휘하는지를 설명하지 못하고 있다. 반대로 이들 신흥 미디어가 상당히 신뢰할 만한 것들이라는 자체적인 평가는 이어지고 있다. 텔레수르의 국장은 이점에 대해 "우리는 우리의 눈으로 우리 자신을 봐야하고, 우리의 문제에 대한 우리 식의 해결책을 모색해야 하는 시점에 와 있다"고 말했다. 팔레스타인 인티파다(*intifada*, 민중봉기) 혹은 레바논에서의 반시리아 시위에 대한 알-자지라의 보도를 지켜보는 아랍인들도 유사한 감정을 표출하고 있다.

뉴미디어가 제공하는 대중을 위한 새로운 틀의 정보는 집권세력에게도 위협이 되고 있다. 이집트에서 국영 미디어에 무시당해 왔던 야권세력은 최근 인터넷 블로그에 자주 등장하고 있다. 대외정책에 있어 아랍세계의 지지를 얻고자했던 미국은 아랍지역 미디어가 쏟아내는 엄청난 반미 메시지로 인해 그 외교적 노력이 실패했음을 깨닫고 있다. 중국도 국내 인터넷을 감시하고 있다. 그러나 2007년 말 기준, 중국의 인터넷 사용자 수는 2억 2,000만 명이었고 블로거의 수도 4,700만에 달했다. 그리고 2007년 12월 한 달 동안에만 6,600만 건의 검색엔진 사용이 있었다. 정부 기관이 모두 검열하기에는 역부족이다.

이런 현상은 전 세계적으로 나타나고 있다. 과거에는 정부가 정보의 흐름을 상당부분 장악할 수 있었다. 이를 바탕으로 정부에게 불리한 정치적 변화를 억제해 왔다. 그러나 이제 그런 시대는 지나갔다. 정부는 일부 블로거들을 감옥에 보낼 수 있고, 반정부적인 위성방송을 폐쇄할 수도 있다. 그러나 정보의 홍수 그리고 이것이 가져온 지적 자유의 큰 흐름은 거침이 없다. 정부가 이를 완전히 틀어막을 수는 없다.

정부가 직면하고 있는 이러한 도전보다 더 중요한 사안들도 있다. 대표적인 것은 '문명의 충돌' 이론이 향후 수십 년 동안 국제사회에 검은 그림자를 드리울 수도 있다는 우려. 순식간에 인터넷을 통해 확산된 2006년 덴마크 만평사태는 이슬람 세계와 서방 간 피할 수 없는 갈등을 잘 보여주고 있다. 사실 양측 간의 관계는 이보다 더 복잡하며, 최근에는 뉴미디어가 만들어 내는 대중문화에 의해서도 상당한 영향을 받고 있다. 예를 들어 빈 라덴의 초상화가 그려진 티셔츠를 입고 뉴욕 양키즈 모자를 쓰고 있는 한 인도네시아 어린이의 사진이 전 세계 인터넷에 돌았다. 또 '심슨 가족'이 '알-샴순'이라는 제목으로 수출돼 아랍 방송에 등장했다. 물론 주인공 호머의 행동은 덜 엉뚱하고 많이 웃기지 않는 캐릭터로 변했지만 말이다.

뉴미디어는 또 대중과 뉴스 제공자의 관계를 바꾸고 있다. 과거의 뉴스 소비자들은 언론사가 정한 시간에 제공하는 내용을 수동적으로 받아들일 수밖에 없었다. 터너(Ted Turner)가 1980년 CNN을 설립했을 때 상황이 약간 개선되었다. CNN은 시청자가 원하는 시간에 뉴스를 시청할 수 있도록 24시간 뉴스 서비스를 개시했다. 이후 웹을 기반으로 하는 뉴스 컨텐츠가 주도하는 세상이 도래했다. 인터넷은 실시간 단위로 무한한 뉴스 정보를 제공하고 있다. 또 더 많은 사람들이 '정보 문화'의 일부분이 되는 것을 가능케 했다. 가장 성공적인 예는 한국의 '오마이뉴스'다. 수만 명의 자발적인 소식통들이 활동하고 있고, 매일 수천만 건의 페이지 뷰를 기록하고 있는 인터넷 뉴스 사이트다.

'뉴미디어'는 더 이상 단순한 미디어가 아니다. 예전에는 상상조차 못했던 정도의 대중적 기반을 가지고 있다. 결과적으로 국제정치에도 전례 없는 영향을 미치고 있다. 뉴미디어는 갈등의 도구가 될 수도 있고, 평화의 수단이 될 수도 있다. 뉴미디어는 전통적인 국경을 무의미하게 만들 수 있고, 지구상에 흩어져 있는 사람들을 통합시키는 역할도 한다. 이 현상이 바로 '알-자지라 효과'다. 세계를 새롭게 바꿀 수 있는 강력한 파워를 가진 효과다.

○ 🖱 ○

이 책을 집필하면서 나는 여러 동료로부터 귀한 도움을 받았다. 알-아와디(Nadia El-Awady), 카이나크(Mehpare Selcan Kaynak), 그리고 핀택(Larry Pintak)이 큰 도움을 주었다. 토머스(Stuart Thomas)는 연구에 필요한 자료를 제공해 주었다. 마르켓(Marquette) 대학과 남가주대학이 제공한 다양한 지원에도 깊은 감사를 드린다.

이 책에 포함된 일부 원고들은 이미 필자가 여러 학술지와 학회에 게재하거나 발표한 것들이다. 『전략적 통찰(*Strategic Insights*)』, 『초국가적 방송학 논총(*Transnational BroadcastingStudies Journal*)』, 『군사 리뷰(*Military Review*)』 등에 일부 원고가 게재되었다. 또 국제학회(International Studies Association), 아랍-미국 커뮤니케이션 교육자협회(Arab-US Association for Communication Educators), 유라시아 미디어 포럼(Eurasian Media Forum), 영국국제학회(British International Studies Association), 이슬람과 민주주의 연구소(Center for the Study of Islam and Democracy), 캐나다 퀘벡의 행정학대학원(L'Ecole Nationale d'Administration Publique) 등이 개최한 학회와 모임에서 발표된 원고들도 있다.

포토맥 북스 출판사의 제이콥스(Don Jacobs) 그리고 클라겟(Hilary Claggett)이 제공한 도움에 감사를 표한다. 특히 인내심을 갖고 꼼꼼히 원고를 다듬어준 출판담당자 하레(Robbie Anna Hare)에 특별한 감사의 뜻을 전한다.

사랑하는 부인 위커(Christine Wicker)의 격려와 사랑은 책의 집필에 항상 큰 힘이 되어왔다.

1
문명의 충돌을 넘어

세계에서 벌어지고 있는 가장 심각한 분쟁들을 문명의 충돌 탓으로 돌리는 것은 쉬운 일이다. 우리는 분쟁이 일어나는 이유를 알고 싶어 한다. 그 이유가 단순할수록 그리고 명확할수록 더 낫다고 여긴다. 팽팽한 긴장감에서부터 본격적인 전쟁에 이르기까지 이슬람과 서구는 조화를 이루지 못하고 갈등을 지속해 왔다. 이러한 불화는 양립 불가능한 문화 때문이라고 할 수 있다. 끝까지 싸워보자! 끝내 버리자! 다른 사안들도 한번 겨뤄보자! 양측 간의 긴장과 충돌을 설명하는 표현들이다. 그러나 또 다른 문명과의 충돌이 부상하고 있다. 중국이다. 중국을 넘어서면 또 무엇인가 있을 것이다.

　호전적인 이들에게 위의 시각은 아주 편한 세계관이다. 그러나 정책 입안의 기반으로 삼기에는 너무 단순하다. 비극적인 결과를 낳을 수 있는 가능성 또한 크다. 만약 이러한 견해를 받아들인다면 전쟁과 테러가 난무하는 시대가 도래 할 것이 확실하다. 문명의 충돌이 필연적이라고 가정하는 것은 그 충돌이 일어날 것을 확신하는 것과 같다.

　인류의 역사에서 나타난 바와 같이 무력 충돌과 그 보다 강도가 덜한 분쟁이 계속 증가할 지도 모른다. 그러나 그 원인이 문명적 충돌에 꼭 기인하지는 않을 수도 있다. 예를 들어 이스라엘과 팔레스타인 간의 갈등은 영토와 생존권을 둘러싼 정치적 문제다. 순전히 문명적 충돌은 아니다.

오늘날 사람들은 이러한 사안들을 쉽게 평가하고 문제의 중요성을 성급하게 결정하는 경향이 있다. 전통적 국경을 뛰어넘는 국제 미디어가 빠른 속도로 전해주는 정보에 상당히 의존하면서다. 위성 TV, 인터넷 그리고 여러 뉴미디어(New Media) 매체는 국제 여론의 반응을 촉진시키고, 정부가 보도에 대응할 수 있는 시간을 단축시켰다.

뉴미디어는 사람과 국가를 결합시켜 조화로운 지구촌을 형성하는 이상적인 역할을 할 수도 있다. CNN 창립자 터너(Ted Turner)는 '나의 주된 관심은 세계를 이롭게 하는 것이며, 인류가 화합하는 것을 돕는 글로벌 커뮤니케이션 시스템을 구축하는 것'이라고 말했다. 그러나 저명한 기자 패커(Geogre Packer)는 다음과 같이 다른 주장을 내놓았다. "글로벌 위성 TV와 인터넷이 어떤 점에서는 세계를 보다 배타적이고 비타협적인 공간으로 만들고 있다. 현대 미디어가 제공하는 정보는 표면적인 친밀감일 뿐이다. 배경을 제대로 설명하지 못하는 이미지 그리고 치유방법을 제시하지 못하는 분노들로 가득하다."

패커는 또 뉴욕타임스에 게재한 글에서 '지구촌'에 대해 이렇게 설명했다. "지구촌은 세계화 예찬자들이 주장하는 유토피아적 공동체가 아니다. 의심, 소문, 분노, 불확실성 등이 산재하는 편협한 장소다. 만약 주변 상황이 좋지 않음에도 불구하고 세계가 발전하고 있다고 생각한다면, 이는 우리 모두가 머릿속에 지니고 있는 이미지와 관련된 것일 뿐이다."[1] 비슷한 관점에서 프리드만(Thomas Friedman) 역시 "사실 인터넷, 광케이블, 위성은 첨단 기술로 이루어진 현대판 바벨탑일지도 모른다. 신이 우리에게 소통의 수단은 주었으나 이해의 수단은 주지 않은 것처럼 느껴진다"고 언급했다.[2] 미국인들에게는 미국이 어떻게 그려지고 받아들여지는가가 중요하다. 인간의 지각이 세계화의 양상인 가상적 인접성과 결합하면 새로운 가능성과 위협이 출현한다. 예전에는 아득한 거리에 있던 표적이 이제는 사정거리 안으로 들어왔다. 미국에서 일어난 2001년 9월의 테러처럼 말이다. 9/11위원회는 미국이 "찬양, 질투, 시기의 대상이었다. 이는 일종의 문화적 불균형을 이루었다. 우리에게는 아프가니스탄이 아주 멀게 느껴졌었다. 그러나 알-카에다 조직원에게는 미국이 아주 가깝게 느껴졌다. 어떻게 보면 테러 세력이 우리보다 더 세계화됐다"고 언급했다.3)

알-카에다는 세계화한 새로운 위협의 한 예다. 이 조직은 국가가 없는 국가로 분류될 수 있다. 가상의 존재로서 사이버 공간에서 조직화하고 작전을 수행하며 힘을 키워오고 있다. 이는 지상에서 전통적인 방식으로 이뤄지는 정치 과정과는 상당히 다르다. 한 예로 2005년 여러 이슬람 과격주의 인터넷포럼 사이트들은 일제히 알-카에다 지도부에 대한 충성을 서약하라는 성명을 게재한 바 있다. "빈 라덴이 아프가니스탄과 이라크에서 전투를 수행하는 군대를 가질 수 있도록, 그리고 인터넷상에는 다수의 입대 대기자를 확보하도록 하기 위한 것이다. 알라(Allah)께서 지하드(jihad, 성전 혹은 종교적 열정 - 역자 주)와 무자히딘(Mujahidin, 전사 혹은 지하드 수행자 - 역자 주)을 위해 가동하고 있는 시스템이 바로 인터넷"이라고 성명은 설명했다.4)

알-카에다는 물론 다른 테러조직들도 뉴미디어를 효과적으로 이용하고 있다. 뉴스거리에 굶주린 위성방송 뉴스채널들을 통해 납치한 인질의 사진이나 동영상을 공개하면서 조직의 활동을 선전하고 있다. 보다 큰 틀로 보면 이들 조직은 새로운 미디어 환경을 이용해 공포심을 조장하고 있다. 9/11 테러공격으로 발생한 희생자는 수천 명이지만, 뉴미디어를 통해 전해진 이미지를 통해 수백만 명은 공포에 떨었다. 아직도 9/11 관련 언론의 보도를 시청한 많은 사람들은 '강자도 무너질 수 있다'는 점과 알-카에다에 대한 지지가 '가치 있는 일이다'라는 증거로 9/11 테러공격을 받아들이고 있다. 아직도 이해력이 부족한 대다수 대중이 대규모의 서방 언론사들에 의해 오락이라는 양념으로 요리된 저널리즘 스튜(찌개 혹은 국물 있는 요리 - 역자 주)를 맛보고 있는 것도 사실이다. 하지만 동시에 테러 단체들은 특히 인터넷을 포함한 언론 매체를 통해 이념을 가르치고, 조직원을 모집하고, 대원을 훈련시키고, 추종자들에게 작전 수행을 지시한다.

이런 현상에 대해 각국 정부는 사악한 목적으로 대중매체를 이용하고 있는 세력들에 대해 어떻게 대처해야 할지를 놓고 당혹스러워 하고 있다. 특히 언론의 자유를 보장하는 국가들에서는 더욱 그렇다. 각국의 대응이 충분치 않자, 2005년 유럽집행위원회(The European Commission)는 언론사들이 부지불식간에 테러리스트들의 선전에 이용되지 않도록 행동규범을 만들어 이를 실행해야 한다고 권고했다. 위원회는 최근 언론인들이 "테러리스트의 선전 목적에 부합하지 않도록 행동해야 하는 것과 대중에게 뉴스를 전해야 하는 의무 사이에서 어려운 선택에 직면하고 있다"고 지적했다. 더불어 유럽집행위원회는 언론사들이 '이슬람 테러리스트' 등의 용어와 같은 고정관념과 편견을 확산시키는데 동참하지 않도록 당부하기도 했다.[5] 그러나 빈 라덴과 유사한 테러주동자들이 잘 알고 있는 바와 같이, 속기 쉬운 대중들에게 험악한 이미지들을 전하고 싶은 언론의 유혹을 보도의 가이드라인으로 막기는 어렵다. 또한 편견 확산에 대한 우려도 독자나 시청자들에게 관심을 끌려고 하는 언론사들의 선택을 완전히 차단하기는 불가능하다.

새로운 기술의 발전과 더불어 새로운 책임감이 수반되어야 한다. 미디어 기술들은 효과적인 방어수단을 갖춰야하고, 더불어 이를 사용하는 사람들도 일종의 책임감을 가져야 한다는 것이다. 갈등과 충돌이 발생하고 있는 상황에서 사용자들도 단순한 방관자로서만 남아서는 안 된다. 보다 구체적으로 말하면, 국제관계에서 나타나는 여러 변인들에 대한 분석은 미디어의 역할에 대한 조심스런 평가를 포함해야 한다는 것이다. 이것은 새롭게 등장한 관심사나 우려가 아니다. 그러나 미디어를 통한 정보가 보다 빠르고, 침투력이 강하고, 영향력이 강력한 새로운 환경에서는 국제환경과 미디어의 역할에 대한 개선된 평가방법이 필요하다는 것이다.

미디어가 어떻게 세상을 떠들썩하게 만들었는지에 대한 대표적인 예는 2006년에 발생한 덴마크 만평사태다. 이 사례는 전근대적인 감각과 인식이 어떻게 현대 정치 및 최첨단의 기술과 결합하고 있는지를 잘 말해 준다.

이 사건은 농담으로 시작되었다. 한 코미디언이 덴마크 일간지인 『율란트-포스텐(*Jyllands-Postern*)』의 로즈(Flemming Rose) 편집장에게 자신이 거침없이 기독교 성경을 놀림감으로 삼곤 했는데, 이슬람의 쿠란에 대해서는 농담 한 마디도 해보기 어렵더라고 말하면서다. 로즈는 또 한 덴마크의 어린이 서적 작가가 이슬람의 사도 무함마드의 얼굴이나 모습을 비슷하게라도 그리려는 삽화가를 찾을 수 없었다라고 언급한 글을 읽었다. 그래서 2005년 9월 로즈는 25명의 덴마크 신문 만평가들에게 그들이 생각하는 무함마드의 모습을 그려달라고 요청하기로 결정했다. 이 중 십여 명이 응답해 만평을 보내주었고, 율란트-포스텐은 이 만평을 지면에 게재했다.

500만 덴마크 인구 중 10만 명에 달하는 무슬림의 지도자들은 신문과 문화장관에게 거세게 항의했다. 그러나 어느 쪽도 응답하지 않았다. 그러자 무슬림 지도자들은 1만 7,000명으로부터 서명을 받은 탄원서를 라스무센(Anders Fogh Rasmussen) 덴마크 총리에게 전달했다. 더불어 11개 이슬람국가 대사들과 회동해 대책을 세웠다. 이들 대사들은 총리와의 면담을 요청했으나 이마저도 거절당했다.

결국 무슬림 지도자 대표들은 율란트-포스텐의 만평, 다른 덴마크 신문에 실린 유사한 삽화들, 그리고 덴마크 무슬림들에게 무명으로 보내진 무함마드에 대한 악의적인 그림들을 들고 중동을 방문했다. 대표단은 이 집트에서 기자회견을 열었다. 회견 내용은 당시 아랍 언론의 큰 관심을 불러일으켜 대대적인 보도로 이어졌다. 대표단은 또 레바논과 시리아를 들러 종교 지도자들과의 회동을 가졌다.

대표단의 중동 방문으로 덴마크 신문 만평에 대한 언론보도가 이어지는 동시에, 이에 대한 논란이 이메일, 문자, 그리고 웹사이트를 통해 개인 간에 급속히 확산되고 있었다. 일반인들은 주소록에 있는 지인들에게 메일을 보내 덴마크 상품을 사지 말 것을 당부했다. 이런 메일을 받은 사람은 또 그들의 친구들에게 전파하면서, 불매운동에 동참하는 사람들의 수가 폭증했다. 이 과정은 이전 세대에 유행했던 연쇄편지(chain letters, 행운 혹은 불운을 담은 편지로 받은 사람은 다른 사람에게 사본을 보냄 – 역자 주)와 유사하다고 할 수 있다. 그러나 훨씬 빠르고 전 세계로 즉각 전파된다는 큰 차이를 가지고 있다.

불매운동과 다른 여러 반덴마크 시위가 점차 거세지자, 라스무센 총리는 "그런 만평을 출판하지 말았어야 했다"며 기존의 입장을 누그러뜨렸다. 그러나 "언론의 자유 정신에 의거해 신문의 만평게재 자체를 사과하지는 않을 것"이라고 말했다. 로즈도 만평이 "특정 종교인을 모욕하려는 의도를 가지지 않았다"며 변명을 내놓았다. 하지만 이 같은 부분적 사과는 다시 서방의 다른 언론을 자극했다. 독일 일간지 『디 벨트(*Die Welt*)』는 율란트-포스텐에 게재됐던 만평들의 일부를 시리즈로 신문에 실었다. 언론의 자유를 수호하겠다는 신문사의 입장을 밝히기 위해서였다. 디 벨트의 편집국장 코펠(Roger Koppel)은 "어떤 신문이 이슬람국가에서 그와 같은 만평을 게재했다면 처벌을 받을 수 있겠지만, 언론의 자유를 철저히 보장하고 있는 독일에서는 그렇지 않다"고 강조했다.

그러나 글로벌 미디어 시대에서 '어디서 게재됐는지'는 그리 중요하지 않다. 만평이 특정 지역에서 게재됐더라도, 실질적으로는 전 세계 모든 지역에서 게재된 것이라고 볼 수 있다. 독일 신문에서도 무함마드 만평이 실리자, 수일 만에 만평에 대한 규탄 시위가 인도네시아, 말레이시아, 팔레스타인 그리고 이라크에서 발생했다. 이어 시리아에서도 극렬한 시위가 발생해 덴마크와 노르웨이 대사관들이 불에 타고 말았다. "우리의 사도 무함마드와 이슬람의 신성함을 위해 시위에 동참하라"라는 휴대폰 문자가 퍼지면서 시리아의 시위대 숫자는 급속도로 불어났다. 레바논에서도 시위대가 덴마크 대사관이 입주한 건물을 방화하는 사건이 발생했고, 다음 날 아프가니스탄에서는 성난 군중이 미군 공군기지를 공격했다. 파키스탄에서도 규탄시위가 연일 이어졌다. 이 일련의 규탄시위 도중 수십 명에 달하는 사망자가 발생하기도 했다.[6]

한 언론학 전문가는 만평사태가 어떻게 인터넷이 '분노 표출 수단(rage enabler)'으로 작용하는지를 보여주는 좋은 사례라고 분석했다. 인터넷은 논란에 대한 사람들의 관심을 빠르게 그리고 지속적으로 자극하는 권투선수의 잽(jab)과 같은 것이다. 인터넷은 또 분노를 표출하는 장(場)이며 그 내용물은 화난 사람을 더욱 분노하게 만들기도 한다.[7] 불매운동과 시위를 조직한 주요 인터넷 사이트의 역할 외에도 블로거, 웹사이트 운영자 그리고 사이버시민(cybercitizen)의 채팅도 지속적인 규탄시위에 크게 기여했다. 일반 시민들의 이런 역할에 대해 사람들의 시각은 상당히 다르다. 일부 사람들은 이를 '감동적인 합창(stirring chorus)'이라고 평가하는 반면, 다른 사람들은 '불쾌한 불협화음(disturbing cacophony)'이라고 비난한다. 누구라도 웹상에 들어오면, 모두에게 평등한 공간이 펼쳐진다. 누구나 다 자신이 하고 싶은 말을 할 수 있다. 말하기 위해 들어오는 사람이 대부분이다. 독자 혹은 시청자와 소통하는데 있어서 일부 사람들만이 접할 수 있는 인쇄 혹은 방송 언론 매체가 '게재한 내용'에 의존할 필요가 없어진 것이다.

국내에서 발생하는 소요와 불안이 밖으로 알려지는 것을 원치 않는 정부들도 이제는 이를 막기가 어려워졌다. 정부 소유의 언론 외에도 민간 뉴미디어 채널이 증가하고 있기 때문이다. 정부가 언론 보도를 통제할 수 있다고 하더라도 정보가 휴대전화 및 인터넷을 통해 흘러나가고 있다. 모두 정확한 것이 아니더라도 정보는 퍼지게 마련이다. 이것을 완전히 차단할 수는 없다. 분노가 장기간 인화점에 머무르고 있을 때, 무언가가 이를 폭발하게 만들 수 있다. 정보가 바로 불씨를 제공할 수 있다.

높은 수준의 분노가 장기적으로 축적된 지역을 말할 때, 주로 아랍세계가 언급되곤 한다. 일부 사람들은 아랍인들의 이 같은 분노가 "전 세계 다른 지역이 여러 면에서 발전하고 있는데 자신들은 뒤처지고 있다"라는 열등감에서 나오고 있다고 설명하려 한다. 이런 감정은 서방의 발전을 부러워하며 수 세기 동안 누적되었고, 최근에는 아시아의 눈부신 성장을 보면서 더욱 명확해지고 있다는 분석이다. 더욱이 팔레스타인인들과 같은 동료 무슬림들이 서방 정부의 반(反)이슬람 혹은 반(反)아랍 정책에 희생되고 있다고 생각하면서 분노가 더욱 거세지고 있다는 주장이다. 이런 시각을 대표하는 학자는 루이스(Bernard Lewis, 유대인 중동학자로 미국에서 활동하며 최고의 전문가로 추앙되고 있음 - 역자 주)다. 그는 중동과 이슬람권에서 사람들이 가장 많이 제기하는 의문은 "무엇이 잘못되었나?"라며 그의 책 제목도 그렇게 붙였다. 루이스는 "어떤 방식으로 이 의문을 제기하던 그리고 어떤 답이 나오던, 비통함이 고조되고 있고 위기감이 확산되고 있으며 최근에는 의문과 답이 표출되는 방식에 있어서 들끓는 분노가 동반되고 있다"고 기술했다.[8]

덴마크 만평 논란은 문명의 충돌로 이어지는 그 분노의 명확한 증거라는 지적이 이어지고 있다. 이 에피소드의 본질이 스칸디나비아의 언론 자유와 무슬림의 비관용 간의 충돌이라는 것이다. 덴마크 언론의 나쁜 매너에 대해 무슬림이 치명적인 폭력으로 맞선 것이라는 시각이다.

그러나 적대감을 악화시키는 미디어도 때로는 이슬람과 비이슬람세계를 연결해주고 있다. 사람들은 공유할 수 있는 문화적 그리고 정치적 산물을 선택하곤 한다. 카이로에서 컴퓨터를 켜면 『뉴욕타임스』를 읽을 수 있다. 오마하(미국 네브래스카주[州] 동부에 있는 도시 – 역자 주)에서 인터넷을 검색하면 『알-아흐람』 신문(이집트의 최대 일간 – 역자 주)을 읽을 수 있다. 뉴욕 양키즈 야구팀의 모자를 쓰고 오사마 빈 라덴의 얼굴이 그려진 티셔츠를 입고 있는 인도네시아의 어린 소년을 생각해 보라.9) 가장 미국적인 것과 반미 감정이 명확히 합체된 모습이다. 세계화된 정보와 상품의 흐름이 이런 일들을 가능하게 그리고 예상할 수 있게 해준다.

그러나 동양과 서양을 연결하려는 언론을 동반한 여러 노력이 때로는 어설프기만 하다. 대표적인 예가 〈심슨(the Simpsons)〉을 〈알-샴순(al Samsoon)〉이라는 이름으로 아랍세계에 내보낸 것이다. 원작 만화가 그대로 사용됐지만, 아랍어 더빙이 추가되었다. 아랍인들이 시청자라는 점을 고려하여 아랍 성우들이 새로 짜인 대본을 읽었다. 호머 심슨(Homer Simpson)은 오마르 샴순(Omar Shamsoon)으로 바트(Bart)는 바드르(Badr, 보름달이라는 의미의 아랍어)로 바뀌었다. 호머가 마시는 맥주는 청량음료로 대체되었고, 그가 먹는 핫도그는 이집트의 전통요리인 소고기 소시지로, 호머의 도넛은 카흐크(kahk)라는 아랍의 과자로 묘사되었다. 이 같은 수정에도 불구하고 만화 〈심슨〉은 아랍세계에서 큰 호응을 얻었다. 20대 이하 아랍 시청자의 60퍼센트 그리고 15세 미만의 청소년의 40퍼센트가 이 만화를 즐겨본 것으로 집계되었다. 그러나 이 아랍 버전의 〈심슨〉 만화를 본 아랍어를 구사하는 서구의 팬들은 아랍화한 심슨이 "전혀 웃기지 않는다"라고 평했다. 특히 호머를 무슬림 시청자의 구미에 맞게 바꾼 것은 미국인들을 웃기게 만들고 있는 호머의 성격이나 행동, 즉 야비함과 천함을 제대로 살리지 못했다는 것이다.10) 호머의 파트너 바트의 경우도 마찬가지였다.

덴마크 만평사태의 심각함이나 심슨의 '엉뚱한' 인기는 모두 새로운 통신기술로 가능케 된 세계화된 정보의 흐름이 갖는 기능을 잘 설명해 준다. 불과 20년도 되지 않는 기간에 사람들은 세계를 상당히 다르게 보고 있다. 1991년을 시발점으로 본다면, 그해의 걸프전쟁은 여러 면에서 서방 보도기관이 가진 패권의 마지막 숨의 헐떡거림이었다. 그 당시 CNN의 슬로건은 "세계가 CNN을 보고 있다"였다. 실제로 대부분 세계가 다른 선택을 많이 가지지 못했기 때문에 틀린 말은 아니었다. 세계 미디어에 있어서 CNN과 다른 미국 혹은 유럽 정보제공자들을 제외하고는 사실상 진공상태만이 존재했다. 이처럼 서방의 주도적인 뉴스, 오락 그리고 다른 정보 생산물들이 전 세계 구석구석까지 영향을 주고 있었다. 그러나 진정으로 글로벌화한 모습을 갖추고 있지는 못했다. 서방의 정치적, 문화적 우월성이 서방이 장악한 제한된 언론 시스템 속에서 지속될 수는 있었다. 다른 목소리들은 들리지 않았기 때문이다.

그러나 걸프전쟁 직후 두 가지 변수가 서방주도의 미디어 현상(現狀, status quo)을 흔들기 시작했다. 알-자지라 방송과 같이 서방세계 이외의 지역에 기반을 둔 위성채널의 수가 증가한 것이 첫째 변수였고, 인터넷의 역할 확대가 둘째 변수였다. 많은 위성방송 채널은 시청자들에게 '우리'와 '그들'의 정보를 놓고 선택할 수 있는 기회를 제공했다. 시청자들은 이방인들이 제공하는 정보에서 벗어나 자국 혹은 같은 지역의 언론 기관이 제공하는 정보를 선택할 수 있게 되었다. 또한 이런 정보가 더욱더 신뢰할 만하다는 것도 느끼게 되었다. 일단 지역 내 시청자들을 확보하게 되면서 지역 위성방송들은 역내 정치에 영향을 주기 시작했다. 2000년 인티파다(팔레스타인 민중봉기 - 역자 주)와 같은 사건들에 대한 보도가 서방의 시각이나 정부의 검열에 여과되지 않고 직접 아랍 일반인들에게 전달될 수 있었다. 이스라엘 사람들이 즉시 느낄 수 있을 정도로 아랍권에서의 반이스라엘 감정은 점차 일촉즉발의 상황으로 악화돼 갔다.

위성 TV의 확산과 더불어 인터넷의 방대한 능력도 동시에 발휘되었다. 이에 따라 정치 세계도 크게 넓어졌다. 인터넷에 대한 접근 능력을 가지면서, 사람들은 기존의 보도기관에서 새로 생겨난 블로그에까지 거의 무한한 정보를 받을 수 있게 되었다. 여기에 사람들은 서로 소통하는 수단까지 개인적으로 소유하게 되었다. 토론과 동원의 매개체로서 인터넷의 상호작용 성격은 엄청난 파워를 가진 것이다. 물론 인터넷의 이 같은 매개 역할이 아직은 증명된 것이라기보다는 이론적인 것이기는 하지만 말이다.

9/11 테러로 전 세계가 충격에 빠졌을 즈음, 세계화한 언론은 더욱 다양성과 중요성을 띠고 있었다. 대중에게 정보를 제공하는 역할을 확대했을 뿐만 아니라 넓은 의미에서는 세계화의 필수적인 부분으로 부상했다. 프리드만(Thomas Friedman)은 세계화를 '국내정치와 모든 국가의 외교관계를 형성하는 중요한 국제 시스템'이라며 "우리는 세계화를 이런 틀에서 이해해야 한다"고 강조했다. 그는 보다 구체적으로 세계화가 "시장, 교통 및 통신 시스템을 과거에는 경험하지 못했을 정도로 냉혹하게 통합하는 것"이라고 규정했다. "보다 넓은 의미에서는 분단과 장벽을 기반으로 한 국제시스템에서 점차 거미줄처럼 얽혀있는 통합 시스템으로 우리는 나아가고 있다"고 프리드만은 설명했다.[11]

샬라비(Jean Chalaby)도 세계화 현상 중 통신 분야에 대해 다음과 같이 지적하고 있다. "통신의 세계화는 자본주의와 경제적 자유주의에 있어 '탈영토화(deterritorialization)'를 가져오는데 결정적인 역할을 하고 있다. 이 때문에 통신의 세계화는 세계화의 과정에서 가장 핵심적인 것이라고 말할 수도 있다. 많은 분야의 활동이 현재 세계적 차원에서 통합되고 있고, 점차 글로벌시스템에 합류되고 있다. 글로벌 통신은 각각의 국제적 활동의 연계성을 강화하고 세계적 통합을 촉진시키는 정보의 흐름, 네트워킹, 그리고 교환을 매개하는 역할을 하고 있다."[12]

세계화에 대한 상당수의 평가는 낙관적인 것으로 가득 차 있다. 세계화가 분명히 직면할 것으로 보이는 여러 장애에 대해서는 비현실적으로 접근하고 있는 것이다. 갈등이 세계화의 건설적인 측면을 무너뜨릴 수도 있다. 세계화는 분명히 부정적인 측면들을 가지고 있다는 것을 명심해야 한다. 간단한 예를 들자면 테러리스트들이 전 세계를 여행하며 목표물을 설정할 수 있고, 또 전염병이 한 국가에서 전 세계로 빠르게 퍼져나갈 수도 있다.

그러나 세계화는 분명히 정도의 차이는 있지만 개방을 촉진한다. 이런 점에서 본다면 세계화와 문명의 충돌은 상호 배타적일 수도 있고, 세계화의 잠재적인 보상이 그런 충돌의 가능성을 낮출 수도 있다. 아마도 가까운 미래에 있어 가장 심각한 갈등은 각각의 문명권 내 존재하는 진보적인 세력과 보수적인 세력 간에 발생할 '문명 내의(intracivilizational)' 충돌이 될 가능성이 높다.

이런 갈등과 충돌이 진행되는 어두운 전망 속에 세계의 발전 속도가 늦어질 수도 있다. 반면 충돌이 발생하는 지역은 뒤처질 것이지만 다른 지역은 앞으로 나아갈 수도 있다. 어떤 시나리오가 더 큰 힘을 얻을지는 모르겠지만, 이 과정에서 미디어의 역할은 더욱 중요해 질 수밖에 없다. 두려움 속에서 더 빛을 발하고 긴장을 고조시키기도 하는 미디어는 선동적인 역할을 가지고 있다. 역사적으로 이처럼 사악한 언론의 능력을 마음대로 구사했던 정치인들이 있다. 독일의 히틀러(Adolf Hitler)와 르완다의 대량민족학살자들이 대표적인 예다. 반면 미디어는 내부 갈등을 억제할 수도 있다. 정치의 투명성을 제고하는 기능 외에도 혼란에 빠진 이들에게 자신들의 국경과 경험을 넘어 보다 바람직한 다른 세계를 볼 수 있는 기회를 제공하기 때문이다.

정보의 증대된 침투력과 영향력은 이슬람국가들 특히 중동국가들의 사람들이 어떻게 세계와 자아에 대한 관점을 재조명해 나가는 지에서도 잘 나타난다. 알터만(Jon Alterman)은 이에 대해 다음과 같이 기술했다. "아랍세계에서도 기술적 발전이 가져온 변화로 사람들은 과거에는 진실로만 받아들였던 사안들에 대해서도 다양한 시각을 접할 수 있게 되었다. 신문과 방송을 접할 수 있는 사람들의 수가 급증하면서 대중은 세속적인 것에서 종교적인 것까지, 민족주의에서 범 세계주의까지, 그리고 물질적인 것에서 정신적인 것까지 보다 넓고 통제받지 않은 시각들을 받아들일 수 있게 되었다. 이러한 새로운 사상적 조류 속에서 정보는 공급자 중심에서 수요자 중심으로 변화하고 있다. 또 접할 수 있는 사상의 세계는 과거 어느 때보다도 훨씬 넓어졌다."[13]

대중이 쉽게 접할 수 있는 관점이 다양해지면서 담론의 폭도 넓어졌다. 또한 새로운 차원의 공개토론의 장도 확대되었다. 아랍 미디어의 새로운 질서를 평가하면서 린치(Marc Lynch)는 "새로운 위성 TV 방송국, 신문, 인터넷 사이트 그리고 다른 많은 홍보기관의 사이트들이 위로부터 한 가지의 합의를 강요하는 것 보다는 아랍인들에게 현상(status quo)에 대해 논의하고, 반대하고 그리고 의문을 던지도록 유도하고 있다"고 지적했다.[14] 이들 뉴미디어는 또한 대중의 뉴스 환경을 보다 긴장하게 만들고 있다. 언론 기관들은 대중의 관심을 끌기 위해 보다 정확하고 매력적인 시각을 제공해야 한다. 사람들은 이제 세계에서 발생하고 있는 사건을 보다 다양한 관점으로 지켜보고 있다. 정부가 더 이상 TV나 컴퓨터 스크린을 통해 흘러나오는 것을 통제할 수 없게 된 것도 이런 현상을 부분적으로 설명해 줄 수 있다.

새로운 기술 발전은 새로운 저널리즘을 만들어 내고 있다. 생생하면서도 토론 지향적인 뉴미디어는 대중의 열정을 자극하는 동시에, 여론에 영향을 주기 위해 펼치는 경쟁의 결정적인 요인으로 작용하고 있다. 케펠(Gilles Kepel)은 중동의 맥락에서 이런 현상을 다음과 같이 설명했다. "미국의 이라크 점령으로 무슬림들의 마음에 있어 전쟁은 인터넷이라는 글로벌 정글로 파고 들어갔다. 미군 간수들에 의해 고문을 당하고 성적으로 모욕을 당하던 이라크 죄수들의 사진이 인터넷을 통해 무한정 퍼져 나갔고, 동시에 테러리스트에게 붙잡힌 서방의 인질들이 무참히 살해되는 모습을 담은 비디오 동영상도 유포되었다. 이라크 전쟁에 관한 보도가 인터넷 상에 연일 오르내리면서, 14세기 동안 이슬람권의 전통적인 지정학을 주도해온 지리적 개념, 즉 다르 알-이슬람(Dar al-Islam, 이슬람을 믿는 평화의 땅 - 역자 주)과 다르 알-하릅(Dar al-Harb, 이교도들이 사는 전쟁의 땅 - 역자 주)의 경계가 사라져 버렸다."15)

이런 현상은 단지 아랍인들의 미국에 대한 반감을 직접적으로 자극하는 것 이상의 과정을 동반한다. 아랍 무슬림들이 자신들을 보는 시각에도 적지 않은 영향을 주고 있다. 꾸밈없이 있는 그대로를 보여주는 반성의 이미지가 이슬람권에도 확산하고 있다. 중동의 분쟁과 관련한 뉴스 보도에 대한 사우디 사람들의 반응을 연구한 브래들리(John Bradley)는 "팔레스타인인들을 학대하고 살해하는 이스라엘 병사들의 이미지들은 자신의 안위만 생각하고, 탐닉에 빠지고, 나태하고 그리고 무능력한 아랍정부와 국민에 대한 분노를 사우디 젊은이들에게 더욱 심어주었을 뿐이다. 반면 팔레스타인인들은 가난하고 억압받고는 있지만, 용감하고 남자다운 민족이라는 이미지로 받아들여지고 있다"고 지적했다.16)

언론에 기반을 둔 중동의 또 다른 변화는 아랍 보도기관들에 의한 이스라엘에 대한 취재다. 알퍼(Yossi Alpher)에 따르면 2005년 유대인 정착민들의 가자지구 철수 당시 알-자지라와 알-아라비아(al-Arabiya, 범 아랍 위성방송 - 역자 주) 기자들이 분노한 정착민, 울음을 터뜨린 병사들, 그리고 더 나아가 이스라엘군 참모총장에까지 마이크를 들이대며 취재했다. 알퍼는 "아랍 언론이 직접적으로 이스라엘의 참모습을 취재해 리야드, 바그다드, 그리고 베이루트의 안방까지 소식을 전하는 것 자체가 아랍인들에게 새로운 사고를 가질 수 있는 기회를 제공한다"고 지적했다. 수년 전만해도 이와 같은 언론 보도는 아랍에 거의 존재하지 않았다. 서방의 보도기관이 내놓는 기사와 분석에 대해서는 아랍인들이 신뢰하지 않았었고, 융통성 없는 내용으로 가득 찬 아랍정부의 관영 방송들은 선전적 만평 등을 제외하고는 이스라엘의 상황을 제대로 보도조차 하지 않았다.

이스라엘 정보기구 모사드(Mossad) 관리를 지내고 현재는 학자로 변신한 알퍼와 비르제이트(Birzeit) 대학 부총장이자 전(前) 기획노동부 장관인 카팁(Ghassan Khatib)은 비터레몬스닷오알지(bitterlemons. org)의 공동 편집국장이다. 이 온라인 매거진은 이스라엘과 팔레스타인의 공동관심사에 대한 다양한 의견을 제공하고 있다. 2007년 중반을 기준으로 이 온라인 사이트의 이메일 가입자 수는 1만 4,000명에 달했고, 매주 10만 명 이상의 방문자가 들어와 게재된 기사를 읽었다. 특히 이 사이트의 오피니언 기사들은 다른 언론들에 의해 인용되기도 한다. 아랍 언론들도 이스라엘 기고자들이 작성한 기사들을 아랍어로 번역해 싣기도 한다. 알퍼는 이런 현상을 "혁명적이라고 하기는 어렵더라도, 큰 변화임에는 틀림없다"고 강조했다.17)

또 다른 변화는 이슬람 종교의 정치적 역할에 대한 사람들의 태도에서 발견된다. 2005년 5월 퓨 글로벌 애티튜드 프로젝트(Pew Global Attitudes Project)가 행한 여론조사에 따르면, 조사에 포함된 6개 이슬람 국가 중 5개 국가의 응답자들이 점차 커지는 이슬람의 정치적 역할을 목격하고 있다고 답했다. 인도네시아와 모로코에서는 절대다수의 응답자가 이 의견을 피력했고, 파키스탄, 터키 그리고 레바논에서는 이보다 약간 적은 수가 같은 의견을 제시했다. 요르단에서만 이슬람의 정치적 역할이 약해지고 있다고 답한 응답자의 수가 과반에 약간 못 미쳤다.18) 더불어 이슬람의 글로벌 정치적 영향력이 확대되면서 이슬람 종교의 리더십을 차지하기 위한 움직임도 배가되고 있다. 특히 이슬람의 종주국 자리를 차지하기 위한 사우디아라비아와 이란의 정치적 경쟁이 한창 진행 중이다. 두 이슬람 강대국은 이 경쟁을 위해 자금을 동원한 외교전쟁을 벌이고 있다. 두 나라 모두 다른 이슬람국가에 학교, 이슬람 사원 등의 대중시설 건설을 지원하고 있다.

이슬람의 미래를 논할 때, 아랍세계를 넘어 멀리까지 존재하는 이 종교의 광범위한 존재를 간과해서는 안 된다. 예를 들어 중국에만 2,100만 명의 무슬림이 거주하고 있다. 인구 면에서 보면 사우디아라비아의 전체 무슬림 인구와 비슷한 규모다. 2003년 이라크 전쟁이 발발했을 때와 2006년 덴마크 만평사태가 일어났을 때도 중국의 무슬림들은 규탄시위를 가졌다. 다만 중국 정부는 발 빠르게 움직이며 시위의 확산을 신속하게 막았다. 이슬람 사원의 이맘(Imam, 종교 지도자 – 역자 주)들에게 무슬림 군중을 선동하지 말 것을 지시하면서 말이다. 린샤(Linxia, 중국의 이슬람도시 – 역자 주)의 한 이슬람 학교 교장은 "우리는 정부에 협력할 수밖에 없었다. 정부 관계자는 우리에게 조용히 할 것을 요청했다. 또 정부는 우리와 우리의 불만을 직접 표현하고 대변해 주겠다고 약속했다"고 말했다. 실제로 이 학교는 정부에 협력해 더 이상 소란을 피우지 않았다. 그 대가로 중국 정부는 중동의 뉴스를 직접 받아볼 수 있도록 이 학교에 두 대의 컴퓨터를 제공했다.[19]

그 수가 늘어나고 영향력이 확대되면서 중동지역 이외에 거주하는 무슬림들은 글로벌 이슬람의 개념을 재정립하는데 기여할 것이다. 로이(Olivier Roy)는 "세계화는 이슬람을 특정 지역의 문화에서 분리시키고, 이 특정 지역문화의 경계를 넘어 통용될 수 있는 모델을 정립하는 좋은 기회를 제공하고 있다"고 지적했다. 이미 이슬람은 전 세계로 확산되고 있고 미래의 새로운 모습을 추구하며 나아가고 있다. 로이는 "무슬림 설교자들이 새로운 세대에게 효과적인 이슬람 정신을 전달하기 위해, 그리고 다민족 신도들이 참석하는 합동예배를 주관하기 위해 점차 서방의 언어로 설교를 행하고 있다"고 설명했다.[20] 정부가 임명한 이맘과 다른 이슬람 종교지도자들은 이와 같은 방법으로 위성방송과 인터넷을 통해 새로운 청중에 다가가려는 야망을 키워나가고 있다. 최첨단 기술을 통한 선교에 이제 무슬림 지도자들도 눈을 뜨고 있는 것이다.

이슬람이 이슬람 그 자체와 나머지 세계에 대한 시각을 재형성하고 있는 것처럼 비이슬람권 세계도 이슬람에 대한 새로운 관점을 정립하고 있다. 이 과정은 다양한 모습으로 나타나고 있다. 정치적 파생 결과를 자주 야기하기도 한다. 레바논 언론인 무칼리드(Diana Mukhaled)는 2005년에 게재한 한 기사에서 "서방과의 정치적인 문제에 대해 아랍 언론에서는 직설적으로 독설을 퍼붓지만, 서방 언론과의 인터뷰에서는 영어로 신중하게 돌려 말하던 무슬림 지도자들은 서방의 독자들이 과거 자신이 아랍어로 내뱉은 독설의 영어 번역본을 읽었다는 사실을 알고 상당히 놀라고 있다"고 언급했다. 무칼리드는 "이제 전 세계가 가까이서 지켜보고 있다. 모든 형태의 아랍 언론에서 게재된 기사들을 전문적으로 번역하는 서방의 기관이 늘어나고 있다"며 "이슬람권에서 나오는 지극히 과격적인 논평들이 서방에 사는 무슬림과 아랍 이민자들과 자녀들에게 그런 독설의 대가를 치르게 만들고 있다"고 지적했다.[21]

다른 세계가 이슬람세계, 특히 아랍세계에 대해 보고 듣는 것의 상당부분은 신화와 고정관념의 필터를 통해 만들어진 것들이다. 2006년 이스라엘-히즈불라 전쟁과 관련한 미국 TV의 보도 행태에 대해 알-자지라 방송의 바타(Habib Battah)기자는 자신의 온라인 뉴스 사이트에서 다음과 같이 논평했다. "MSNBC는 현장의 특파원과 학자들을 인용해 히즈불라의 '테러행위'와 '이슬람의 국제적 위협'에 대항해 싸우는 이스라엘의 모습을 지지하는 내용으로 일관했다. 반면 이스라엘에 의해 자행된 레바논 내부의 광범위한 파괴와 인명피해에 대해서는 의도적으로 전하지 않았다."[22] 서방 언론의 수사학적 보도행태를 비판한 바타의 주장은 현재 서방과 이슬람권 사이에 계속 진행되고 있는 언론 전쟁에 있어서 아랍권이 내놓은 하나의 공격일 뿐이다. 뉴스 보도에 있어서 친아랍 혹은 반아랍 그리고 친이스라엘 혹은 반이스라엘 경향에 대한 논란과 상호비방의 예는 무수히 많다.

보다 큰 틀에서 전통적으로 비무슬림 지역인 국가들에 있어서 성장하고 있는 이슬람의 존재는 로이가 언급한 바와 같이 "이슬람은 이제 비이슬람권 사회에서 영구적인 지위를 차지했고 이런 사실이 유럽의 민족 정체성을 재평가하는 계기가 되고 있다"는 사실을 비무슬림들에게 받아들이게 하고 있다.[23] 비무슬림국가에서의 무슬림 인구에 대한 평가는 항상 정확하지는 않았다. 그럼에도 불구하고 무슬림 인구의 규모는 영국 전체 인구의 3퍼센트, 독일의 4퍼센트, 프랑스의 8퍼센트, 그리고 러시아의 10퍼센트를 차지하고 있다. 상대적으로는 아직까지 적다. 그러나 급증하는 무슬림 인구는 더 넓고 새로운 차원의 이슬람에 대한 인식을 가져오고 있다. 대다수 주민이 기독교인이었던 거리에 새로운 이슬람 사원이 문을 열 때 이 자체가 사람들의 시선과 관심을 끌 수밖에 없다.

이러한 상호 재평가는 계속되고 있다. 무슬림들은 전통적인 혹은 새로운 시각으로 조심스럽게 자신들의 조국 너머를 쳐다보고 있고, 나머지 세계는 친구인지 혹은 적인지를 결정하면서 이슬람세계를 다시 평가하고 있다. 퓨 글로벌 애티튜드 프로젝트가 2006년 여름에 내놓은 여론조사 결과는 다음과 같은 내용을 담고 있다. "대부분 이슬람지역에서 무슬림들은 서방과 서방 사람들이 이슬람과 무슬림에 대해 느끼는 것보다 더 심한 반감을 표출하고 있다. 서방과 서방 사람들에 대한 무슬림들의 여론은 수년 동안 더욱 악화하고 있다. 압도적인 표차로 무슬림들은 양측 간의 관계악화의 책임을 서방 사람들에게 떠넘기고 있다. 그러나 긍정적인 신호들도 있다. 조사가 실시된 대부분 무슬림국가에서 테러에 대한 지지도가 떨어지고 있다는 점이다." 퓨 보고서는 서방의 분위기에 대해서도 빼놓지 않고 지적했다. "독일과 스페인의 대다수 일반 대중은 독실한 무슬림으로 현대사회를 살아가는 데는 피할 수 없는 충돌이 있기 마련이라는 의견을 보이고 있다. 그러나 두 나라에 거주하는 대부분 무슬림들은 이 같은 의견에 동의하지 않고 있다. 그리고 무슬림 밀집 거주 지역에서 폭동이 발생하기도 한 프랑스에서는 비무슬림 일반 대중의 상당수와 소수 민족 무슬림들 모두 독실한 무슬림으로 현대 사회에서 살아가는 데 큰 어려움이 없다고 답했다."

퓨 여론조사는 또 다음과 같은 조사결과를 밝혔다.

테러에 대한 무슬림의 지지와 무슬림국가에서의 민주주의 가능성에 있어서는 희망적인 그리고 우려스러운 움직임이 동시에 발견되었다. 요르단, 파키스탄, 그리고 인도네시아에서는 자살폭탄테러와 민간인을 목표로 하는 여러 형태의 폭력 행위가 적으로부터 이슬람을 수호하기 위해 정당화될 수 있다고 말하는 사람들의 숫자가 크게 줄어들었다. 이 같은 태도의 변화는 특히 요르단에서 가장 두드러졌다. 아마도 2005년 수도 암만에서 발생한 대규모 테러공격에 대한 요르단 사람들의 당연한 반응일 수도 있다. 단지 29퍼센트의 요르단 사람들만이 자살폭탄테러가 경우에 따라 정당화될 수 있다고 답했다. 2005년 5월 조사에서 나온 57퍼센트에 비하면 크게 떨어진 것이다.

지난 조사들에 비해서는 많이 약해졌지만 이슬람 수호를 위해 테러가 정당화될 수 있다는 믿음을 가진 사람들의 수는 아직도 많다. 예를 들어 나이지리아 무슬림의 거의 절반 정도(46퍼센트)는 자살폭탄테러가 때로는 이슬람의 수호를 위해 정당화될 수 있다고 느낀다. 유럽에 거주하는 무슬림 중에서도 같은 생각을 가진 사람들이 적지 않다. 프랑스, 스페인 그리고 영국에 사는 무슬림 7명 중 1명은 민간인을 목표로 한 자살폭탄테러가 적대세력으로부터 이슬람을 지키기 위해 정당화될 수 있다고 믿고 있다. 반유대감정도 이슬람국가에서는 아직 상당히 높은 것으로 조사되었다.

이슬람국가에서의 민주주의 실행 가능성에 대한 무슬림과 비무슬림의 의견을 종합하면서 퓨 여론조사는 어느 정도 낙관적인 전망을 발견했다. "조사가 이뤄진 무슬림국가의 다수 혹은 과반수의 사람들은 민주주의가 단지 서방을 위한 것이 아니며 이슬람국가에서도 적용될 수 있다고 답했다. 그러나 서방 대중은 이 점에서 의견이 갈리고 있다. 독일과 스페인 사람들의 과반수 이상은 민주주의가 서구의 정치를 관장하는 방식이어서 대부분 이슬람국가에서는 제대로 작용할 수 없다고 말한다. 반면 대다수의 프랑스인들과 영국인 그리고 절반가량의 미국인들은 민주주의가 무슬림국가에서도 가능하다는 의견을 보이고 있다." 퓨 여론조사에서 나타난 또 다른 두 가지 결과는 다음과 같다. "서방과 이슬람권 대중 모두 이슬람 극단주의에 대한 깊은 우려를 표명하고 있다. 중국만이 예외적인 반응을 보였다. 59퍼센트의 중국인 응답자는 이슬람 과격주의에 대해 별 관심을 보이지 않았다." "한편 자신들의 국가에서 이슬람 원리주의자들과 사회개혁을 추진하는 세속주의자 간에 갈등이 발생하고 있는지 여부에 대해 무슬림들의 의견은 나뉜다. 그러나 이런 갈등이 발생하고 있다고 언급한 응답자의 과반수 이상은 세속적인 개혁에 지지를 보내고 있다."[24]

퓨 여론조사와 그 외 유사한 조사들의 결과에 따르면 무슬림과 비무슬림의 태도가 상황에 따라 크게 변화할 수 있음을 알 수 있다. 더불어 양측 모두 새로운 통신기술과 보도기관이 제공하는 보다 확대된 정보의 흐름을 이용하고 있다. 이러한 새로운 정보 제공자로서 가장 두드러진 예는 알-자지라 방송이다. 이 방송은 새롭게 등장한 보도기관을 대표하고 있는 동시에 세계정치의 중요한 변수로도 자리매김하고 있다.

알-자지라의 영향력을 제대로 이해하기 위해서는 이 위성채널 그 자체를 면밀히 들여다봐야 한다. 이 방송을 악성종양처럼 여기는 서방의 정책입안자들의 시각에 의존하기 보다는 진실을 이야기하고 절망과 바람을 동시에 확대시켜 주는 역할을 하는 방송으로 인식하는 아랍 시청자들의 입장에서 바라봐야 한다. (카타르 정부를 제외하고는) 중동정부들의 통제에서 자유로운 알-자지라는 아랍인과 무슬림의 관심사를 기록하고 알리는 기관으로 신뢰를 얻고 있다. 이 방송의 많은 시청자들은 알-자지라의 뉴스 보도가 감성을 자극하더라도 박수를 보내고, 이런 감성적 보도가 지나치더라도 개의치 않는다. 알-자지라의 자유분방한 스타일이 가져온 언론의 그리고 정치적 자유가 확대되면서 이를 막거나 제재하려는 움직임은 단순히 '반성'의 형태로만 표현될 뿐이다.

케펠(Gilles Kepel)은 2000년에 발발한 인티파다(팔레스타인 민중봉기 – 역자 주) 기간 동안 알-자지라 방송의 보도를 다음과 같이 관찰했다. "알-자지라는 '순교자 작전(자살폭탄 공격 등 – 역자 주)'을 영웅적인 행동으로 묘사하면서 이스라엘과 팔레스타인 저항세력의 충돌에 관한 뉴스를 매일 전했다. 사망한 영웅의 장례식은 아랍 위성방송으로 생중계됐으며, 시청자들은 이스라엘군의 공격에 의해 목숨을 잃은 희생자들을 애도했다. 대부분의 경우 아랍과 이슬람권의 감정은 거침없이 반유대인 감정으로 모아졌다. 무슬림들은 미국 및 서방의 동맹국가들과 결탁한 이스라엘의 치욕적인 공격에 자신들이 집단적 목표가 되고 있다고 받아들였다."25)

알-자지라 방송은 선동적인 효과는 때때로 중동지역과 그 외 지역의 일부 정부들을 당혹케 하기도 한다. 그러나 그 스타일과 이를 통해 시청자로부터 끌어내는 반응은 중동의 대중 정치 특정을 잘 말해준다. 린치(Marc Lynch)는 2003년 사담 후세인 정권이 무너졌을 때 알-자지라 방송이 "검열 받지 않은 여러 토크쇼를 생방송으로 내보내면서 아랍의 정치적 논란을 그대로 전하는 유일한 창구역할을 했다"고 언급했다.26) 이런 프로그램들은 중동과 그 외 지역의 시청자들을 시대의 역사적인 사건에 직접 참여시키면서 다른 중동 정권들도 만약 붕괴한다면 발생할 수 있는 상황에 대해 고민토록 했다.

카타르에 본부를 둔 이 방송은 중동뿐만 아니라 전 세계 차원에서 미디어가 변모하는데 역사적인 역할을 하고 있다. 서방 언론기관의 패권이 도전받을 수 있다는 것을 성공적으로 입증하고 있다. 이런 점에서 알-자지라의 성공은 아랍세계와 그 너머에 모델을 제시하고 있다. 향후 계속 늘어날 것으로 확신할 수 있는 새로운 언론기관들이 가질 수 있는 지역적 그리고 전 세계적 영향력의 대표적인 사례를 보여주고 있다.

알-자지라와 주요 경쟁사인 알-아라비아 그리고 다른 아랍의 보도기관들의 역할과 영향력은 2006년 이스라엘-히즈불라 전쟁에서 잘 드러났다. 워싱턴포스트에 따르면 아랍세계는 매일 밤 "세계의 다른 지역이 보는 것보다 더욱 피투성이인, 더 고통스런, 그리고 더 파괴적인 전쟁을 목격했다." 이 같은 보도는 알-자지라 방송의 토크쇼에 더 많은 시청자들이 전화참여를 하도록 만들었다. 알-자지라 토크쇼의 한 제작자의 말에 따르면 "전화로 참여한 시청자들은 히즈불라를 지지하기도 했지만 무능력한 아랍의 지도자들을 비난하는데 더 열정적이었다."27)

한편 아랍 위성채널의 뉴스 제작이 더욱 정교해지고 있는 동시에 첨단기술의 사용도 늘고 있다. 2006년 10월을 기준으로 볼 때 아랍샛(Arabsat)과 나일샛(Nilesat) 위성을 사용하는 대다수 방송들은 채널과 연계된 웹사이트나 포털사이트를 가지고 있었다. 아랍 미디어 시장이 커지면서 외국 언론도 이슬람권에 진출하고 있다. 2006년 3월 스페인 국영 통신사인 EFE가 아랍어 방송을 시작했다. 스페인 외무부가 이를 위해 막대한 자금을 지원하고 있다. 카이로에 본부를 둔 EFE 중동 지국은 모로코, 튀니지, 모리타니 등 스페인에 인접한 아랍국가들의 시청자를 공략하고 있다. EFE의 아랍어 사업 책임자 마틴(Javier Martin)은 "우리는 커다란 퍼즐의 일부가 되고 싶고, 또 문명 간의 교량 역할을 하고자 한다"고 밝혔다. 2006년 무함마드 만평사태를 겪은 덴마크도 중동지역에 민주주의를 확산시킨다는 목표를 가지고 아랍어 TV 및 라디오 방송을 준비하고 있는 것으로 알려졌다. 독일의 국제방송 도이체벨레(Deutsche Welle)와 프랑스의 새로운 한 뉴스 전문채널도 아랍어를 구사하는 시청자들에 접근하기 위해 계획을 세우고 있다 (도이체벨레는 이미 아랍어 방송을 시작했음 – 역자 주). 중동지역에서 오랫동안 아랍어 방송을 해오고 있는 영국의 BBC의 경우도 현재 사업을 확대하고 있는 중이다.28)

아랍 시장에 진출하는 대부분 보도기관들은 방송과 인터넷 온라인을 동시에 운영하고 있다. 두 가지 목적에서다. 우선 온라인 인터넷이 초기에는 방송보다 큰 이익을 발생시키지는 못하더라도, 온라인을 통해 TV가 제공하는 프로그램에 대한 초기 브랜드 인식을 강화하기 위해서다. 더불어 아랍지역에서 인터넷 접속이 급속도로 늘어나면서 크게 성장하고 있는 젊은 층과 식자층 중심의 인터넷 이용자를 고객으로 삼기 위해서다. 결과적으로 방송보다 웹상의 경쟁이 더욱 치열해지고 있다. 심지어 경제적으로 넉넉지 않은 국외거주자들도 약간의 자금만 있으면 웹사이트를 개설하고 뉴스, 소문, 그리고 통렬한 비난을 게재하고 있다. 이로 인해 웹은 아랍 본토에 사는 사람들과 파리, 디트로이트 등 해외의 아랍인 거점을 연결하는 역할도 하고 있다.

이러한 인터넷 사이트들은 기존의 방송 그리고 거대 웹 정보 공급자들을 위협하고 있다. 문제를 일으키기도 하고 정치적 좌절감을 해소하는 창구역할도 하고 있다. 한 예로 덴마크 만평사태에 대한 대응으로 전 세계 대학에서 공부하는 무슬림 학생들은 '야 무함마드(Ya Mohammed)'라는 사이트를 개설했다. 운영자 중 한 학생은 "신성모독에 맞서서 싸우고 서방언론의 모욕적인 보도태도에 저항하는 인터넷 지하드를 위해 이 사이트를 시작하게 됐다"고 말했다. 이 보다 온건한 사이트로는 뉴저지에 거주하는 아랍계 미국인이 운영하는 알-하카와티(al-Hakawati, 이야기꾼 – 역자 주)가 있다. 운영자에 따르면 이 사이트의 목적은 '아랍문화에 대한 가상 도서관을 제공하고, 모든 사람에게 아랍세계에 대한 지식 습득을 돕고, 궁극적으로는 아랍문화의 올바른 이해를 알리는 것'이다.29) 이와 같은 아랍 관련 정치 및 문화 웹사이트는 수도 없이 많다. 대부분 사이트의 방문자는 소수이지만 일부 사이트는 엄청난 인기를 얻고 있다. 또한 대부분 사이트는 여론에 큰 영향을 주지 못하지만 일부 사이트는 막대한 영향력을 행사하기도 한다.

아랍의 어떤 미디어 매체를 평가하건 간에 의문을 가질 수 있는 사안은 그렇게 많은 방송, 신문 그리고 인터넷 사이트가 어떻게 자금을 마련하고 있느냐다. 특히 아랍의 독자와 시청자가 아직도 상당히 분열돼 있는 상태이고, 많은 아랍국가들이 아직 경제적으로 넉넉하지 못한 상황을 고려하면 더욱 그렇다. 이 때문에 빛을 발하지 못하는 언론도 적지 않다. 전쟁을 겪은 이라크의 예를 들어보면 새롭게 시작하는 미디어의 수는 많지만 성공한 사례는 극히 일부다. 그럼에도 불구하고 중동에서 언론 사업에 뛰어드는 개인과 단체의 수는 늘어날 것으로 보인다. 더불어 담론과 시각에 있어서도 다양화가 계속 진행될 것으로 예상된다. 이런 현상으로 불가피하게 중동지역의 정치는 변화할 것이며 중동의 지식인과 정치인의 삶마저도 바꿀 것이다.

방대한 정보에 대한 접근과 이용은 최소한 이론적으로는 지식을 넓히는데 기여한다. 문제는 이런 가설이 적절한 것이라고 해도 그 확대된 지식의 효과를 측정하는 것이 쉽지 않다는 것이다. 알렌(Mark Allen)은 "최근 아랍에서 지식은 홍수와 같이 범람하고 있고, 온갖 의견과 시각이 고정된 관념을 변화시키고 있다"면서도 "반대와 이견을 조정할 수 있는 조직적인 시스템이 아직은 갖춰지지 않아 다원성이 정착되지는 않고 있다"고 지적했다.[30]

알렌이 정확히 지적한 바와 같이 다원성은 단순히 발생하는 것이 아니다. 이것은 시스템 변화가 이뤄지는 과정에서 성숙하는 것이다. 위성방송을 필두로 하는 뉴미디어는 아랍세계뿐만 아니라 다른 어떤 지역에서도 이 같은 변화를 자극하도록 도울 가능성이 높다. 비록 인터넷처럼 기술적인 화려함은 없지만 위성방송은 지식의 세계화에 추진력으로 작용해 왔다. 더불어 세계의 대부분 지역에서 아직 소수의 인구만이 인터넷에 접근할 수 있지만, TV는 모든 곳은 아니더라도 상당지역에서 이미 가용한 정보의 수단으로 자리 잡고 있다. 미래에는 이런 상황도 변할 것이다. 동네 구석에서 TV를 방영하는 커피숍은 이제 인터넷 카페에 자리를 내주고 있다. 가정으로 연결되는 인터넷이 이제 위성수신기를 대체하고 있다. 하지만 아직까지는 알-자지라, BBC, CNN 그리고 그 외 위성방송들이 전 세계 인류에게 영양을 공급하듯 강과 같은 정보를 제공하고 있다.

세계가 더욱 가까이 연결될 때, 세계화 주창자들이 주장하는 바와 같이 갈등은 줄어들 것이다. 서로를 더욱 잘 알고 지속적인 접촉을 하는 문명들이 서로 충돌할 가능성은 높지 않다. 이러한 새로운 세계질서가 어떻게 작동할지에 대한 세부적인 내용이 아직 확실하지는 않다. 그러나 한 가지 분명한 것이 있다. 미국의 역할은 분명히 크게 바뀔 것이다.

가까운 미래에까지는 미국이 절대 필요하지는 않더라도 피할 수 없는 존재로 남아 있을 것이다. 이라크 전쟁의 경험에서 나타난 바와 같이 이례적인 전투형태(테러 및 게릴라전과 같은 - 역자 주)가 미국의 장점을 약화시키고는 있지만, 재래식 전투에 있어서 미국의 군사력에 대응할 만한 나라는 아직 등장하지 않았다. 미국의 경제도 최고의 우월성을 가지지는 못하더라도 적당히 우위를 유지해 나갈 것이다. 그러나 정상의 자리는 어떤 면에서는 불안정한 것이다. 전쟁은 벌판에 서로 조우한 군대끼리만 진행되지 않을 수 있다. 오히려 이보다는 더 복잡하고 인구가 밀집된 도시의 골목에서 발생할 것이다. 병기고는 더 이상 수천 기의 미사일로 대표되지 않을 수 있다. 핵 물질이나 탄저균을 담은 몇 개의 여행 가방이 더 위협적일 수 있다. 공격이 상륙거점에서 발생하지 않을 수 있다. 사이버 공간에서 더 큰 피해를 주는 공격이 있을 수 있다. 더불어 주요 경제 대국의 명단이 확대될 것이다. 오늘날 중국과 인도가 부상하고 있지만, 미래에는 브라질과 카자흐스탄의 경제력이 세계를 놀라게 할 수도 있다. 마찬가지로 국제적 긴장의 초점도 변화할 것이다.

다음 여러 장에서 논의될 것이지만 알-자지라 효과는 중동에서 멀리 떨어진 지역에서도 느껴지고 있다. 실제로 새로운 세계질서의 모든 측면은 유례없이 발전하고, 그리고 확산하고 있는 정보 및 통신기술에 의해 형성될 것이다. 정보 및 통신기술은 세계를 연결하고 있다. 거기서 나타나는 여러 변화와 효과에 깊은 관심을 가져야 한다.

2
위성채널의 급증

위성채널은 어디에나 있다. 황량한 평원에서 불쑥 불쑥 솟아오르는 싹처럼 우후죽순 생기는 것은 아니지만, 숲 안에서 자라기 시작하는 나무와 같다. 어려서 약하기도 하지만, 빠른 속도로 성장하고 있다. 이 중에는 적자생존의 법칙에 살아남는 강자도 있다.

왕족들이 자금을 대는 방송국도 있고, 작은 아파트에서 운영되는 블로그도 있다. 정교한 웹사이트도 있고, 일시적인 이메일 네트워크도 있다. 잘 만들어진 다큐멘터리도 있고, 휴대 전화로 촬영한 조잡한 영상도 있다. 몇몇의 소유주는 세계무대에서 갈채를 받기도 하고, 다른 운영자는 경찰의 습격을 두려워하며 숨어서 게시물을 올리고 있다. 일부는 전 세계 시청자를 확보한 반면, 다른 이들은 소수의 동호인들과 소통하고 있을 뿐이다.

이러한 다양성이 뉴미디어를 매력적이고 영향력 있게 만들고 있다. 이 새로운 정보와 통신 기술의 모든 양상을 아우르고 설명하는 정확한 개념은 아직 없다. 그러나 몇몇 패러다임이 등장하고 있다. 가장 두드러진 것들 중 하나가 바로 알-자지라 효과다.

알-자지라 그리고 기업

이집트 언론인 후와이디(Fahmy Howeidy)는 다음과 같이 말했다. "알-자지라가 나오기 전에 나는 아랍 방송에서 예능 프로그램이나 축구 경기만을 시청했다. 그것도 쉴 때나, 지루할 때, 게으름을 피울 때만 이었다. 내가 중요한 사건이나 여론을 조사할 때는 주로 영국, 미국 등 서양의 TV 방송들에 방영된 뉴스, 리포트, 그리고 토론 프로그램을 이용했다. 나는 어떤 아랍 방송에서 내가 서구 방송에서만 찾던 그 '양식'을 발견할 것이라고는 생각조차 못했다."[1)]

이러한 지적 '양식'은 알-자지라가 관심을 끄는 중요한 요소였다. 이 방송은 회의적이었던 시청자들에게 아랍 미디어도 유용할 수 있으며, 또 중요한 사건의 정보에 대해 서양의 언론기관에만 더 이상 의존할 필요가 없음을 입증했다. 혁신적 프로그램 편성, 신뢰할 만한 보도 자세 그리고 지속적인 마케팅을 혼합해, 알-자지라는 대부분 중동에서 필수적인 정보 공급원으로 입지를 구축했다. 모로코에서 쿠웨이트에 이르기까지 어느 카페에 들어서더라도, 구석 모퉁이에 알-자지라 방송이 켜져 있는 TV를 볼 수 있을 것이다. 이집트 수도 카이로에서 행해진 2004~2005년 TV 시청자 여론조사에 따르면, 46퍼센트의 가정이 위성방송을 시청했으며, 그 중 88퍼센트는 알-자지라 방송을 시청했다고 한다.[2)]

전 세계인이 알-자지라를 선호하는 것은 아니다. 아랍인 전체가 이 방송을 좋아하는 것도 아니다. 어떤 이는 정신없이 싸우는 산만한 스타일의 토크쇼를 싫어한다. 다른 사람은 뉴스 보도에 있어서 종교적 편향성을 꼬집는다. 또 어떤 이들은 알-자지라의 선정적이고 무분별한 보도 태도에 관심조차 두지 않는다. 당연할지도 모르지만 방송의 반 서방 정치적 편향은 일부 시청자의 의혹을 사고 있다. 알-자지라의 칸파르(Wadha Khanfar) 국장은 이에 대해 다음과 같이 반박했다. "처음부터 우리는 여러 비난과 의혹에 시달렸다. 모사드나 CIA 같은 국제정보기관에 의해서 설립됐다, 미국이 우리의 배후에 있다, 중동의 특정 정권이 배후에 있다, 오사마 빈 라덴이 그 배후다 등의 의혹들이 제기된 바 있다. 이런 터무니없는 주장은 우리가 옳은 일을 하고 있다는 징표다.… 우리는 어떠한 정치적 슬로건이나 선전 목적을 표방하지 않는다. 우리는 단지 언론을 사랑하는 보통 사람들일 뿐이다."3)

그러나 알-자지라는 저널리즘을 넘어 더 큰 역할을 가지고 있다. 단순히 미국, 이스라엘, 이슬람 혹은 카타르의 통치 왕족을 몰래 추적하는 위장 말(stalking horse, 사냥꾼이 짐승에 접근할 때 쓰는 말처럼 만든 물건 - 역자 주)이 아니다. 이 보다 더 나아가 알-자지라는 범아랍 정체성을 구축하는 것을 돕기 위해 대중매체를 이용하는 미디어 사업의 최신 버전이라고 할 수 있다. 1953년 카이로 라디오는 '아랍의 목소리(the Voice of the Arabs)'라는 프로그램을 첫 방송했다. 이 프로그램은 얼마 후 하루에 18시간을 방송하는 자체 방송국으로 발전했다. 이 방송의 주요 메시지는 나세르(Gamal Abdel Nasser) 이집트 대통령의 아랍 민족주의였다. 보수적 아랍정부들을 공격하던 이념으로 사회주의와 반식민주의가 결합된 혁명 사상이었다.4) 나세르 대통령은 방송이 어떻게 역내 정치에 영향을 줄 수 있는지를 처음으로 이해한, 당시 몇 안 되는 아랍 지도자들 중 한 명이었다. 린치(Marc Lynch)는 '아랍의 목소리' 라디오 방송이 어떤 역할을 했는지 다음과 같이 설명했다. "이 방송은 강력한 국가의 홍보 수단이었다. 거의 전적으로 전략적 목적으로 이용됐고, 경쟁국가의 정권들을 압박하기 위해 민중을 자극하는 것을 목표로 했다. 이성적이지는 않았지만 아랍 민족주의를 옹호하고 찬양하는 감성적 연설을 통해 라디오 방송은 아랍의 정치행위에 있어서 민중의 동원 가능성을 현실화했다. 이를 통해 범아랍 민족주의 운동은 비교적 새롭게 탄생한 다른 아랍국가들의 정통성에 정면으로 도전할 수 있었다."5)

'아랍의 정체성'을 강화시켜준다는 점에서 알-자지라는 '아랍의 목소리'

의 뒤를 잇고 있다. 알-자지라의 유명한 토크쇼 '반대방향(the Opposite Direction)'의 사회자인 알-카심(Faisal al-Kasim)은 이 점에 대해 다음과 같이 말했다.

> 위성방송이 내보내는 토크쇼는 아랍 대중을 결속하고 범아랍 정체성을 제고하고 있다. 다시 말해 분열의 틈을 좁히고 연결하는 민족주의적 역할을 하고 있다. 사실 알-자지라와 다른 위성방송의 인기 있는 토크쇼들은 이집트 나세르 대통령이 실패한 것들을 성공리에 수행하고 있다고 말할 수 있다. 수백만의 아랍인들은 위성방송의 생방송 토론과 토크쇼에 큰 관심을 보이고 있다. 이런 프로그램들은 많은 사안들에 있어서 범아랍 여론을 형성하는데 크게 기여하고 있다. 아랍 시청자들은 이제 서로의 문제, 주요 사안, 그리고 우려를 나누고 있는 것이다.[6]

나세르가 시작한 초기의 범아랍 민족주의는 중동의 정치적 역학과 미디어 환경이 변화하는 것에 발맞추어 진화하고 있다. 2002년 프리드먼(Thomas Friedman)이 기술한 바와 같이 이런 변화가 한편으로는 "인티파다의 처참한 이미지를 새로운 아랍-무슬림 세대들에게 직접적으로 전하는 아랍 위성방송과 인터넷"에서 발견될 수 있다. 그는 "만약 1억의 아랍-무슬림들이 이런 이미지를 보면서 성장할 경우 이스라엘은 생존할 수 없을 것"이라고 우려했다. 프리드만은 또 정치적 역학의 변화에 대해 다음과 같이 설명했다. "수십 년 동안 아랍 지도자들은 팔레스타인 문제를 자신들의 정통성을 제고하고, 정책 실패에 대한 국민의 관심을 다른 곳으로 돌리기 위한 정치적 수단으로 여겨왔다. 과거에 이들은 정부가 장악한 언론을 통해 국민이 어떤 방향으로 팔레스타인 문제를 바라봐야 하는지를 통제할 수 있었다. 그러나 이제는 그렇지 않다. 세계화 시대에 사이버 인티파다가 진행되고 있는 것이다. 팔레스타인의 암울한 이미지들을 24시간 아랍 젊은이들에게 전하는 독립적 아랍 위성방송과 이 젊은이들이 서로 이런 이미지들에 대한 느낌을 직설적이고 정확하게 이야기할 수 있는 인터넷 덕분에, 아랍정권들은 여론에 있어서 그들의 통제권을 잃어가고 있다."7)

반세기 이전 나세르 대통령은 아랍의 목소리 라디오 방송을 통해 라이벌 정권들을 뒤흔들었다. 2000년 제2차 인티파다가 발생할 즈음 미디어 메시지에 대한 직접적인 정치적 통제는 상당히 약화되었다. 그러나 뉴미디어가 전하는 이미지는 나세르 정권이 목표로 했던 것과 같은 비안정화 효과를 가졌다. 아랍 대중은 좌절하고 절망했고 팔레스타인인들을 돕는데 실패한 자국 정부의 무능력에 비난의 화살을 돌렸다.

2002년 알-자지라는 이런 과정에 있어서 가장 큰 역할을 했었다. 그러나 이 채널이 초반에 누리던 주도권은 점차 약화되었다. 가장 큰 이유는 알-아라비아, 아부다비 TV, 레바논방송사(LBC: Lebanese Broadcasting Corporation) 등과 같은 경쟁 위성방송들이 등장했기 때문이다. 1994년 레바논을 시작으로 국가의 방송독점을 폐기하는 법들이 아랍국가들에서 제정되면서 민간이 방송국을 소유하는 것을 원활케 했다.8) 위성방송 장비와 운영비용이 상당히 저렴해진 것도 더 많은 선수들이 '방송 경기'에 참여하는 것을 허용했다.

서방 스타일의 방송 모델에서는 불가능한 경제적 상황에서도 성장은 지속되었다. 2005년 아랍세계 전체 미디어의 광고 수익은 15억 달러에 불과했다. 그것도 TV, 라디오, 신문 그리고 다른 미디어를 모두 합쳐서다. 반면 이들 미디어를 유지하는데 들어가는 연간 운영비는 160억 달러를 초과했다.9) 이런 불균형 대차대조표와 더불어 아랍 미디어에 대한 외국인 직접투자도 거의 없었다. 이는 미디어 하부구조에 대한 대부분의 투자가 왕족과 같은 정치 엘리트 혹은 대중에게 올바른 정보를 제공하는 것보다는 정치적 선전도구를 갖는데 더 큰 관심이 있는 다른 투자자들에 의해 이루어지고 있다는 것을 의미한다.10)

아랍지역에 있어서 알-자지라의 가장 강력한 경쟁자는 단연 알-아라비아다. 이 24시간 뉴스 전문채널은 대부분의 지분을 사우디인들이 소유하고 있고 두바이에 본부를 두고 있는 중동방송센터(MBC: Middle East Broadcasting Center)의 자회사다. MBC는 1991년 방송을 시작했다. 이 미디어 그룹의 오락과 뉴스 프로그램은 전 세계 1억 5,000만 명에 달하는 아랍어 구사자들에 널리 알려져 있다. 특히 '가족오락채널'인 MBC1은 중동의 다른 어떤 채널보다도 많은 수의 시청자를 가지고 있다고 자부하고 있다.

MBC의 공식 발표에 따르면 알-아라비아는 2003년 "진정으로 적절하고, 균형 잡히고, 그리고 책임있는 뉴스를 아랍 시청자에게 제공할 필요성"에 응해 창립되었다.[11] 이 같은 목적을 다시 해석하면, 특히 사우디와 같은 아랍의 정치 주도 국가들에게 있어서 알-자지라 보다는 더 정치적으로 또 프로그램에 있어서 통제 가능한 방송이 필요했다고 볼 수 있다. 사우디아라비아의 선왕 파흐드(Fahd)의 이복동생이자 MBC의 소유주인 셰이크 왈리드(Sheikh Walid al-Ibrahim)는 알-아라비아를 폭스뉴스(Fox News) 접근법을 따르는 알-자지라 방송과는 달리 온건한 CNN으로 정착시키겠다는 포부를 밝혔다. 이를 반영하듯 알-아라비아의 광고 게시판은 "우리와 함께하면 당신은 진실에 더욱 가까워진다!"고 강조한다.[12]

소유주가 원하는 방향으로 알-아라비아는 방송의 목표를 제대로 설정했다고 할 수 있다. 그러나 알-자지라의 인기를 따라가는 데는 힘겨운 싸움을 벌이고 있다. 2004년 봄에 실시된 여론조사에 따르면 중동지역에서 알-아라비아의 시청률은 알-자지라에 크게 뒤떨어지고 있었다. 물론 위성뉴스채널 시청자의 39퍼센트가 매일 '약간이라도' 알-아라비아에 채널을 돌린다는 다소 긍정적인 결과가 있기는 하지만 말이다.[13] 알-자지라와 마찬가지로 알-아라비아도 뉴스 중간 중간에 여러 토크쇼들 집어넣고 있다. '이라크에서(*From Iraq*)', '대양 건너(*Across the Ocean*)', '최신판(*Last Edition*)', '제4계급(*Fourth Estate*, 언론계 - 역자 주)',

'생방송 여론조사(Poll-on-Air)' 등이다. 알-아라비아 방송 측은 '이라크에서'의 경우 '프로그램 방송 직후 대량의 불법복제 CD와 비디오가 팔릴 정도로' 많은 이라크 시청자를 가지고 있다고 주장한다. '제4계급'은 아랍과 서방의 언론을 모니터하는 토크쇼이며, '생방송 여론조사'는 시청자에게 특정 질문에 대해 투표를 실시하고 특정 토픽에 대해 전화와 이메일 응답과 토론을 생방송으로 진행한다.

알-아라비아를 이끌어가고 있는 기자들은 위성뉴스 채널이 가지는 힘에 대해 정확히 인식하고 있다. 알-라쉬드(Abdul Rahaman al-Rashid) 사장은 알-자지라와 알-아라비아가 '핵폭탄보다 더 위험한 것'이라며 '이는 두 방송이 더 큰 범위에 방사능을 퍼뜨릴 수 있기 때문'이라고 지적했다. 사장은 "이들의 뉴스가 시청자들을 전쟁으로 몰아넣을 수도 있고 혹은 평화를 믿도록 할 수도 있고 더 나아가 그들의 삶을 바꿀 수도 있다"고 덧붙였다. 알-라쉬드는 또 현재 중동의 언론 상황에 대해 다음과 같이 말했다. "이 지역은 부정확성과 부분적 진실로 가득 차 있다. 나는 사람들이 바른 정보와 완전한 정보를 가진다면 올바른 판단을 항상 내릴 것이라고 믿는다. 결국 우리에게 부족한 것은 진실과 정보다. 이런 환경이 마련돼야 우리는 이성적 사회를 가질 수 있다. 안타깝게도 지금은 비정상적 사회라고 말할 수밖에 없다. 정보가 개인에게 전달되는 방식이 정상적이지 않기 때문이다."[14]

미국에서 교육받은 알-라쉬드는 알-아라비아를 담당하기 이전 런던에서 발행되는 저명한 범아랍 아랍어 일간지 『알-샤르크 알-아우사트(al-Sharq al-Awsat)』의 편집국장을 맡고 있었다. 그는 이 신문에 많은 칼럼을 실었다. 그중 가장 유명한 것은 2004년 체첸 테러범들이 북오세티아(North Ossetia)의 학교를 장악하고 자폭해 다수의 어린이를 포함한 300명 이상이 사망한 사건에 대해 게재한 글이다. 그 사건에 대해 알-라쉬드는 "모든 무슬림이 테러리스트가 아닌 것은 확실하지만, 아주 유감스럽게도 거의 대부분 테러리스트들이 무슬림인 것도 사실이다"고 통탄했다. 무슬림들이 행하는 자살폭탄테러에 대해 그는 "얼마나 슬픈 기록인가! 얼마나 수치스런 일들인가! 이런 행위가 우리 자신, 우리 사회 그리고 우리 문화와 관계없다고 말할 수 있는가?"라고 기술했다. 이 칼럼에서 알-라쉬드는 또 이라크에서 일하는 미국 민간인을 살해하는 것은 정당하다고 말한 유명한 이슬람 신학자 셰이크 알-카라다위(Sheikh Yusuf al-Qaradawi)의 입장을 비난했다. 알-카라다위는 알-자지라 방송에 정기적으로 출연하고 있다.15)

알-아라비아의 카팁(Nabil Khatib) 편집국장은 팔레스타인 기자 출신으로 이-팔분쟁을 오랫동안 취재했었다. 알-라쉬드와 마찬가지로 카팁도 폭력을 조장하는 사람들에 대해서는 관대하지 않다. 특히 언론계에 종사하는 사람들의 폭력성에 대해 강력히 비판해 왔다. 2004년에 밝힌 그의 입장은 다음과 같다. "선정주의는 사람들을 서로 증오하도록 자극한다. 팔레스타인인으로서 나는 증오의 피 냄새를 맡고 자라왔다. 특히 방송국 내 에어컨이 있는 방에 앉아있는 사람들이 유혈충돌에 휩싸인 현장 사람들의 감정을 조종하거나, 화나게 하거나 혹은 특정 단체에 대해 정확히 알지도 못하면서 일반화하는 행위에 대해 나는 이해할 수가 없다."16)

알-라쉬드와 카팁의 이런 입장은 알-아라비아가 아랍 뉴스 제공에 있어서 새로운 흐름을 만들고자 노력하고 있음을 자세히 말해준다. 단순히 정부의 시각을 반영하는 것이 아니고 알-자지라처럼 도발적인 것도 아니다. 이와 관련해 카팁은 보도 뉴스의 내용을 대중의 일상적 관심과 더욱 가깝게 만들겠다는 포부를 밝혔다. "지난 50년 동안 모든 아랍 사람들이 들어온 주요 뉴스는 이스라엘, 팔레스타인, 미국, 아랍정상회담 등에 집중돼 있었다. 반면 왜 가난하고 미래가 절망적인지 그리고 왜 의료보장 제도와 어린이 교육에 만족할 수 없는 지에 대한 실질적 질문들에 대한 답에 대해서는 아무것도 듣지 못했다. 이런 사안들은 사실 아랍인은 물론 모든 인간에게 중요한 것들이다. 그러나 만약 당신이 어떤 아랍인에게 가장 큰 관심을 가지고 있는 것이 무엇인가라고 묻는다면, 아마 그는 예루살렘 혹은 이라크라고 답할 것이다. 왜냐하면 당신이 그에게 항상 그런 사안만을 이야기하고 있기 때문이다."17)

전 세계 보도기관의 경영진은 대중이 필요로 하는 것과 원하는 것을 제대로 판단해야 하는 어려운 결정에 매일 직면한다. 그러나 현재 전 세계 어느 곳에서도 중동만큼 몇 개 안되는 TV 채널이 정치적 담론의 내용과 수위에 강력한 영향력을 행사하는 현상을 발견하기는 어렵다. 이 때문에 알-아라비아를 CNN에 그리고 알-자지라를 폭스뉴스에 비교하는 것에는 약간 무리가 있다. CNN과 폭스뉴스는 미국 뉴스 미디어의 안정적 흐름에 점진적으로 진입했다. 반면 아랍 뉴스채널은 사실상 진공상태에 가까운 뉴스 시장에서 등장했다. 중동지역에서 이들 뉴스채널은 대중을 위한 자유분방한 저널리즘의 설립에 선구자적 역할을 하고 있는 것이다. 이 방송들은 저널리즘을 변화시키고 있으며 아마도 더욱 중요한 것은 이들이 정보의 접근성에 대한 대중의 기대치를 상당히 높였다는 점이다.

많은 아랍 위성채널이 주로 오락 프로그램을 제공하고 있지만, 적지 않은 각국의 지상파 그리고 위성채널은 어느 정도 뉴스 보도를 행하고 있다. 이들 각국 채널은 국내화한 내용을 바탕으로 대규모는 아니더라도 고정 시청자를 유지하고 있다. 사람들은 자신들의 정부가 무엇을 하고 있는지, 그리고 자신들의 거주 지역에서 발생하는 사안들이 어떻게 표출되고 있는지에 대해 항상 관심을 가진다. 미국의 지역 TV 뉴스가 전국차원의 뉴스 네트워크보다 더 높은 시청자 선호도를 가지는 경우가 있듯이 아랍 그리고 국제 채널들이 제대로 다루지 못하는 주제 등에 대한 각국 대중의 관심이 크다. 이들 방송의 시청률 조사방식은 미국 TV업계에서 시행되는 엄격한 등급체계에는 크게 미치지 못한다. 그러나 중동의 조사방식도 점차 수적으로 또 질적으로 개선되고 있다. 2005년 요르단, 레바논, 모로코, 사우디아라비아, 그리고 UAE에서 시행된 시청률 조사에 따르면 45 퍼센트의 응답자가 알-자지라 방송을 시청하는 것으로 나타났다. 그리고 MBC와 LBC는 각각 12퍼센트, 알-아라비아 9퍼센트, 아부다비 6퍼센트, 히즈불라의 알-마나르(al-Manar) 4퍼센트, 그리고 미국 정부가 지원하는 알-후르라(al-Hurra)는 1퍼센트의 시청률을 기록했다. 만약 시청자들이 중동지역방송보다 국내방송을 더 선호할 경우, 알-자지라와 알-아라비아가 시청자들이 가장 좋아하는 두 번째 선택이 되고 있다.[18]

레바논, 팔레스타인 그리고 다른 방송들

레바논 TV의 최근 역사를 보면 기술과 정치가 어떻게 결합돼 시청자가 보고 듣는 것을 결정하는 지를 잘 알 수 있다. LBC는 내전이 한창 중인 1985년 첫 방송을 시작했다. 때문에 방송의 본사는 정기적으로 폭격을 당했다. 1992년 정부군이 본사 건물을 급작스레 접수해야 한다는 통지를 받고 방송은 단 하루 만에 모든 인력과 장비를 옮겨야 하는 상황에 처했다. 방송국 직원들은 주요 장비를 50대의 트럭에 나눠 실었다. 다른 장소에서 임시 스튜디오를 설치하고는 저녁 뉴스를 생방송으로 진행하기도 했다. 내전이 끝나자 LBC는 1996년에 독립적인 위성채널을 출범했다. 첫 위성채널은 15세에서 24세 사이의 청소년층을 주로 겨냥한 아랍어 오락프로그램에 초점을 두었다. 이어 전 세계의 아랍인들을 위한 3개의 위성채널을 추가했다. LBC 유럽, LBC 미국 그리고 LBC 호주였다. 2006년에는 걸프지역을 중심으로 한 중동지역과 북부 아프리카에 거주하는 아랍인들의 관심분야가 적지 않게 다르다는 것을 인식하고, LBC 마그립(Maghreb, 해지는 곳이라는 의미라 아랍권의 서부 즉 북부 아프리카 지역을 의미함 – 역자 주)을 출범시켰다. 이 방송은 '레바논의 색채'를 가미하여 북부 아프리카의 내용을 제공한다는 목표를 가졌다.[19]

LBC의 변천사를 보면 중동의 TV 산업이 어떻게 성숙해가고 있는지를 알 수 있다. 정교한 시장 분할로 방송국의 숫자가 급증하고 있다. 기술적 측면에 있어서도 알-자지라와 알-아라비아와 같은 방송국의 보도국 시설은 최첨단 기술을 자랑한다. 전 세계 어느 일류 방송을 비교해도 결코 뒤지지 않는다. 그러나 이런 성장에도 불구하고 정치의 개입은 계속되고 있다. 정치는 아직도 미디어 산업의 생산물과 그 사회·정치적 역할에 엄청난 영향력을 행사하고 있다.

레바논의 사례는 이 같은 역학을 잘 설명해 준다. 2006년 말 레바논에서는 또 다른 불안정한 상황이 발생했다. 시아파 무장단체 히즈불라가 시니오라(Fouad Siniora) 총리의 사퇴를 요구하는 대규모 시위를 열며 정부를 압박했다. 다른 정치단체들과 마찬가지로 히즈불라도 자체 TV 방송국인 알-마나르(al-Manar)를 가지고 있었다. 이 방송은 몇몇 정규 방송을 시위 군중들의 얘기를 담아내는 토크쇼 등으로 대체하는 등 반정부 시위를 집중 취재해 보도했다. 정부를 대변하는 방송은 퓨처(Future) TV였다. 2005년 2월 암살당한 수니파 수상 하리리(Rafik Hariri) 가족이 소유한 방송국이다. 하리리의 죽음은 암살의 배후 세력으로 그리고 히즈불라의 배후로 알려진 시리아에 대한 반감을 가져왔다. 베이루트 반정부 시위를 보도하면서 퓨처 TV는 당시 시위를 레바논에 대한 통제권을 장악하려는 시리아의 음모의 일부라고 설명했다. 반면 알-마나르는 시리아를 레바논에 개입하려는 미국과 이스라엘을 막아주는 레바논의 동맹이라고 묘사했다.[20]

7장에서 논의될 것이지만 알-마나르는 비국가(nonstate) 정치 미디어의 중요한 예다. 이는 자체적 언론을 이용하여 사실상 정통성을 가진 국가 수준으로 자신들을 끌어올리려는 정치단체들이 늘어나면서 확산하고 있는 현상이다. 일부 사람들의 눈에는 알-마나르가 레바논 내의 영향력을 넘어 전 세계 무슬림 소수 공동체에도 상당한 영향력을 행사하고 있는 것으로 보이고 있다. 2004년 말 프랑스 당국은 케이블 방송업체인 유텔샛(Eutelsat)에 알-마나르의 전파 송출을 중단하도록 명령했다. 프랑스 무슬림들의 과격화와 비사회화를 부추기는 반유대적 내용이 담긴 방송물들이 알-마나르를 통해 프랑스에 방송되고 있다는 주장이 제기되고 있었기 때문이었다.[21]

정리해서 말하자면 알-마나르가 방영하는 방송물들을 통해 우리는 인구 500만의 작은 나라인 레바논이 어떻게 대중매체를 통해 중동에서 그리고 큰 영향력은 없더라도 세계에서 자신의 존재를 알리는 지를 잘 알 수 있다. 국내의 정치적 열정을 달구는 TV의 능력은 알-마나르, 퓨처 TV, 그리고 다른 방송들에서 잘 나타난다.

레바논에서 목격할 수 있는 미디어와 정치의 결합은 중동지역 전역으로 계속 확산 하고 있다. 내용이나 목표는 분명히 다양하다. 알-자지라는 세계화한 시청자를 규합하고 있는 반면 알-마나르는 특정한 사안들에 대해 선동적 방송을 내보낸다. 그리고 새로운 채널 들이 계속 등장하고 있다.

이스라엘 보도기관이 제공하는 정보에 만족하지 못한 팔레스타인인들은 1994년 '팔레스타인의 목소리(the Voice of Palestine)' 라디오 방송국을 1996년에는 '팔레스타인방송사(PBC: the Palestinian Broadcasting Corporation)' TV 방송국을 출범시켰다.

현재 약80개의 TV와 라디오 방송국들이 요르단 강 서안과 가자지구에서 다양한 정보를 제공하고 있으며 알-자지라와 같은 위성채널에 대한 접근성도 높아지고 있다. 이로 인해 팔레스타인인들은 전 세계로부터 다양한 정보 자료를 점차 더 많이 접할 수 있게 되었다. 팔레스타인 자체 언론의 가장 중심에는 이스라엘과의 갈등이라는 정치가 포진해 있다. 2000년 제2차 민중봉기(Intifada)가 시작됐을 때 팔레스타인 언론은 시청자와 청취자들에게 전투에 참여할 것을 독려했다. 아라파트(Yasser Arafat, 팔레스타인자치정부 전 수반 – 역자 주) 정부 당시 외무장관을 역임한 샤스(Nabil Shaath)는 "인티파다 기간 중 TV와 라디오는 아주 어려운 상황에 대한 저항과 확고부동한 신념을 발산하게 하는 수단이 됐었다"고 말했다. PBC는 정규방송을 중단하고 이스라엘과의 전투를 실시간으로 방영했다. 12세 소년 알-두라(Mohammed el-Dura)가 시내 거리의 총격전에 휘말려 아버지의 품에서 서서히 숨을 거둘 때, 팔레스타인 방송들은 청소년들에게 "장난감을 내려놓고 돌을 들라"라는 메시지를 직접적으로 전했다. 한 방송의 홍보 프로그램에서는 사망한 소년의 역할을 하는 한 배우가 '어린이 천국'에서 시청자들에게 "내가 손을 흔드는 것은 이별을 고하는 것이 아니라 '나를 따르라'라고 말하는 것"이라고 역설했다. 이 같은 선동적 방송은 계속됐으며, 2004년 중반이 돼서야 팔레스타인 언론은 투쟁 선전을 중단하고 정상적인 프로그램으로 돌아왔다.22)

2003년 하마스는 '알-아크사(예루살렘의 모스크로 이슬람의 4대 성지 중 하나임 - 역자 주)의 목소리(the Voice of al-Aqsa)를 출범시켰다. 이 방송은 얼마 되지 않아 가자지구에서 가장 인기 있는 라디오 방송으로 자리 잡았다. 2006년 초 팔레스타인 총선 직전 하마스는 이 라디오 방송을 알-아크사 TV로까지 확대했고, 이를 통해 총선에서 승리할 수 있었다. 히즈불라의 알-마나르와 마찬가지로 하마스는 이 채널을 이용해 정당으로서의 정통성을 제고했고 교활할 정도로 자신들의 입장을 선전하는데 동원했다.

청소년 시청자를 위한 알-아크사 TV채널의 프로그램 중 하나는 '하짐 삼촌(Uncle Hazim)'이다. 진행자 하짐 샤라위(Hazim Sharawi)의 이름이 담긴 이 프로그램은 동물 복장을 한 인물들을 등장시킨다. 얼핏 보기에는 전형적인 어린이 프로그램이다. 그러나 내용을 자세히 들여다 보면 상당히 정치적이다. 하마스의 정치적 목표를 담은 것이다. 하짐 삼촌은 방송에서 이렇게 설명한다. "역사적으로 우리의 권리가 있는 곳들을 설명한다면, 이곳은 나블루스(Nablus), 이곳은 알-아크사 모스크다.

지금은 이스라엘의 수중에 있지만 반드시 우리의 품으로 돌아와야 하는 곳들이다." 방송에서 폭력적인 장면을 내보내지 않겠다고 약속했지만 샤라위는 논란이 일고 있는 예루살렘의 지위, 1948년 이스라엘에 의해 점령된 영토에 대한 팔레스타인인들의 귀환 권리, 그리고 기타 여러 사안에 대해 어린이들에게 명확한 교육을 행할 것이라고 강조했다. "바깥 세상은 그렇지 않은데 어린이들의 삶이 아름다운 정원에 있는 것처럼 얘기할 수는 없다"고 그는 말했다.23)

같은 맥락에서 '미래의 선구자(Pioneers of Tomorrow)'라는 어린이 프로그램의 주인공 중에는 파르푸르(Farfour)가 있다. 미키 마우스와 닮은꼴이다. 한 방송분에서 파르푸르는 어린이들에게 "세계 통치의 한 초석으로서 이슬람 지도부가 부상해야 한다"고 가르쳤다. 2007년 파르푸르 주인공은 이스라엘 군사에게 살해돼 '순교자' 반열에 올랐다. 이후 꿀벌이라는 의미의 나훌(Nahoul)이라는 캐릭터가 파르푸르를 대체했다. 이 꿀벌은 프로그램의 어린이 진행자에게 "자신도 파르푸르의 길을 따를 것"이라며 "알라의 적들에 대한 보복을 지속할 것"이라고 말했다. 2007년 말의 한 방송분에서도 나훌은 어린이 시청자들에게 "우리는 점령세력인 시온주의 범죄자 유대인들에 복수하기 위해 일어서야 하며 궁극적으로는 예루살렘을 해방시켜야 한다"고 역설했다.24) 이런 현상은 점차 확대되고 있는 TV의 기능에 있어 간과되고 있는 부분이라고 할 수 있다. 과거에는 존재하지 않았던 적지 않은 TV의 영상물들은 오락이라는 이름으로 위장해 어린이와 같은 감성적인 시청자들에게 정치적인 사안을 주입하고 있다.

2006년 사우디 왕족 중 한 명이자 세계적인 투자그룹 킹덤 홀딩사(社)의 회장인 알-왈리드(Prince al-Waleed ibn Talal) 왕자는 정치적 내용을 담을 목적으로 하는 방송사를 출범시켰다. 알-리살라(al-Resalah) TV를 창립한 알-왈리드 왕자는 이 위성채널의 주요 내용이 "현대적 매개체를 통해 아랍의 문화적 유산"을 조명하는 것이며, 전 세계 다른 지역에서의 이슬람에 대한 오해를 바로잡는 역할을 할 것이라고 설명했다. 이 방송의 출범을 지지한 사람들은 도덕적 내용을 담은 아랍어 오락 프로그램을 통해 청소년들이 극단주의에 빠지는 것을 막을 수 있다고 주장하고 있다. 이 채널의 사장 알-수와이단(Tarek al-Suwaidan)은 방송의 프로그램들이 '순수하고 온건한 이슬람'을 표방하고 있다고 말했다. 알-왈리드 왕자는 또 궁극적으로 서방의 시청자들을 위해 영어판 방송을 추가할 계획을 가지고 있다고 밝혔다.[25]

    이 채널은 단지 범아랍보다는 범이슬람적 성향을 가지고 있다. 2006년 방송의 웹사이트는 교황 베네딕트 16세(Benedict XVI)가 행한 연설에 대해 아랍어와 영어로 장문의 공개적 편지를 올렸다. 독일 레겐스부르크(Regensburg)에서 행한 연설에서 교황이 이슬람에 대해 잘못된 이해를 표명했다는 주장이 나왔기 때문이다. 이 편지는 "교황께서 이슬람을 언급하는 방식에는 몇 가지 오류가 있습니다"며 왈리드 왕자의 온건성과 포용성을 철저히 반영하면서 교황에게 조심스럽게 문제를 제기했다. 그러나 알-리살라의 방송 내용 중 또 다른 예는 그렇게 온건하지 않았다. 이 채널과의 인터뷰에서 한 이슬람 성직자는 "이슬람과 무슬림 그리고 서방 간의 충돌은 최후의 심판일까지 피할 수 없는 영원한 그리고 숙명적인 것"이라고 독설을 퍼부었다.[26] 시티그룹, 타임워너, 모토롤라 등 서방의 기업에 대규모 투자를 하고 있는 킹덤 홀딩사의 성향을 고려한다면 방송의 소유주인 알-왈리드 왕자는 이 성직자의 발언을 탐탁해하지 않았을 것이다. 그러나 정치적 혹은 경제적인 고려사안 중 어느 것이 우선하는지에 대해 결정하는 것은 때때로 쉽지 않다. 더불어 '온건'을 강조하는 미디어라고 하더라도 방송 내용물이 시청자에게 어떤 영향을 줄지에 대해 정확히 판단하는 것도 어렵다.

미국의 존재

정치는 어느 곳에나 존재한다. 이념적으로 중립적인 뉴스를 제공하거나 철저히 오락 프로그램에만 집중한다고 말하는 미디어 기관들도 완전히 비정치적이기는 불가능하다. 이는 아랍채널뿐만 아니라 중동지역 이외에서 송출하는 아랍어 채널에도 적용되는 사안이다. 후자의 경우 대표적인 예가 미국 정부가 지원하는 TV채널 알-후르라(al-Hurra)다. 부시(George W. Bush) 대통령에 따르면 이 채널의 목적은 아랍 방송들이 생산하고 있는 '증오로 가득한 선전'을 차단하고 '아랍권에 신뢰할만한 뉴스와 정보'를 제공하는 것이다.[27] 첫 해 6,200만 달러의 예산을 가지고 2004년 2월 방송을 시작했을 때, 알-후르라 방송에 대한 엇갈린 평가가 나왔다 (2003년 미 의회는 4,000만 달러를 추가 투입하여 전적으로 이라크에만 송출하는 방송국을 지원한다고 결정했다). 비판세력은 알-후르라를 '아랍어 버전 폭스뉴스'라고 비유하면서 정치적 친미 성향에 대해 꼬집었다.

알-후르라 방송은 팔레스타인 문제를 보도하는데 있어서 질적·양적으로 다른 아랍 방송들에 비해 적극적이지 않았다. 이런 성향 때문에 많은 아랍 학자들이 의문을 제기했다. 알-후르라의 취재진을 관찰한 카이로 아메리칸 대학의 아민(Hussein Amin) 교수는 다음과 같이 말했다. "현재 그들에 대한 신뢰를 놓고 많은 의문이 제기되고 있다. 그들이 미국의 입장을 받아들이고 미국의 정책에 따라 방송을 진행한다면, 사람들은 그 메시지를 거부할 것이며 결국 알-후르라 방송은 어떤 형식으로도 성공을 거두지 못할 것이다."[28] 베이루트 아메리칸 대학의 다자니(Nabil Dajani) 교수도 "숨겨가는 팔레스타인 사람들을 보여주지 않고 이스라엘을 억압세력으로 묘사하지 않는데 아랍인들이 그 방송을 볼 것이라고 그들이 기대할 수 있는가"라고 반문했다.[29] 더 신랄한 비난은 사우디 신학자 셰이크 이브라힘(Sheikh Ibrahim al-Khudairi)으로부터 나왔다. 그는 "알-

후르라가 이슬람과 전쟁을 벌이고 세계를 미국화하고 있다"며 "이 채널의 목적은 종교적, 정치적, 그리고 사회적 분야에 있어서 미국의 패권을 전 세계로 확장하려는 것"이라고 말했다.[30)]

뉴스, 요리, 오락, 그리고 다른 방송물들을 제공하는 알-후르라는 시청자를 끌어모으는데 크게 성공하지 못했다. 2004년 중반 시행된 여론조사에 따르면 알-후르라는 알-자지라와 알-아라비아에 비해 크게 뒤처졌다. 이집트, 사우디아라비아, 모로코, 요르단, 레바논, 그리고 UAE에서 실시된 여론조사의 3,300명 응답자 중 단 한 명도 뉴스에 있어서 알-후르라를 우선적으로 선택한다고 답하지 않았다. 단지 4퍼센트만이 두 번째 선택으로 알-후르라를 시청하기도 한다고 답했다.[31)] 사우디에서 행해진 또 다른 여론조사에 따르면 82퍼센트의 가구가 알-자지라를 그리고 75퍼센트는 알-아라비아를 시청했다. 반면 16퍼센트의 가구가 알-후르라를 그리고 12퍼센트의 가구는 CNN을 시청했다. 단지 17퍼센트의 응답자들이 알-후르라를 상당히 혹은 그럭저럭 믿을만하다고 답했고, 20퍼센트는 신뢰할 수 없다고 답했다(나머지 응답자들은 신뢰도에 대해 아무런 의견을 내놓지 않았다).[32)] 이와는 약간 다른 여론조사 결과도 있다. AC 니엘센(A. C. Nielsen) 시장조사기관이 행하고 알-후르라가 여러 차례 방영한 조사결과는 이 방송에 대한 더 많은 관심과 훨씬 더 높은 신뢰도를 보여주고 있다.[33)]

텔하미(Shibley Telhami)의 관찰에 따르면 알-후르라의 문제점 중 하나는 방송이 추구하는 소위 객관성이 아랍 시청자들의 감성을 충족시켜주지 못한다는 것이다. 텔하미는 "방송의 목표가 열정적인 청중을 접하는데 있어서 전혀 열정적이지 못하다"고 평했다.[34)] 그래픽 이미지 사용을 꺼리고 미국 정책에 비판적인 용어를 피하는 방송으로 인식되면서 알-후르라는 자신을 묶어버린 것 같은 고지식함에 빠져있다. 객관적 저널리즘을 추구하고 있지만 사실은 동시에 중동에 미국의 정치적 이익을 확산하려는 비정상적인 고지식함이라는 평가도 있다. 알-후르라는 객관성을 자부하는 기자들을 보유하고 있지만, 이들의 궁극적 상관이 미국이라는 점은 방송국의 신뢰도를 어쩔 수 없이 떨어뜨리고 있다. 이 사실을 대부분 시청자가 잘 알고 있기 때문이다. 근본적으로 이 방송은 정부가 운영하는 언론이다. 즉 항상 제약이 따르는 방송이다. 베일루니(Anne Marie Baylouny)는 2005년 말 알-후르라의 상황에 대해 다음과 같이 말했다. "알-후르라는 무언가를 잘못짚은 방송이 되어 버렸다. 미국의 시각에 기초한 뉴스로 명백히 동일시되고 있다. 때문에 사람들이 방송의 내용을 거부하는 것을 자초했다." 베일루니는 이 채널이 미국의 이익을 도모하는데 오히려 역효과를 내고 있는 것으로 판명되고 있다고 지적했다.[35]

아랍 시청자들을 놓고 경쟁하는데 있어 알-후르라가 긍정적인 실적을 거두지 못하고 있음에도 불구하고, 영국 외무성이 자금을 대는 BBC 국제방송(BBB World Service)은 2005년 아랍어 채널을 가동하기 위해 매년 3,500만 달러를 투자할 것이라고 발표했다 (이런 추가자금 투입은 BBC 국제방송이 불가리아어, 체코어 등 10개의 외국어 방송을 중단했기 때문에 가능했다. 영국 정부는 이들 방송이 냉전의 유산이며 더 이상 정치적으로 필요하지 않다고 판단했다). 실제로 1938년에 시작된 아랍어 라디오 방송은 BBC의 첫 번째 외국어 방송 사업이기도 했다. 오랜 역사를 바탕으로 BBC 주파수와 기타 온라인 정보는 중동지역에서 신뢰를 구축해왔다. 2005년 추산에 따르면 매주 1,200만 명의 청취자가 BBC 라디오 방송을 들었다. 더불어 매달 1,700만 명의 아랍인들이 BBC의 온라인 웹사이트를 방문했다. BBC 관계자들에 따르면 2003년과 2005년 자체 여론조사에서 상당히 많은 수의 아랍 응답자들이 BBC TV채널을 시청할 의향이 있다고 답했다.[36] 이 여론조사 결과에 고무된 BBC는 아랍어 TV 방송을 2008년 3월에 출범시켰다. BBC 고위 관계자들은 이 방송이 2010년까지 매주 2,000만 명의 아랍 시청자를 모을 것이라고 전망했다.

중동지역에서의 오랜 활동과 지나치게 정치적이지 않다는 이미지 덕분에, BBC는 알-후르라에 비해 상당히 유리하다고 말할 수도 있다. 그러나 알-아라비아 방송의 대변인 발루트(Jihad Ballout)는 중동의 언론 환경이 이미 많은 매체의 등장으로 붐비고 있으며 "더 나은 정보 제공자들이 등장하고 있다"고 지적했다. 이런 상황은 중동 내 뉴스 미디어의 미래에 대한 몇몇 중요한 질문을 제기한다. 어느 시점에 중동 언론시장이 포화상태에 다다를까? 중동 자체의 뉴스 보도물이 범람하고 있는 상황에서 아랍의 시청자들이 정보 국수주의 시대에 들어가 BBC나 알-후르라와 같은 외부의 뉴스 정보를 무시할 것인가?

아랍세계의 인구는 이제 3억에 달한다. 이는 미국의 인구와 비슷한 수준이다. 미국의 TV 뉴스 시장은 다양한 경쟁자들이 등장하면서 전통적인 '3대(大)' 방송의 지배력이 약화되고 분할되고 있다. 저널리즘 그 자체가 아니라 최소한 재정적인 측면에서 볼 때 한정적인 시청자/수익 파이(pie)는 그 조각이 너무 작아 모든 채널들을 지탱할 수 없는 정도까지만 분할될 수 있다는 주장이 제기될 수 있다. 현재 중동에서도 유사한 주장이 적용될 수 있다. 이 지역의 TV 시장을 알-자지라와 알-아라비아가 주도하고 있다고 가정할 때, 작은 틈새시장의 시청자들에 만족할 수 없는 다른 경쟁사들이 활동할 수 있는 공간은 얼마나 될까?[37]

이 질문에 대한 답은 중동 내 미디어 사업의 재정적 전망에 영향을 줄 것이다. 또 특히 '외부에서 진출한' 뉴스 공급 사업자들이 가질 수 있는 영향력도 결정할 것이다. 아랍어로 방송을 한다고 해서 신뢰도가 자동적으로 올라가는 것은 아니다. 만약 한 방송국이 외국정부로부터 자금지원을 받는다면, 독립적 보도를 하고 있다고 이 방송국이 아무리 주장하더라도 사람들을 설득하기 어려울 것이다. 시청자들은 이 방송의 보도내용을 뉴스라기보다는 선전물로 간주할 것이다. 언론사의 소유권과 뉴스 보도물의 공정성 간 관계는 단순히 중동에만 국한된 문제가 아니라 사실 세계적 관심 사안이다. 카타르 국왕과 알-자지라, 미국 정부와 알-후르라,

그리고 디즈니사(社)와 ABC뉴스가 대표적인 사례들이다. 특히 언론의 신뢰도가 상당히 낮은 중동지역에서, 언론 시장에 진출하거나 사업을 확장하려는 어떤 보도기관에게도 이 신뢰도 문제는 상당히 중요다.

텔레수르

중동 이외 지역에서도 알-자지라 효과의 일면을 볼 수 있다. 서방세계에 기반을 둔 거대 미디어 기업으로 인해 현지 뉴스미디어가 오랫동안 빛을 잃어왔던 지역들에서다. 최근 이런 곳에서도 지역 위성방송이 발전하고 있다. 한 예가 텔레수르(Telesur)다.

국제정치적 역학관계가 '남(南)의 새로운 TV(La Nueva Televisión del Sur)'의 약칭인 텔레수르의 개국을 가져왔다. 중동과 마찬가지로 라틴 아메리카에서도, 외부 미디어의 지적 그리고 정치적 자율성에 대한 침해로 인해 분노가 증폭돼 왔다. 다른 사람들의 눈을 통해 형성된 세계관은 항상 신뢰할 수 있는 것이 아니다. 외부의 관점에 의존하기 전에, 반드시 내부에서 생겨난 시각의 틀이 있어야 한다.

이것이 바로 쿠바의 카스트로(Fidel Castro)와 함께 지역 TV 채널의 개념을 발전시킨 차베스(Hugo Chavez) 베네수엘라 대통령의 견해다. 차베스 대통령은 "텔레수르가 거대 국제 뉴스 네트워크의 미디어 독재에 맞설 것"이라고 말했다. 아랍 위성채널의 설립자들이 내세운 논리와 마찬가지로, 텔레수르의 기자들도 자신들의 사명에 대한 '반-패권적' 성격을 힘주어 말하고 있다. 방송국의 아아로니안(Aram Aharonian) 국장도 "우리는 우리의 눈으로 우리 자신을 봐야하고, 우리의 문제에 대한 우리 식의 해결책을 모색해야 한다"고 강조했다.[38]

텔레수르를 홍보하면서 차베스 대통령은 "왜 우리가 CNN과 같은 북쪽(서방 선진국)의 네트워크를 통해 우리가 잘 아는 것조차도 들어야 되느냐?"고 반문했다. 우루과이 출신 원로 언론인인 아아로니안 국장도

"오늘날 우리는 콜롬비아나 중앙아메리카의 일부 지역에서 일어나는 일보다 체첸에 대해 더 많이 알고 있다"며 "서방 선진국이 생산하는 모든 정보가 서방의 관심을 끌만한 주제에 포커스를 두고 있기 때문"이라고 설명했다.39)

2005년 카라카스 본사에서 첫 방송을 시작한 텔레수르의 초기 설립자금은 베네수엘라와 여러 남미정부들에 의해 조성되었다. 2006년 말 기준 베네수엘라 정부가 51퍼센트, 아르헨티나가 20퍼센트, 쿠바가 14퍼센트, 그리고 우루과이와 볼리비아가 공동으로 15퍼센트의 텔레수르 지분을 소유하고 있다. 이처럼 정부 자금에 의존하고 있음에도 불구하고, 아아로니안 국장은 채널이 국가 통제 하에 있지는 않을 것이라고 말했다. 이는 텔레수르가 민간기업 스폰서들의 지원을 확보한다면 가능할 것으로 보인다. 국장은 이런 지원이 곧 있을 것이라고 언급했다. 국장은 또 텔레수르는 정부 관료의 연설과 정부 정책에 지나치게 많은 방송시간을 할애하고 있는 다른 일부 국영방송들의 행태를 따르지 않을 것이라고 약속했다. 그는 또 '만약 텔레수르가 정치선전의 도구가 된다면 아무도 시청하지 않을 것'이라고 강조했다.40)

텔레수르가 정치적 성향 자체를 배제할 것인가에 대해서는 말할 필요가 없다. 차베스는 언론과 관련한 자신만의 계획을 가지고 있다. 2002년 그의 대통령 직에 반기를 들고 일어나 일시적으로 성공한 쿠데타를 지지했던 야권 미디어에 대해 아직도 분개하고 있다. 그는 "안녕하세요, 대통령(Hello, President)"이라는 자신의 TV 프로그램을 진행 한 적도 있었다. 거기서 생방송으로 방청객들은 물론 전화를 거는 사람들의 질문을 받고 답했다. 텔레수르에서 일하는 기자들은 자신들만의 명확한 정치적 목적을 가지고 있다. 아아로니안 국장은 "우리는 상업적 방송에 하는 것과 반대되는 것에 중점을 둘 것"이라며 "우리는 인민, 지역사회, 그리고 소도시에서 열심히 일하는 주역들을 찾아낼 것이다"고 말했다. 그는 또

카스트로의 '인민의 CNN'을 설립하자는 요청에 지지를 보내면서 다음과 같이 주장했다. "TV를 적의 수중에 넘겨줄 수 없다. 베네수엘라 정부는 지역사회와 대체 라디오에 큰 중요성을 부여해왔으나, 대중매체가 적의 수중에 들어가는 것은 막지 못했다. 오늘날 매스컴이 상당히 중요하다는 것은 명백한 사실이다. 대체미디어의 전체 시청자 혹은 청취자의 비율이 5~7퍼센트밖에 미치지 못하기 때문이다. 사람들은 TV가 말하는 것에 대해 더 이상 수동적이지 않다. 사람들은 이제 TV를 보면서 행간의 의미를 읽으려한다. 숨겨진 것이 무엇이며 언급되지 않은 것은 무엇인지를 밝혀내고자 한다."41)

이런 정치적 맥락에 맞춰 텔레수르 경영진은 콘텐츠에 있어서 새로운 모델을 개발하는 사업을 착수했다. 라틴 아메리카와 미국에 특파원을 상주시키는 것 외에도, 라틴 아메리카의 독립 매체들과 계약을 체결해 각국의 취재 뉴스는 물론 특집 르뽀와 다큐멘터리를 공급받는다는 계획을 세웠다. 이런 방송 제작물의 생산을 자극하기 위해 텔레수르는 '팩토리 오브 라틴아메리카 콘텐츠(Factory of Latin American Content)' 설립을 지원하고, 이곳에서 제작된 방송물을 텔레수르에서 방영하고 다른 지역 내 방송에서도 방영되도록 도울 것을 약속했다.

이 같은 경영전략과는 별도로 텔레수르 최고경영진은 남미의 정치적 통합이라는 차베스의 원대한 구상에 적극적으로 응해 왔다. 2005년 여름 리벨리옹(Rebelion) 웹사이트 게재한 글에서 아아로니안 국장은 "텔레수르가 볼리바르(Bolivar, 19세기 베네수엘라와 남미의 혁명 지도자로 차베스는 자신의 제5공화국을 볼리바르 혁명정신을 이어받는 다는 의미에서 '베네수엘라 볼리바르 공화국"이라 칭하고 있다 – 역자 주)의 이상을 실현하는 것을 목표로 하고 있다. 서로 마주보면서 서로를 알아가는 것이다. 볼리바르 혁명의 목표가 통합이면, 텔레수르는 그 방편이다"고 강조했다. 국장은 다음과 같이 덧붙였다. "이 지역에 투사되고 있는 미디어의 이미지는 현실을 대변하지 못하고 있다. 라틴 아메리카의 민중과 국가들 간 교량을 건설하려는 의지와 재원을 가진 매개체가 현재 없기 때문이다. 이런 점에서 텔레수르는 라틴 아메리카의 정체성을 확립하는데 도움을 제공할 시청각적 대안이 될 것이다." 그는 또 텔레수르와 다른 채널들이 '패권주의적 세계화 과정에 맞서는 이념 전쟁'에서 중요한 수단이 될 것이라고 언급했다. 국장은 마지막으로 "우리는 이 지역의 TV 주파수역(域)을 민주화할 때까지 노력을 중단하지 않을 것"이라고 강조했다.[42]

아아로니안 국장은 텔레수르의 정치적 역할에 대해 흥미 있는 점들을 지적했다. 알-자지라 및 다른 위성채널에도 어느 정도 공통적으로 적용되는 부분이다. 세계화가 전통적인 패권 관행을 강화시킨다는 주장에 대해 선진국들은 큰 관심을 보이지 않고 있다. 부분적으로는 세계화가 자신들의 지배적 입지를 지속시켜주기 때문이다. 선진국 클럽의 회원이라면 세계화는 어쩌면 좋은 것일 수도 있다. 그러나 그 집단에 소속돼 있지 않은 국가들은 자국의 이익을 옹호하기 위한 방편을 찾는다. 통신기술을 매개체로 이용하는 지역적 결속강화가 매력적인 방안이 된다. 때문에 경제적 그리고 군사적 영향력이 약한 아랍국가들, 라틴 아메리카 그리고 다른 지역들이 집단적 정체성을 표출하기 위해 언론을 이용하고 있다. 그러나 이 각 지역의 사람들이 어떤 '집단'이 되고자 하는지는 아직 정해지지 않고 있다. 주변국의 내정에 개입하려 노력했을 때, 차베스 대통령은 남미의 모든 국가가 자신이 주창한 볼리바르 방식의 통합에 동감하지는 않고 있음을 알게 되었다. 중동의 알-자지라 방송도 유사한 상황을 파악하게 되었다. 범아랍 민족주의가 추상적으로는 지지를 받는 것처럼 보이지만, 많은 아랍인들은 자국의 국가 정체성에 더 집착하고 있다.

뉴스 미디어의 활동과 영향력이 언론의 자유 정도에 크게 영향을 받는다는 점에서 정치적 상황이 상당히 중요하다. 텔레수르가 추구하는 모델은 이 사안에서 자유롭지 못하다. 아아로니안 국장은 텔레수르가 남미의 TV를 민주적으로 바꿀 것이라고 주장했지만, 민간 소유의 언론이 국영화된다는 것은 미디어의 민주화와 거리가 멀다. 물론 미디어 보도 내용에 대한 국가의 직접적 혹은 간접적 개입은 항상 존재해 왔다. 예를 들어 알-자지라 방송이 카타르 왕족의 내부문제에 대해 취재해 보도한 적이 없다. 미국에서도 정부의 압력이 보도기관을 때때로 속박하기도 한다. 결과적으로 차베스의 정치철학 혹은 전략을 지지하지 않는 남미의 기자들은 아아로니안 국장의 장밋빛 전망에 크게 신뢰하지 않고 있다.

그럼에도 불구하고 텔레수르는 몇몇 흥미로운 특성을 가지고 있다. 번지르르한 서방의 뉴스 보도 모델을 따르는 것보다는 대중주의적 접근법을 선호한다. 뉴스 앵커 중에는 아루아코(Arhuaco) 부족의 흰 전통의상을 입고 등장하는 콜롬비아 인디언 여성 기자가 있다. 영화를 상영하는 한 프로그램의 이름은 노홀리부드(Nojolivud)다. 영어 '노 할리우드(No Hollywood)'를 스페인어 발음으로 표기한 것이다. 스페인어판 CNN, 유니비전(Univision), 텔레비전 에스파뇰라(Television Espanola) 그리고 다른 채널들과 시청자를 놓고 경쟁해야 한다는 점에서, 텔레수르는 공격적으로 차별화 전략을 구사하고 있다. 2006년 텔레수르는 알-자지라와 방송 콘텐츠 및 전문 기술을 공유한다는 협정을 체결했다. 그해 말 텔레수르는 카라카스에 추가적인 스튜디오와 사무실 공간을 마련했다. 남미 시장과 더불어 유럽과 북부 아프리카의 스페인 언어권을 겨냥해 사업을 확대한다는 계획이었다.43)

텔레수르가 정부와 민간 차원의 수익 창출을 유지한다면, 라틴 아메리카 미디어 시장에서 중요한 역할을 할 것이다. 차베스의 야망은 북쪽에 위치한 이웃(미국 등)에 의해 덜 지배당하고, 하나의 정치 단일체로서 더욱 통합된 남미를 보는 것이다. 이는 텔레수르의 능력에 걸맞은 미래가 될 수도 있다. 알-자지라에 비해 텔레수르가 아직 국제사회로부터 큰 반향을 이끌어내지는 못하고 있다. 그러나 라틴 아메리카가 (차베스가 새로운 카스트로의 역할을 담당하는 것과 같은) 국제정세 안정에 위협으로 받아들여지는 정치적 소용돌이에 빠지게 된다면, 텔레수르는 보다 정치적 영향력을 가지거나 혹은 정치적 타깃이 될 것이다.

경쟁에 참여한 다른 매체들

정치는 이제 뉴미디어의 발전단계에 따라 큰 영향을 받고 있다. 전 세계 곳곳에까지 파고드는 위성채널들이 계속 늘어가는 것도 이 때문이다. '프랑스 24(France 24)' 채널이 이 분야에 진입하도록 일조한 프랑스 언론인 고세(Ulysse Gosset)는 "오늘날 뉴스 채널은 세계에서 펼쳐지고 있는 국제전(戰)의 한 양상"이라며 "전통적 외교력 그리고 경제력과 버금하는 중요성을 가지고 있다"고 말했다. 그는 또 "만약 우리가 전 세계와 진정으로 소통하기를 원한다면, 올바른 매개체를 가지고 이를 수행해야 하는데 그것이 바로 영어"라고 강조했다.44)

전 세계 어디에서나 영어를 구사하고 미국과 영국의 거대 언론의 광범위한 시청자인 사람들이 있다. 특히 정치 그리고 경제 엘리트들 중에는 더욱 그 비율이 높다. 중요한 사안에 대해 범세계적 대화에 참여하고 싶은 정부들에게 있어 영어 미디어는 필수적이다. 2006년에 탄생한 프랑스 24는 이런 미디어의 한 예다.

일부 사람들에게 '프랑스어판 CNN'으로 불리는 프랑스 24는 프랑스 최대 민간 네트워크인 TF1과 국영 프랑스 TV 간 합작으로 설립되었다. 뉴스 보도는 붙어 있는 스튜디오에서 각각 프랑스어와 영어로 진행된다. 2007년에는 아랍어 뉴스도 시작되었다. 채널의 웹사이트는 불어, 영어 그리고 아랍어로 뉴스를 제공한다. 초반기 연간 예산은 약 1억 달러에 달했고 개국 당시 평균 연령 33세의 28개국 출신 기자 180명이 일하고 있었다.45)

드 푸질락(Alain de Pouzilhac) 프랑스 24 CEO는 이라크 전쟁에 대한 CNN의 보도행태는 객관적이지 못했고 침략군이 이라크에 "자유를 가져오고" 있다는 미국적 시각만을 반영했다고 주장했다. 그는 또 "이 채널이 반미 성향이 되지는 않을 것이지만, CNN이 미국의 시각으로 국제뉴스를 전달하는 것과는 차원이 다르게 프랑스 시각으로 국제 사건들을 취재할 것"이라고 설명했다. 보도가 되기 전 뉴스를 보는 시각에 따라 보도 내용에 큰 차이가 생긴다며 그는 "객관성은 이 세상에 존재하지 않지만 정직함과 공정성은 존재한다"고 강조했다. 그럼에도 불구하고 프랑스 24도 다른 채널들과 마찬가지로 프랑스의 입장에 더 많은 시간을 할애하고 있다. 이런 현상은 어쩌면 당연한 것이다. 영국의 ITV에서 프랑스 24로 옮긴 뉴스 앵커 오웬(Mark Owen)에 따르면 2006년 이스라엘-히즈볼라 전쟁 당시 BBC 방송은 프랑스 대통령 시라크(Jacques Chirac)가 이스라엘에 레바논 내 공격을 중단할 것을 요청한 사실에 대해서 거의 관심을 보이지 않았다. 반면 이스라엘의 진군을 허용하는 미국의 입장을 지지하는 블레어(Tony Blair) 총리의 발언에 BBC는 더 시간을 할애했다.[46)]

프랑스 24는 프랑스의 정치문화를 확산시키는데 일조하고 있다. 세계의 덜 보도된 지역에 대한 보다 많은 관심을 보내고, 토론을 장려하고, 경제발전보다는 문화를 강조하는 것 등이다. 드 푸질락은 이런 성향에 대해 다음과 같이 설명했다. "이는 미국이 하는 것과는 정반대의 접근법이다. 워싱턴은 세계가 통합돼 있다는 것을 보여주기 위해 노력하고 있지만 우리는 그 반대를 강조하고자 한다. 즉, 세계에는 많은 다양성이 존재한다는 것이다. 문화적, 종교적 그리고 사상적 다양성이 더 큰 가치라고 우리는 생각한다."[47)]

시라크 대통령 대변인인 보나퐁(Jerome Bonnafont)은 9/11 공격의 여파로 시라크 대통령이 프랑스 24 채널의 설립구상에 관심을 가지기 시작했다고 전했다. 프랑스 대통령은 다른 문화에 대한 오해를 바로잡기 위해 프랑스 및 다른 국가들이 보다 적극적으로 나서야 한다고 생각했다. 그러나 미국의 접근법과는 달랐다. 세계화에 의해 형성된 획일화된

트렌드에 모든 문화를 일치시키는 것보다는 문화 각각의 특성을 존중하는 방향으로 추진돼야 한다고 믿었다. 시라크 대통령은 이를 위해 프랑스의 시각과 목소리도 분명히 전 세계 시청자들에게 전달되어야 한다고 생각했다. 보나퐁은 "적극적인 방식으로 당신의 존재를 세계에 알리지 않는다면, 세계가 당신을 무시할 것"이라며 "당신이 대단한 인물이라는 것을 보여주어야 한다"고 강조했다.48) (그러나 2008년 초 시라크의 후임자인 사르코지[Nicolas Sarkozy] 대통령은 영어와 아랍어 채널을 중단하기를 원한다고 밝혔다. "납세자들의 돈으로 프랑스어로 방송되지 않는 채널이 운영되는 것을 원치 않는다"는 것이 그의 주장이었다. 프랑스 24는 강력하게 반발했다. 이 글을 쓰는 시점에도 이 사안에 대한 논란은 계속되고 있었다.)

과거에는 '당신이 대단한 인물이라고 보여주는 것'이 자칫 군사적 파워를 과시하는 것으로 받아들여졌다. 그러나 최근에는 군대가 아니라 TV를 통해 이를 선전하는 것이다. 분명히 인류문명에 있어 큰 진전이라고 할 수 있다. 이러한 변화는 러시아의 사례에서 잘 나타난다. 존재감을 확인하고 홍보하기 위해 전통적인 수단인 물리력을 내세우는 대신 최근에는 방송전파를 이용하려는 노력을 보이고 있다. 영어 방송인 '러시아 투데이(Russia Today)'가 러시아의 이미지를 바꾸기 위해 2005년 설립되었다. 러시아 국영 통신 노보스티(Novosti)의 미로니유크(Svetlana Mironyuk) 사장은 "서방 대중의 머리에 러시아의 이미지는 불행하게도 '공산주의', '눈', 그리고 '가난'이라는 세 단어로 각인돼 있다"며 "우리는 러시아의 삶에 대해 보다 더 완벽하고 구체적인 그림을 서방에 제공할 것"이라고 강조했다.49)

비평가들은 즉시 이 채널이 정부의 홍보 수단이라고 비판했다. 정치평론가 카가르리츠키(Boris Kagarlitsky)는 "러시아 투데이는 과거 소비에트 선전기관의 역할을 지속하는 것에 불과하다"고 꼬집었다. 이에 대해 미로니유크는 다음과 같이 반박했다. "다른 여러 의견 중에 당신의 것만 강요하는 것은 이제 불가능하다. 정보의 공간이 너무 확대됐기 때문이다. 수십 개에 달하는 대안 미디어가 존재하고 있다. 러시아 투데이는 러시아의 시각에서 러시아에서 발생하고 있는 상황을 전 세계 시청자들에게 전달한다는 아이디어를 기반으로 설립되었다."[50]

진실은 비평가들과 옹호자들의 입장 중간에 놓여있다고 볼 수 있다. 러시아 투데이의 출범 배후에는 동토 소비에트연방의 과거 이미지를 개선한다는 의도보다 더 중요한 것이 있다. 푸틴(Vladimir Putin) 대통령은 러시아 정책에 대한 세계 언론의 부정적인 보도에 대해 자주 분개했던 것으로 알려지고 있다. 대표적인 예가 체첸전쟁 기간 동안 러시아 군대가 인권을 유린했다는 주장이다. 푸틴의 생각으로는 당시 전쟁은 분명히 국제사회 차원의 테러와의 전쟁이었다.[51] 이 점에서는 미로니유크의 주장이 맞다. 정부 소유의 거대하지만 둔감한 선전기관을 오늘날 급변하는 상황에 신속하게 대응할 수 없다. 정보 시장은 현재 거대 보도기관에서 개인 블로그까지 광범위한 언론으로 가득 차 있다. 때문에 구소련 스타일의 홍보 방식은 통하지 않는다. 앞으로는 더욱 그럴 것이다. 시라크 대통령과 마찬가지로 푸틴도 국제 여론에 대한 무한 경쟁이 새로운 차원을 맞이했다는 것을 인식했다. 프랑스 24와 같이, 러시아 투데이도 소유주(정부)의 이익에 부합하도록 조정된 뉴스를 제공한다. 푸틴의 시각이 담긴 세계관을 교묘하고 정교하게 반영한 뉴스 정보다. 새로운 뉴스 소비자들은 이런 정치적 게임이 어떻게 작용하고 있는지를 파악하게 될 것이고, 자신들이 받아들이는 정보에 대해 평가할 것이다.

뉴스 소비자들이 이처럼 주의해야하는 이유는 영어 뉴스 시장이 크게 확대되고 있기 때문이다. CNN은 1990년 창설됐고, BBC 월드는 1991년 출범했다. 독일의 국제방송 도이체벨레(Deutsche Welle)는 1992년 영어 방송을 시작했다. 이외 많은 영어방송들이 이미 존재하고 있고, 또 다른 여러 방송들도 출범 준비 중이다. 영어와 프랑스어로 방송이 될 한 범아프리카 채널도 최근 계획되고 있다. 이 채널의 기획자들 중 한 명인 아민(Samir Amin)은 범아프리카 채널의 필요성에 대해 다음과 같이 설명하고 있다. "우리가 서로 소통하고 다른 지역에 우리의 메시지를 내보낼 수 있는 네트워크 혹은 미디어를 우리는 가지고 있지 않다. 국제 뉴스 네트워크에서 우리가 볼 수 있는 아프리카에 대한 보도는 상당히 부정적인 것들이다. 기아, 전쟁, 질병, 죽음, 에이즈 등이다. 이곳에서도 긍정적인 것들이 많이 일어난다. 다만 국제사회와 언론으로부터 조명을 받지 못할 뿐이다."52)

아프리카 채널 구상과 기타 영어 채널 설립에 있어서 가장 어려운 사안은 자금 마련이다. 특히 참여하는 언론인들이 자신들의 독립성을 원한다면 더욱 그렇다. 최근 등장한 주요 위성채널들은 민간자본이 기본이 된 CNN 출범 모델을 따르지 않고 있다. 대부분 정부의 보조에 상당히 의존하고 있다. 때로는 정부가 채널의 운영에 전적으로 모든 비용을 제공하는 경우도 있다. 이런 채널들 모두 위신과 영향력을 가지길 원하지만 시장은 이미 상당히 포화상태여서 수익을 창출하기 쉽지 않다. 가장 잘 알려진 알-자지라의 경우에도 대부분의 자금을 계속 카타르 왕족으로부터 수혈 받고 있다. BBC가 상업적으로 출자한 국제방송인 BBC 월드의 경우 주간 시청자수가 6,500만 명인 것으로 알려지고 있다. 2006년 이 채널은 2001년 이후 광고수익이 매년 20퍼센트 이상 증가했었다고 발표했다. 그럼에도 불구하고 채널의 최고 경영자들조차 2010년에 가서야 손익분기점을 넘어설 것이라고 인정하고 있다.53)

이런 재정적 어려움에도 불구하고 영어 방송은 계속 증가하고 있다. 도이체벨레는 영어 방송 시장에서 기반을 마련한 좋은 예다. 이 채널의 방송은 주로 영어와 독일어다. 여기에 스페인어와 아랍어 프로그램도 있다. 더불어 2002년부터는 아프가니스탄 방송국인 RTA와 협력해 아프가니스탄의 언어인 다리(Dari)와 파슈토(Pashto) 방송도 추가했다. 사장 란츠(Cristoph Lanz)는 도이체벨레 채널에 대해 다음과 같이 설명했다. "독일어 보다는 영어 방송을 보는 시청자들이 늘어나고 있다. 물론 독일인들이 이 방송을 잘 시청하지 않는다는 얘기는 아니다. 단지 통계적으로 전 세계 시청자 수는 60억에 달하고 있는 반면 독일인의 수는 8,000만 명이고, 독일어 구사자의 수는 1억 5,000만 명이라는 사실에 입각한 것이다. 만약 당신이 전 세계에 알리고 싶은 사안이 있다면, 언어의 차이를 극복해야 한다."[54]

도이체벨레는 독일 정부가 자금을 대고 있다. 설립정관은 "독일을 유럽에 바탕을 둔 문화국가로 그리고 법치를 기반으로 하는 헌법 민주주주의 국가로 전 세계에 알리는 것을 목표로 한다"고 규정하고 있다. 도이체벨레는 방송이 "독일의 대외 언론 이미지"를 제고할 것이라며 "가장 중요한 타겟 그룹은 독일과 유럽에 관심을 가지는 국제 여론 지도층"이라고 언급하고 있다. 결과적으로 이 방송사의 가장 중요한 사업 목표는 "우리의 신뢰를 이용해 국제사회에서 독일의 명성을 제고하는 것"이라고 정관에 명시돼 있다. 도이체벨레 TV 채널의 시청자 수는 하루 기준 2,800만 명 정도로 평가되고 있다.[55]

1953년 첫 독일어 라디오 방송을 시작한 이래, 도이체벨레는 정부의 정치적 목적을 위해 봉사하는 방송 사업의 모델을 제시해 왔다. 정부와 공식적인 연계를 두지 않고 있는 또 다른 모델은 CNN의 글로벌 사업인 CNN 인터내셔널이다. 민간 기업이고 영리를 추구하고 있다. 하지만 이 방송은 세계에서 막대한 정치적 역할을 하고 있다. 1985년 CNN 유럽으로 탄생한 CNN 인터내셔널은 1990년대 주로 BBC 월드뉴스와 경쟁을 벌였다. 이후 경쟁자를 뛰어넘어 전 세계 200개 이상의 국가에 방송권을 넓혀나갔다. 늙어가는 스타로서 CNN 그룹은 영광을 점차 잃는 모습을 보이고 있다. 미국 내에서는 통렬하고 보수적인 보도로 유명한 폭스 뉴스 채널에 시청률 면에서 자주 뒤지고 있다. 국제적으로는 알-자지라와 같은 젊고 민첩한 채널들에 시장을 잠식당하고 있다.

그러나 CNN은 아직도 방송시장 게임에서 우위를 지키고 있다. 특히 전 세계 각국 방송사들과 구축한 협력관계의 덕을 톡톡히 보고 있다. 한 예가 CNN-IBN(Indian Broadcast News) 합작이다. 2005년 설립된 이 합작법인은 24시간 영어 방송 채널이다. CNN과 인도의 주요 방송사 중 하나인 TV 18 그룹이 협력관계로 연결된 것이다. CNN은 국제뉴스를 제공하고 반면 IBN은 인도의 전국 및 지방 뉴스 취재에 집중한다. 크래머(Chris Cramer) CNN 인터내셔널 사장은 인도와의 협력관계를 '전 세계 시청자들에게 더 가까이 가기 위한 CNN의 노력'이라고 설명했다. CNN-IBN 채널의 보도국장 사르데사이(Rajdeep Sardesai)도 CNN과 함께 일하기로 결정한 것은 '급속히 세계화하고 있는 인도'의 더 많은 국제 뉴스에 대한 수요를 반영한 것이라고 말했다.56)

거대 국제적 방송과 특정 국가 소속 방송의 협력은 현재 국제뉴스 비즈니스의 현황에 대해 많은 것을 말해 준다. CNN도 서방 출신의 아웃사이더라는 이미지를 보다 친숙한 지역적인 것으로 바꾸어야 할 필요성을 인정하고 있다. 서방 시각에 대한 반감도 낮춰 각 국가와 지역의 시청자들에게 어필해야 하기 때문이다. 높은 수준의 보도 능력과 전 세계로의 진출에도 불구하고, CNN은 아직도 미국의 언론이라는 시각이 강하다. 일부 지역에 침투하기 어려운 중요한 이유다. 이것이 바로 알-자지라가 효과적으로 활동하고 있는 배경이다. 점차 초국가적 방송으로 변모하고 있지만, 알-자지라는 소속 국가와 지역의 이익을 대변하는 수단으로서의 입지를 확실히 다져나가고 있다.

CNN-IBN의 합작에 대한 사르데사이 국장의 의견은 국제사회에 더 통합되기 위한 인도의 바람을 반영하기도 한다. 이러한 바람을 실현하기 위해서는 부분적으로는 미국을 통하기도 하고 또한 영어에 의존하는 것이 필요하다고 판단한 것이다. 세계적 비즈니스 언어로서의 영어는 현재까지는 그 지위가 바뀔 가능성은 없어 보인다. 이런 상황을 고려해 볼 때 위성방송 간 협력 체제 구축은 거대 방송 그리고 소속 국가의 방송에 모두 이익이 될 수 있다.

알-자지라 방송도 만약 세계적 영향력을 확대하길 원한다면 아랍어에만 의존해서는 안 된다는 것을 받아들였다. 몇 년간의 준비 기간을 통해 알-자지라는 알-자지라 잉글리시 채널을 출범시켰다. 중동에 본부를 둔 최초의 영어 뉴스 전문 채널이다. 도하, 워싱턴, 런던, 그리고 쿠알라룸푸르에 주요 방송센터를 둔 알-자지라 잉글리시는 BBC 혹은 CNN의 축소판이 되지는 않아야 한다는 큰 과제를 안고 적극적인 활동을 펼치고 있다.

초기 몇 달 동안의 실적으로 보면 알-자지라 잉글리시는 시장에서의 입지를 어느 정도 찾아가고 있는 것으로 보인다. 취재와 보도의 폭이 특히 눈에 띈다. 남쪽의 제3세계에서 북쪽의 선진국까지 폭 넓은 취재로 다른 경쟁사와는 차별화를 달성하고 있다. 여기에 중동과 아프리카에 대한 심도 있는 취재는 다른 주요 위성채널들이 시청자들에게 제공할 수 없는 시각과 논점을 공급하고 있다.

초반이지만 이미 전 세계 8,000만 가정이 위성 및 케이블로 알-자지라 잉글리시를 시청하고 있다. 그러나 미국에서는 소수의 시청자들에게만 시청이 제한돼 있다. 몇몇 온라인 공급업자를 통해서만 시청이 가능하다. 정치적인 이유가 그 배경에 있다고 할 수 있다. 미국은 알-자지라 방송을 완전히 '악마(demon)'와 같은 불온 방송으로 규정했다. 미국 정부는 때론 알-자지라를 '오사마 빈 라덴 채널'이라고 비난하기도 한다. 결과적으로 주요 케이블 및 위성 공급업자들은 알-자지라 채널의 취급을 거부하고 있다. 이들 회사들은 공간 부족으로 알-자지라 잉글리시를 수용할 수 없다고 언급하고 있지만, 실제로는 정치인들과 여론의 반응을 분명히 우려하고 있다.

　이런 분위기는 알-자지라의 중요성을 간접적으로 방증하고 있다. 이 아랍어 방송은 최소한 중동에서는 대중의 감정을 좌지우지할 수 있는 강력한 영향력을 가지고 있다고 할 수 있다. 특히 미국의 정치적 이익에 반하는 취재와 보도를 통해서 강한 반미감정을 조성하고 있다. 좀 다르게 본다면 이런 현상은 서방이 자초한 것이다. 서방의 보도기관들은 중동지역에서 발생하는 사건들의 복잡한 배경과 현실을 전하는데 공정하거나 객관적이지 못했다. 알-자지라가 이 공백을 메운 것이다. 알-자지라는 지속적으로 정치적 그리고 언론적 측면에서 평가를 받을 것이다. 그럼에도 불구하고 알-자지라의 미래는 밝다. 보다 큰 세계 언론시장을 점유하는 것은 시청자의 수용에 달려있기 때문이다. 만약 알-자지라 잉글리시가 특히 중동지역에 있어서 다른 서방의 채널보다 더 훌륭한 취재와 보도를 수행한다면 그리고 다른 경쟁자들이 "알-자지라 방송의 오늘 보도에 따르면"이라고 언급하면서 알-자지라를 계속 인용한다면, 뉴스 소비자들은 이 방송을 더욱 오래 시청하려고 할 것이다. 결과적으로 케이블 및 위성채널 공급업자들이 알-자지라 방송을 전하는 것이 돈을 벌 수 있는 방법이라고 판단할 수 있다. 그럴 경우 이들 업자들은 정치적 우려를 무시하고 알-자지라를 위해 더 넓은 시장을 개방할 것이다.

　한편 알-자지라와 다른 국제 위성채널들은 정치적 그리고 기술적 장벽을 다른 방식으로 극복하려 노력하고 있다. 인터넷을 통해 TV 제작물을 공급하면서 급증하는 네티즌들에게 다가가고 있다. 미국에 거점을 둔 점프 TV(Jump TV)와 같은 공급업자들은 전 세계 위성방송의 시청에 대한 개별적 그리고 패키지 상품을 판매하고 있다. 2008년 초를 기준으로 점프 TV는 전 세계 80개국으로부터 300개 이상의 채널을 공급받아 시청자들에게 전하고 있다. 이 중에는 알-자지라를 포함한 37개 아랍어 위성채널도 포함돼 있다. 더불어 알-자지라 잉글리시, 이스라엘의 24시간 축구전문 채널 등도 있다. 아랍어 채널 패키지에서 방영되는 프로그램은 다양하다. '아메리칸 아이돌(American Idol)'과 유사한 것에서부터 사담 후세인 전 이라크 대통령의 재판을 전문으로 다루는 프로그램도 있었다. 주로 외국에서 이주한 사람들을 타겟으로 하고 있는 이 방송은 2007년 말 기준으로 약 3만 5,000명에 달하는 국제 위성채널 패키지 가입자와 계약을 맺었다. 브로드밴드 인터넷이 빠르게 보급되고 있고 국제사회의 다양한 시각을 원하는 시청자들이 늘어나고 있어, 점프 TV는 향후 몇 배 이상의 가입자를 유치할 수 있을 것이라고 판단하고 있다. 전통적 TV 방송과 인터넷을 기반으로 한 뉴스 콘텐츠가 결합하고 있는 상황에서, 점프 TV가 제공하는 것과 같은 서비스는 향후 네트워크 시장의 새로운 버전으로 자리 잡을 것으로 보인다.[57]

미국에 기반을 둔 또 다른 공급업체인 링크 TV(Link TV)는 채널 서비스를 인터넷과 위성을 통해 제공한다. 비영리 기관인 링크 TV는 선별된 뉴스, 다큐멘터리, 그리고 오락 프로그램을 공급한다. 대표적인 프로그램으로는 아코디온 트라이브(Accordion Tribe), 운전학교의 아프간 여성들(The Afghan Ladies Driving School), 멕시코 반전 만화 비디오인 라 구에라(La Guerra) 등이다. 가장 인기 있는 프로그램은 모자이크(Mosaic)로 아랍어 위성방송의 주요 뉴스를 영어로 번역해 제공하고 있다.

콘텐츠를 늘려나가고 있는 또 다른 예는 미국에 본부를 둔 브리지스 TV(Bridges TV)다. "가정 친화적 프로그램을 통한 라이프스타일 및 문화 네트워크"라고 선전을 행하는 이 업체는 미국에 거주하는 무슬림들을 위한 영어 방송을 내보내고 있다. 위성과 인터넷으로 접속이 가능한 브리지스 TV는 '북미의 무슬림 생활상에 초점을 두는' 프로그램들을 방영하면서 미국에서 태어난 무슬림 이주자들에게 다양한 정보를 제공하고 있다. 이 TV의 웹사이트에 따르면 "외국 채널들의 프로그램은 이슬람 세계의 삶을 전하고 있을 뿐 북미에서 실제로 필요한 것들을 보여주지는 못하고 있다." 이 때문에 웹사이트는 이 방송의 가장 중요한 시청자들이 '그동안 제대로 대접받지 못해온 약 800만 미국 무슬림들'이라고 강조한다. 실제로 미국 내 무슬림의 수는 급증하고 있고, 교육정도도 높아지고 있고, 더 나아가 미국인 평균보다 더 부유한 것으로 조사되고 있다.58) (미국 내 무슬림 인구가 약 300만 정도라는 통계들도 있다.)

TV/인터넷의 결합이 점차 확산하면서 중동의 정부 관계자, 미디어 종사자 그리고 투자자들 간에 서방 미디어와의 전략적 협력의 필요성에 대한 논의가 더욱 활발해 지고 있다. 넓은 의미에서의 이슬람공포증(Islamophobia) 그리고 일부 사람들에 의한 이슬람과 테러리즘의 동일시에 대해 우려를 표명하면서, 이슬람회의기구(OIC: Organization of the Islamic Conference)의 이흐사노글루(Ekmeleddin Ihsanoglu) 사무총장은 2006년 OIC 공보장관 회의에서 다음과 같이 말했다. "무슬림 투자자들이 세계적인 대규모 미디어 기관에 대해 관심을 가져야 한다. 이들 회사들이 막대한 수익을 창출하고 있다. 다른 이유도 있다. 이들 회사의 이사회에 참여해 우리 무슬림들이 글로벌 미디어 기관의 경영정책에서 영향을 줄 수 있어야 한다. 이것이 전 세계에 퍼져있는 이슬람에 대한 잘못된 이미지를 개선하는데 중요한 역할을 할 것이다." 사무총장이 내놓은 다른 제안들에는 아랍 미디어의 영어 버전을 확대

공급하는 것과 정부의 대변인이라는 인식을 불식시켜 무슬림국가들의 언론인 신뢰를 회복해야 하다는 것도 포함돼 있었다.59)

OIC 사무총장이 제안한 여러 내용의 일부는 1990년대 이후 일부 추진되어 왔다. 대표적인 예로 사우디아라비아에 본부를 둔 투자회사인 킹덤 홀딩사(Kingdom Holding Company)는 서방의 언론기관에 많은 투자를 행하고 있다. 킹덤 홀딩은 머독(Rupert Murdoch)이 소유한 글로벌 미디어 회사인 뉴스 코퍼레이션(News Corporation) 지분의 상당 부분을 사들였다. 더불어 타임 워너(Time Warner)와 디즈니사에도 상당

한 금액을 투자했다.60) 이를 통해 킹덤 홀딩의 회장인 알-왈리드(Prince al-Waleed ibn Talal) 왕자가 얼마나 큰 정치적 영향력을 갖게 됐는지는 명확히 알려지지 않고 있다. 일부 언론 비평가들은 왈리드 왕자가 반무슬림 정서를 담은 프로그램의 제작과 방영에 반대하고 있다고 지적한다. 한 예가 무슬림 테러리스트들과 싸우는 정보부의 이야기를 다룬 폭스 네트워크(뉴스 코퍼레이션의 자회사)의 인기 드라마 시리즈 '24시'였다. 이 드라마가 방영될 즈음 알-왈리드 왕자의 심기는 상당히 불편했었다고 한다. 그러나 알-왈리드 왕자의 투자가 방송과 신문을 모두 소유한 뉴스 코퍼레이션의 뉴스 취재와 보도에 대해 큰 영향력을 행사한다고는 보기 어렵다.

더욱이 무슬림국가들의 뉴스 미디어가 보다 신뢰할 수 있게 된다거나 이로 인해 국제사회에서 보다 큰 영향력을 가질 수 있게 될지 여부는 더욱 불확실하다. 서방의 위성채널들과 같은 외부의 뉴스 보도와 경쟁할 때, 국가 그리고 지역 방송들은 단순히 '우리의' 언론이라는 점에서 신뢰를 받곤 한다. 그렇다고 할지라도 세계차원에서 볼 때 같은 신뢰가 형성될지는 미지수다. 특히 이슬람국가들에 있어서는 보도기관들이 대부분 정부의 통제를 받아왔고 이로 인해 정부의 입장을 반영하는 경우가 많아 시청자들은 의혹의 눈길을 보내기도 한다.

물론 이런 현상이 일반적인 것은 아니다. 일부 보도기관들, 특히 일부 신문들은 정치적 그리고 종교적 압박 속에서도 독립성을 유지하고 훌륭한 기사를 작성하고 있다. 그러나 전체적으로 볼 때 아직 적지 않은 제한들이 있다. 정치인이나 종교인에 대한 비판이 종종 가혹한 처벌 혹은 교묘한 보복을 야기하곤 한다. 이런 시스템 하에서는 시청자와 독자들이 '자생적인' 뉴스를 의존하고자 한다고 하더라도, 신뢰도는 여전히 도마에 오를 수밖에 없다. 그럼에도 불구하고 보도기관들의 지속적인 증가는 전 세계 정치 역학을 바꾸고 있다. 다만 정책입안자들이 이 현상을 천천히 인식하고 있을 뿐이다.

○ ✍ ○

위성 TV 채널들은 계속 급격히 늘어가고 있고, 정치와 사회분야에서 이들이 갖는 영향력도 점차 강력해지고 있다. 이들 채널이 사용하는 점차 더 많은 위성들이 우주를 선회하면서, 알-자지라 효과는 사이버 수단과 공간을 통해 더욱 힘을 얻고 있다.

3
인터넷의 범람

위성 TV는 급속도로 확산돼 왔다. 하지만 인터넷을 기반으로 한 언론 매체 성장에 비하면 아무것도 아니다. 물론 인터넷의 발달은 지역적으로 큰 차이를 보이고 있다. 일부 국가는 큰 혜택을 누리고 있지만, 다른 지역은 뒤떨어져 있다. 이런 현상을 우리는 '정보격차(digital divide)'라고 부른다. 주로 사회-경제적인 이유로 일부 사람들은 정보통신기술(ICT: Information and Communication Technologies)을 자유롭게 접할 수 없거나 혹은 아예 접하지 못하는 상황을 일컫는다.[1]

이런 기술력의 불균형은 오래전부터 연구돼 왔다. 특히 그것이 경제발전에 미치는 영향에 관한 것은 주요 관심 사안이었다. 세계전기통신개발위원회(Commission for Worldwide Telecommunication Development)는 1984년 개도국의 부족한 전화 기반시설이 경제발전의 걸림돌이라고 지적했다. 비록 전화에서 컴퓨터 문제로 상황이 바뀌었지만, 선진국과 저개발국 간의 큰 기술력 격차는 여전히 나타나고 있다. 전기통신연합(Telecommunications Union)의 2002년 보고서는 "룩셈부르크의 40만 시민이 아프리카 7억 6,000만 인구보다 국제 주파수 대역폭을 더 많이 사용하고 있다"고 언급했다.[2] 특히 21세기에 접어들면서 이런 통계 수치들은 더욱 자주 인용되고 강조될 것으로 보인다. 다행히 현재 정보격차는 점차 좁혀지고 있다. 그러나 개도국이 정보통신기술 개발에 우선순위를 두는 것이 얼마나 경제발전에 기여할 지에 대해서는 아직 논쟁이 일고 있다.

그럼에도 불구하고 인터넷이 정치변화에 기여할 가능성은 상당히 크다. 긍정적인 측면에서 보면 알-자지라 효과는 정부가 더욱 투명해지고 또 적극적으로 국민의 요구에 응하도록 돕는다. 주차위반 벌금을 내는 것과 같은 일상적인 문제도 개인이 온라인 서비스를 이용할 경우 번거로움을 줄일 수 있다. 보다 큰 틀에서 보면 인터넷과 다른 새로운 통신체제는 표현과 정치활동의 자유를 확대한다. 민주화의 훌륭한 도구가 될 수 있다. 물론 부정적인 측면들도 있다. 인터넷은 검증되지 않은 정보들을 지나치게 빠르게 확산시킨다. 제대로 된 토론 과정도 거치지 않고 폭동을 유발시킬 수 있다. 이런 점에서 인터넷은 테러 조직들에게 매우 중요한 수단이 되기도 한다.

우선과제의 선정

아난(Kofi Annan) 전 유엔 사무총장은 그의 밀레니엄 보고서(Millenium Report)에서 "새로운 기술이 개도국들에게 발전을 위한 초기단계를 건너뛸 수 있는 절호의 기회를 제공하고 있다"며 "국민들이 새로운 정보네트워크에 최대한 접근하도록 개도국 정부들은 모든 조치를 강구해야 한다"고 말했다. 반면 마이크로소프트사의 게이츠(Bill Gates) 회장은 ICT에 대한 지나친 강조가 보다 더 시급한 다른 문제들의 중요성을 잊게 만들고 있다고 주장해 왔다. "하루에 1달러로 생활하는 것이 무엇을 의미하는지 우리가 명확히 알고 있는가"라며 "개인용 컴퓨터가 제공하는 99퍼센트의 혜택은 이를 사용하는 사람이 건강하고 읽고 쓰는 능력이 있을 때만 주어진다"고 그는 강조했다. 이런 이유에서 빌 앤드 멜린다 게이츠 재단(The Bill and Melinda Foundation)은 대부분의 자선기금을 ICT 관련 분야가 아니라 의료 서비스와 교육환경 개선에 투입하고 있다.[3]

이처럼 인터넷 보급 확산에 앞서 말라리아, 에이즈, 그리고 기타 질병 퇴치와 기본적인 공중위생시설 개선이 우선시 되어야 한다고 믿는 사람들이 적지 않다. 그러나 두 사안은 상호 배타적이 않다. 게이츠나 다른 사람들이 언급했던 이런 문제들이 ICT 사용을 통해 어느 정도 완화될 수도 있다. 인도에서는 비영리 단체인 '지식보급센터(knowledge center)'가 몇몇 마을에 세워지고 있다. 이들 센터는 태양열과 무선기술을 이용하여 지역민에게 정부 복지정책, 건강 상식, 농작물 시장 가격 그리고 다른 유용한 사안에 관한 정보를 제공한다. 지역 내 학교 학생들은 컴퓨터 기술을 익히고 온라인으로 직장을 찾을 수 있다. 지식보급센터는 작은 마을에 사는 사람들의 삶을 더 큰 지역사회로 연결시켜주는 기능을 제공한다.[4]

그렇다고 이러한 노력들이 정보격차를 완전히 해소하지는 못하고 있다. 지식보급센터가 소재한 마을에서조차 인터넷에 대한 접근은 비교적 부유한 거주자들에게 가능한 것이다. 가난한 주민들에게는 큰 영향을 주지 못하고 있다. 인터넷을 기반으로 한 장비 혹은 기계의 사용도 제한적이다. 큰 물고기 떼의 움직임을 파악할 수 있는 어군탐지기는 인도 마을의 어부들에게 이익을 주기 위해 창안되었다. 그러나 부유한 어부들만이 이런 정보를 이용할 수 있는 네비게이션 장비가 갖춰진 큰 선박을 가지고 있다. 또한 점차 변화하고는 있지만 웹상의 대부분 정보들이 여전히 영어로 되어 있어 교육받지 못한 어부들에게는 유익한 정보가 될 수 없다.[5]

인터넷이 사회적 경제적 질서를 즉각적으로 재구성하는 만병통치약은 아니다. 다만 점진적인 발전과 개선에 도움을 주는 한 요인으로 봐야 한다. 비록 장기적인 효과가 확실치는 않지만 변화가 발생하고 있음은 틀림없다. 마케도니아에서, 와이파이 네트워크는 범위가 1,000 평방 마일에 달한다. 30여개 도시가 네트워크 범위 내에 포함돼 있다. 요르단의 이르비드(Irbid)에는 2002년 경 이미 약 반 마일에 이르는 세계 최대의 사이버 카페 밀집 거리가 형성되었다. 와이파이의 다음 단계인 와이맥스(Wimax)는 광대역 다중 통신망을 확대시킬 것이다. 이전에는 인터넷 범위 밖에 있던 시골지역까지 그 혜택을 누릴 것으로 예상된다.6)

이런 변화들에 발맞춰 기술도 계속 진화하고 있다. 상징적이면서도 실질적인 사례가 있다. '한 아이 당 한 대의 노트북(One Laptop per Child)' 프로젝트다. 매사추세츠 공과대학(MIT: Massachusetts Institute of Technology)이 기획한 이 사업은 기술개발을 통해 저렴한 노트북을 생산하는데 초점을 맞췄다. 이를 통해 전 세계 초등학교 학생들에게 수백만 대의 값싼 노트북을 보급하는데 목표를 두고 있다. 초기에는 '100달러 노트북'이라는 모토를 적극 홍보했지만 사실은 150달러에 가까운 가격이 될 것으로 보인다. 그럼에도 불구하고 이러한 시도는 주목할 만한 성과라고 할 수 있다. 노트북은 리눅스(Linux)가 기본 운영체재로 탑재되고 듀얼모드 디스플레이를 장착할 예정이다. 풀 컬러 DVD 모드와 강한 햇빛에서도 볼 수 있는 흑백 디스플레이다. 노트북은 500MHz 프로세서, 128MB DRAM 그리고 500MB 플래시 메모리의 용량을 갖는다. 하드디스크가 없는 대신 4개의 USB 포트가 장착된다. 저렴한 가격에도 불구하고 이 노트북의 가장 큰 특징은 무선 브로드밴드를 갖는 것이다. 따라서 메쉬 네트워크(mesh network, 그물망 모양의 네트워크)로서의 기능이 가능하다. 개인 간의 소통을 가능하게 한다. 각각의 노트북은 인근의 주변 노트북과 무선으로 소통할 수 있다. 지역 내 근거리 무선 통신 네트워크가 형성되는 것이다. MIT에 따르면 노트북은 대용량의 데이터 저장을 제외하고는 다른 모든 기능을 수행할 수 있다. 더불어 노트북의 배터리는 발전용 크랭크(굽은 모양의 손잡이)를 돌려서 충전할 수 있다. 인터넷 접속성이 확대된다고 가정할 때 이런 저렴한 컴퓨터는 사용자들에게 보다 넓은 세상과 접촉할 수 있는 기회를 제공할 것이다. MIT의 패퍼트(Seymour Papert)는 "디지털 미디어를 통하는 것 외에는 정보에 대한 일반인들의 접근을 근본적으로 변화시킬 수 있는 다른 방안이 아직은 제시되지 못하고 있다"고 강조했다.[7]

저가형 노트북의 대량 생산은 2007년 후반에 시작되었다. 최근 개도국의 학생 수가 급증함에 따라 이 노트북의 수요도 증가해 왔다. 사하라 이남 아프리카 지역의 경우 1999년도에서 2004년까지 학교에 등록한 학생의 수가 2,200만 명 이상 늘었다. 등록률이 18퍼센트 이상 증가하면서다. 학생 수의 급증으로 인해 개도국들은 교육 예산을 감당하기 어려워졌다. 교재와 다른 기자재가 심각하게 부족한 실정이다.[8] 따라서 이런 지역은 '한 아이 당 한 대의 노트북' 프로젝트가 가장 효과적으로 적용될 수 있다. 이 프로젝트가 각각의 아이에게 교실에서도 사용하고 집에도 가져갈 수 있는 무언가를 제공할 것이기 때문이다.

그럼에도 불구하고 이 프로젝트에 대한 개도국의 반응은 다양하게 나타나고 있다. 리비아는 2006년 이 노트북에 대해 120만 대 구매계약을 체결했다. 리비아 학생 모두에게 한 대의 노트북을 지급하기 위해서다. 나이지리아 학교들도 이 컴퓨터를 보유하고 있다. 우루과이와 르완다도 이 프로젝트에 참여하고 있는 나라들에 포함돼 있다. 브라질의 경우 자국 아이들에게 컴퓨터를 보급하는 동시에 이 저가 노트북 생산에 참여한다는 목표에서 적극 이 프로젝트를 수용하고 있다. 전자제품 주요 생산국으로 부상하기위한 국가적 포부가 작용했다. 그러나 칠레, 인도 등 다른 나라들은 이 프로젝트에 참여하는 것을 거부했다. 더 필수적인 분야에 투입되어야 할 예산이 이 프로젝트에 막대하게 지출될 수는 없다는 이유에서다.[9] '한 아이 당 한 대의 노트북' 프로젝트를 거부하는 다른 이유도 있다. 이 프로젝트는 물론 다른 전반적인 컴퓨터 보급에도 반대하는 세력들은 외부 세계와의 접촉을 두려워한다. 이 프로젝트가 명확히 밝히고 있는 목적, 즉 외부 세계와의 소통을 우려하는 것이다. 일부 중동의 정부들은 인터넷이 서구의 정치사상과 문화가 유입되는 통로로 간주하면서 우려를 표명하고 있다. 이 지역의 정치인 그리고 종교인들은 많은 젊은이들이 '용납할 수 없는' 정보를 접하는 것이 자신들의 전통과 안정을 해칠 것이라고 강조하고 있다.10)

노트북에 대한 막대한 투자에 대해 일각에서 또 다른 우려를 제기하고 있다. 개인 정보도구로써 다른 기기가 노트북을 대체할 것으로 예상되기 때문이다. 노트북의 후속 세대로 휴대전화가 언급되고 있다. 현재 휴대폰은 통화기능 외에도 데스크톱 컴퓨터의 많은 기능들을 갖추고 있다. 값도 싸고 휴대가 간편하며 대중화돼 있다. 보다 포괄적인 인터넷 접속을 제공하면서 휴대폰은 정보격차를 상당히 줄일 수단으로 부상하고 있다. 휴대폰 사용은 빠르게 그리고 폭 넓게 증가하고 있다. 러시아를 예로 들면 2000년 100만 명이었던 휴대폰 사용자 수가 2005년 말 경 1억 2,000만 명으로 늘었다. 현재도 매달 300만 명 이상이 추가로 가입하고 있다. 국제전기통신연합(ITU: International Telecommunication Union)에 따르면 2007년 기준 세계 휴대폰 사용자 수가 30억이 넘는다고 한다. 인터넷 사용자의 대략 3배에 달한다.11)

방글라데시 주민들은 휴대폰을 통해 처음으로 인터넷을 경험했다. 1억 5,000만 인구를 가진 방글라데시의 유선 전화 수는 불과 100만이지만, 2006년 말 경 휴대전화 사용자 수가 1,600만을 넘어섰다. 매달 200만 명이라는 새로운 사용자가 발생하고 있다. 성장률이 놀라울 정도다. 2006년 1월 기준 방글라데시에는 불과 37만 명만이 인터넷에 접속하고 있었다. 그해 말 접속자 수는 수백만에 이르렀다.12)

휴대폰의 기능 또한 계속해서 발전하고 있다. 이젠 텔레비전 수준의 영상을 제공할 수 있을 만큼 더욱 질적으로 고도화된 인터넷 접속이 가능하다. 이런 발전은 사람들이 어떻게 정보를 받게 되는가에 영향을 준다.

사람들은 이제 보다 빠르게 그리고 이동 중에도 정보를 제공받는다. 나아가 사람들이 어떻게 정보에 반응하는 지에도 변화를 가져오고 있다. 집에서 텔레비전이나 컴퓨터로 뉴스를 볼 때와 사람들이 붐비는 거리나 버스에서 휴대폰을 통해 뉴스를 접할 때 사람들은 다르게 반응하는 것이다. 많은 사람들이 곁에서 같은 정보를 접할 때는 서로의 반응을 더 잘 알 수 있고 이것이 정서적인 공감대 형성하는 연쇄반응을 일으킨다. 때문에 뉴스 공급자들은 대중을 격앙시키거나 선동할 가능성이 있는 뉴스를 보도할 때 주의를 기울여야 한다.

이라크 전쟁 당시 뉴스 공급자 수의 증가와 다양한 취재 및 보도 자세의 등장으로 뉴스는 민심과 정치에 민감한 영향을 주었다. 2004년 미군의 포로학대에 관한 아랍 미디어 보도 내용은 조심스런 것부터 선정적인 것까지 다양했다. 아부 그라이브(Abu Ghraib) 감옥에서 벌어진 학대논란에 대해 사우디 영자 신문 『아랍뉴스(Arab News)』는 잔인한 내용을 담은 사진들을 게재하지 않았다. 알-마이나(Khaled al-Maeena) 편집국장은 "혐오스런 사진들로 인해 국민이 동요하는 것을 원치 않았다"며 "일부 간수들에 의해 저질러진 사건으로 미국 전체가 매도당하는 것을 부당하다고 생각했다"고 말했다. 그는 또 "이는 9/11테러 비행기 납치범 19명중 16명이 사우디 출신이기 때문에 모든 사우디인들을 공범으로 몰아가는 것이 적절치 않은 이치와 같다"고 강조했다. 반면 이집트 신문 알-와프드(al-Wafd)는 미군이 이라크 여성을 강간했다는 것을 보여주기 위한 사진들을 실었다. 이 사진들은 인터넷을 타고 멀리 퍼져 나갔다. 이에 대해 카이로 주재 미 대사관은 그 사진들이 포르노 웹사이트에서 다운로드돼 편집된 것들이라고 해명했다.[13]

2005년에는 또 다른 스캔들이 언론을 통해 보도되면서 폭동으로 이어졌다. 이로 인해 최소 15명이 사망하고 100여명이 부상했다. 미국 주간지 『뉴스위크(Newsweek)』가 익명의 소식통을 인용해 확인되지 않은 이야기를 보도한 것이다. 관타나모 수용소의 미국인 심문자들이 무슬림 수감자에 모욕을 주는 고문을 하기 위해 쿠란의 일부를 화장실 변기에 넣고 물을 내렸다는 내용이다. 며칠 후 파키스탄 수도 이슬라마바드(Islamabad)에서 기자회견이 열렸다. 크리켓 선수 출신 파키스탄 정치인 칸(Imran Khan)은 회견장에서 기사가 실린 뉴스위크를 흔들며 "우리 신앙의 기초가 되는 쿠란을 모독했다"며 미국을 비난했다. 라디오는 칸과 다른 성난 무슬림 성직자들의 비난을 전했다. 이어 휴대전화와 이메일 메시지를 통해 이들의 연설을 더욱 퍼뜨렸고, 중동의 신문들도 이 이야기를 대서특필했다. 이슬람 세계 전역에서 규탄 시위가 이어졌다. 이슬람권의 반응에 놀란 뉴스위크는 출처에 문제가 있었다는 이유로 기사를 삭제했다.14)

한 부주의한 언론에 의해 발생한 이 유혈사태는 '속도'에 의해 심각하게 악화되었다. 원래의 기사는 "여러 소식통이 뉴스위크에 알렸다"로 시작했다. 그러나 소식통은 여럿이 아니라 한 명이었다. 기사는 또 쿠란 모독 사건이 펜타곤 보고서에 포함될 것으로 "예상된다"고 언급했다. 『워싱턴포스트(*Washington Post*)』의 옴부즈맨 게틀러(Michel Getler)는 "이것은 마치 누군가가 기소돼 유죄를 선고받을 것으로 '예상된다'라는 식의 보도"라며 "언론인은 이런 식으로 기사를 쓰면 안 된다"라고 지적했다.15) 일단 이 같은 기사가 게재되면 빠르게 전 세계로 퍼져나간다. 그리고 이 기사를 접하는 독자나 시청자에 따라 다양한 반응이 나오게 마련이다.

이런 기사는 언론의 무분별한 실수로만 끝나는 것이 아니다. 보도 내용에 대한 극단적인 반응이 나오기 때문이다. 사람들이 죽었다. 다행히 여러 증거들로 인해 『뉴스위크(*Newsweek*)』의 보도는 사실로 판명되었다. 미국 주간지 『뉴요커(*New Yorker*)』의 편집장인 허츠버그(Hendrik Hertzberg)는 "문제의 본질은 고문과 모욕이지 언론의 보도태도가 아니었다"며 뉴스위크를 옹호했다.16) 적절한 지적이다. 하지만 21세기에 있어 정보가 매우 멀리 그리고 빠르게 퍼져나간다는 점을 간과해서는 안 된다. 보도기관들은 나름대로의 기준을 세우고 보도내용이 미칠 영향에 대해 예측해야 할 의무감을 가져야 한다.

　뉴스 미디어의 위상이 매우 높아짐에 따라 언론으로서의 역량과 양심이 더욱더 중요해지고 있다. 사람들은 수없이 많은 소식통으로부터 정보의 집중 포화를 받는다. 물론 대부분의 뉴스 소비자들은 선호하는 몇몇 뉴스 공급자들을 선택할 것이지만, 출처가 확실치 않은 뉴스들의 사정권 내에 있다. 소문과 오보가 급증하고 있다. 이런 왜곡된 정보에 대응하는 것은 공동의 의무다. 보도기관들이 높은 수준의 판단 기준을 적용해야 하는 것처럼, 대중들도 올바른 정보를 거르고 진위여부를 판단할 수 있는 소양을 갖추는 것이 필요하다.

　여기서 언급한 예는 뉴스 미디어 환경이 바뀌고 있다는 것의 일부분이다. 변화는 과거에 일어났던 것 이상으로 빠르게 진행되고 있다. 신문은 라디오나 텔레비전의 등장에 어느 정도 적응할 수 있는 시간을 가졌다. 그러나 최신의 미디어에 의해 다시 시험을 당하고 있다. 단지 기술의 문제가 아니다. 오히려 옛 미디어에 익숙한 사람들은 최신 미디어의 뭔지 모를 장치에서 나오는 벨소리에 정신 사나워 한다. 오히려 문제는 뉴스 공급자와 소비자 사이에서 형성되는 새로운 관계에서 발견되고 있다. 이제 이 새로운 관계에 대해 설명해 보고자 한다.

새로운 협력관계

2005년 머독(Rupet Murdoch)은 "너무나 많은 우리 편집자들과 기자들이 독자들과 단절되어 있다"고 강조했다. 그는 자신의 세계적 미디어 복합기업인 '뉴스코퍼레이션(News Corporation)'이 인터넷 사용에 좀 더 현명했어야 했으며 생산한 뉴스들을 '대화의 장'으로 만들어야 했었다고 말했다. 또 그 대화의 장 안에서 대중이 "기자 및 편집자들과 폭넓은 토론을 할 수 있었어야 했다"고 언급했다. 머독은 '디지털 이주민(digital immigrants)'과 '디지털 토착민(digital natives)'의 차이를 언급했다. 전자는 옛 미디어와 새로운 미디어를 저울질하며 이용하고 있는 나이든 사람들이고, 후자는 야후나 구글 같은 웹 포털사이트에 의존해 정기적으로 블로그에서 정보를 얻는 사람들이다. 이런 신세대 독자 및 시청자들은 정보 수집을 참여의 과정으로 생각하고 있다. 가장 대표적인 예가 '위키피디아'다. 이 포털사이트는 독자가 웹상의 내용을 편집하고 기고하는 것을 허용하고 있다.17)

2003년 미국의 이라크 침공 같은 대형 기사가 보도 될 때 특정한 미디어 이용 패턴이 등장하곤 한다. 아메리칸 대학의 사회미디어센터(Center for Social Media)는 그 패턴을 아래와 같이 특징지었다.18)

- 기존 미디어와 새로운 비공식 미디어 간의 상호작용이 발생한다. 예를 들어 블로거들은 CNN을 인용하는 한편 뉴욕타임스 블로그를 지속적으로 주시한다.
- 이런 상호작용이 있긴 하지만 일시적이고 비공식적인 수많은 미디어의 활동은 주류 뉴스 미디어의 불신을 반영한다.
- 비공식 미디어는 개인의 의견을 신뢰하는 사람들에 의해 유지된다. 그들은 공공 뉴스 방송보다 이메일을 더욱 신뢰한다.

많은 주류 언론은 대중을 다루는 방식에 있어서 자기중심적이다. 보도기관들은 보도 내용과 일정을 사실상 일방적으로 결정해 왔다. 블로그를 비롯하여 참여적인 형태의 언론매체들은 이러한 상황을 변화시키려고 도전해왔다. 이런 노력을 통해 다음 세대 뉴스 소비자들의 지지를 얻기 위한 경쟁에 뛰어들어 왔다.

러시아의 블로그 활동은 러시아 전통적 미디어에서 불가능할 것이라고 여겨졌던 언론의 독립에 블로그가 얼마나 기여할 수 있는지 보여준다. 주류 미디어의 언론의 자유를 억압하려는 러시아 정부의 노력에도 불구하고, 블로그 세계는 이용자들에게 익명성과 세계와의 접근성을 제공하고 있다. 과거 소련의 반정부주의자들이 비밀리에 반정부 인쇄 자료들을 유포시켰던 것처럼 블로거들은 정부의 정책을 토론하고 때때로 문제가 있는 정책에 대한 저항을 선동하고 있다.19)

전 세계 체스 챔피언으로 푸틴 정부의 열렬한 비판자로 변신한 러시아의 카스파로프(Garry Kasparov)는 "인터넷은 나의 조국에서 반대 의견을 표현할 수 있는 마지막 피난처로서 빠르게 자리 잡아가고 있다"고 말했다. 카스파로프는 야당연합인 '또 다른 러시아(the Other Russia)'의 공동 설립자다. 이 단체는 자신들의 집회 동영상을 웹사이트에 올리고 있다. 정부 보안군이 집회 참가자들을 공격하는 장면도 담고 있다. 이 웹사이트의 목적은 "푸틴 정부가 다양한 의견을 바탕으로 한 법치주의를 경멸하고 있음"을 퍼뜨리려는 것이다. 이들 반정부 세력의 노력은 블로그에도 집중되고 있다. 카스파로프는 인기 있는 블로그 '러시안 라이브 저널(Russian Live Journal)'의 경우 매주 220만 명의 이용자들을 확보하고 있으며 이 중 100만 명은 해외 거주자들이라고 언급했다. 상당수의 해외 이용자들은 러시아 야권의 메시지를 전 세계 뉴스 미디어에 전파하는데 일조하고 있다.20)

블로그가 기본 활동을 뛰어 넘어 시민 언론기관으로 부상한 가장 대표적인 예는 한국의 '오마이뉴스'다. '오마이 뉴스'는 블로그 활동을 전통적 언론의 기능과 거의 대등한 수준으로 끌어올렸다. 2007년 말 기준 약 6만 명의 시민 기자와 기사의 질과 신뢰도를 끌어올리는 역할을 하는 상당수의 편집자들을 보유하고 있었다. 하지만 이것이 아직 대중의 지지에 좌우되는 모험적인 수준인 것은 사실이다. 오마이뉴스의 국제교류 및 홍보실장인 민(Jean K. Min)은 오마이뉴스의 특징을 다음과 같이 설명했다. "전통적인 생각은 이제 버려야 한다. 인터넷은 단지 일방적으로 흘러가는 또 다른 뉴스채널이 아니다. 반대로 인터넷은 모든 사람이 사용할 수 있는 공간이다. 이는 언론이 특정한 사람들에 제공하는 강의가 아니라는 것을 의미한다. 언론은 이제 대중과 대화를 하고 상호소통하고 있는 것이다."[21]

오마이뉴스는 미국의 아이토크뉴스(iTalkNews)와 같은 새로운 형태의 뉴스 서비스로의 본보기가 되고 있다. 아이토크뉴스 공동 창립자 리(Elizabeth Lee)는 다음과 같이 말했다. "이런 온라인 벤처들은 전통적으로 위에서 아래로 전해지던 '위에서 아래로(top down)' 방식의 뉴스 성격을 변모시키고 있다. 우리는 이제 사람들로부터 전해지는 뉴스, 즉 '아래에서 위로(upwards)' 뉴스를 시청하길 원하고 있다. 물론 시민언론이 기존 뉴스를 대체 하는 것을 목격하지는 못하고 있다. 하지만 우리는 상호보완적인 뉴스의 흐름을 갖게 될 것이다." 아이토크뉴스는 "사람들이 최신뉴스를 읽고 토론하며 자신의 의견을 담은 기사를 직접 게재할 수 있는 상호공동체 공간의 필요성을 충족하기 위한 것"이라는 이 사업의 목적을 홈페이지에 분명히 언급하고 있다. 이 매체의 홈페이지에는 블로그와 시민언론의 차이에 대한 설명도 있다. "시민언론은 할아버지 세대의 언론에 존재하는 책임감과 사실적 정확성을 유지하는 것이다. 반면 일상의 블로그에서는 이런 점들을 기대하기 어렵다."[22]

글로벌 보이스(Global Voices)도 기존의 블로그를 넘어선 웹을 바탕으로 한 또 하나의 뉴스 서비스다. 공동 창립자 주커만(Ethan Zuckerman)은 글로벌 보이스가 '블로거, 시민운동가 그리고 시민언론 참여자들의 네트워크'라고 설명한다. 그에 따르면 이 매체의 목적은 다른 중요한 문제들을 제쳐두고 특정한 최신 관심거리의 보도에 지나치게 비중을 두는 대부분 보도기관의 '군중심리(herd mentality)' 이용 행태에 대응하기 위한 것이다. 주커만은 또 "우리는 뉴스 사이트가 아니라 시민미디어 사이트임을 명심해 달라"며 "우리가 다루는 대부분의 보도 내용은 관찰과 의견에 기초한 것"이라고 강조했다. 글로벌 보이스 홈페이지에는 '블로거들의 연계(bridge bloggers)'라는 포럼 페이지가 있다. 각국의 블로거가 자신이 속한 국가와 지역에 대한 소식을 전 세계 독자에게 전하기 위해 올리고 있다. 이 매체의 블로거 편집자들은 전 세계 다양한 지역들의 가장 흥미로운 블로그를 선택하여 링크를 걸어 놓는다. 글로벌 보이스는 기존 보도기관이 다루지 않은 이야기들에 관심을 불러일으키기 위해 블로그, 위키스(wikis), 팟캐스트(podcast, 인터넷상의 라디오 및 TV 방송), 온라인 채팅 등 여러 기술적 수단을 이용하고 있다. 결과적으로 이 매체를 통해 언급된 이야기들이 기존 보도기관의 기사 아이디어가 되는 경우도 있다.

글로벌 보이스의 기본 설립이념은 최근 등장하고 있는 몇몇 위성 TV 채널과 뉴스전문 웹사이트들과 비슷하다. "북아메리카와 서유럽의 목소리와 시각이 국제 뉴스 미디어와 세계 인터넷을 장악하고 있는 상황에서 글로벌 보이스는 그 이외의 지역에 초점을 맞추고 있다. 우리는 이전까지 소외되고 주목받지 못했던 목소리들을 주류 미디어에 반영시키는 것을 목표로 하고 있다."[23]

때때로 과거에 들리지 않던 목소리가 어느 순간 갑자기 등장해 메아리를 울리기도 한다. 2005년 7월 7일 런던 폭탄테러가 일어났을 때 국영방송 BBC는 사건 현장에 있던 대중들이 찍은 사진과 영상을 받기 시작했다. 한 시간 만에 주로 휴대전화를 이용해 찍은 50여건의 사진과 영상이 올라왔다. 며칠 후에는 그 수가 1,000건에 이르렀다. BBC는 이 사진과 영상들을 온라인 갤러리에 전시했다. 이어 다른 웹사이트 또한 그러한 영상을 특종으로 내보냈다. 이러한 자작(自作, do-it-yourself)언론은 주류 미디어가 제공할 수 있는 것의 한계를 뛰어 넘어 더욱 포괄적인 내용을 담고 있다. 인터넷은 또한 행방불명된 사람들을 찾거나, 위로를 받거나, 혹은 테러 사건에 대한 토론을 원하는 사람들을 위한 거대한 메시지 게시판으로 사용되었다.

이는 주류 보도기관들의 정보 수집을 위한 접근법에 중요한 변화를 가져왔다. 전통적 시각에서 본다면 7월 7일 테러 같은 사건보도에는 사진이나 영상이 없었을 것이다. 왜냐하면 갑작스럽게 발생한 테러사건 현장에 전문 사진기자가 없었을 것이기 때문이다. 하지만 이제는 사진 제공에 있어서 대중들이 중요한 역할을 하고 있다. 물론 보도기관들은 이미지를 수집하는 과정에서 사기꾼들의 자료를 골라내기 위해 면밀히 심사를 한다. 하지만 현재와 같은 환경에서 일반적으로 뉴스 수집은 대중과의 공개적이고 신뢰할 수 있는 협력관계를 바탕으로 한다.

이런 온라인 공간의 유용성에도 불구하고 대부분 사람들은 여전히 기존 뉴스 사이트에 주로 의존한다. 테러사건이 일어난 7월 7일 뉴스 웹사이트의 접속은 전날 보다 50퍼센트 상승한 전체 온라인 통신량의 6퍼센트를 차지했다. 그 중 BBC뉴스 사이트는 모든 뉴스사이트 페이지 조회수의 29퍼센트를 차지했다. 영국 일간 『가디언(*Guardian*)』지는 그날 130만 방문자수와 800만 페이지 조회수를 기록했다. 이중 50만 명이 미국에 거주하는 사람들인 것으로 밝혀졌다. 2004년 3월 마드리드 열차 테러사건 당시에는 영국의 테러 때보다 더 많은 외국인 인터넷 방문자 수를 기록했다.[24)]

7월 7일 테러사건에서 대중이 단순히 정보검색뿐만 아니라 정보 제공의 수단으로 새로운 미디어를 이용했다는 사실은 뉴스 소비자와 공급자 간의 관계가 변하고 있음을 보여주었다. 성숙한 블로그 환경 속에서 발생한 대규모 사건들을 통해 전통적 미디어가 새로운 미디어에 의해 반드시 대체돼야 할 필요는 없다는 것이 입증되었다. 오히려 협력적 관계 확대의 과정이라고 보는 것이 더 정확할 것이다. 대중은 점차 이러한 새로운 언론에 적극적으로 참여하고 있다. 과거처럼 수동적 정보 수신자의 모습은 점차 사라지고 있다.

7월 7일 사건 보도에서 나타난 바와 같이 '시민 언론'은 전통적 뉴스가 생산되는 과정의 한 부분으로서 그리고 인터넷을 통해 유포되는 독립 언론으로서 점차 일상화 될 것으로 보인다. 2006년 후세인(Saddam Hussein) 처형 동영상이 휴대전화를 통해 유포된 사건은 기존언론들이 가지고 있던 영상에 대한 제한기준에 구애받지 않는 정보 확산과 토론이 가능케 됐음을 보여주었다. 교수형 집행 직후 현장에서 촬영된 휴대전화 동영상은 한 웹사이트에 올랐고, 이어 AP(Associated Press)의 동영상 서비스에 공개되었다. 이후 이는 바이러스같이 인터넷에 퍼져 나갔고 인터넷 동영상 공유사이트 유튜브(YouTube), 구글 비디오(Google Video), 그리고 브레이크닷컴(Break.com)에서만 1,300만 조회수를 기록했다.[25]

인터넷 사용자들은 누구든지 자신이 보고자하는 정보를 볼 수 있다. 이런 상황은 TV 뉴스와 다른 전통적 뉴스매체들에게 심각한 의문을 제기토록 하고 있다. 단지 웹상에 올라 있다는 이유로 거부하고 최대한 편집해온 동영상들을 이제 보도기관들도 무삭제로 올려야 하는가? 대중이 자신들의 보도물을 가질 수 있는 상황에서 전통적 보도기관들은 이제 불필요해진 것은 아닐까? 이런 질문들에 대한 답은 현재 발생하고 있는 사건에 대해 역사적 그리고 정치적 맥락을 제공하는 언론의 기본적 역할에서 부분적으로 발견될 수도 있다. 아마도 후세인 처형 비디오를 본 일부 사람들은 "이것의 의미는 뭘까?"라고 의아해 했을 것이다. 이 질문에 대해 언론인들이 대답을 도와줄 수 있다.

뉴스를 넘어서

뉴미디어는 또한 유사 언론에서도 활용되고 있다. 2004년 12월 쓰나미가 발생했던 주(週)에, 푸켓 재해 메시지 게시판(Phuket Disaster Message Board)과 같은 웹사이트에는 사상자 이름, 피해 지역, 피해사항, 실종자 사진, 그리고 다양한 도움을 필요로 하는 사람들을 위한 링크가 올라와 있었다. 이 게시판에는 1만 3,000건의 글과 사진이 게재됐고,

300만 이상의 사람들이 이 사이트를 방문했다. 일부 사람들은 이를 통해 희망을 찾기도 했고, 다른 사람들은 우려스런 사안을 확인하고 통곡하기도 했다. 사망자에 대해 게시된 글에는 '소년, 스파이더 맨 그림이 그려진 파란 티셔츠 착용'과 같은 구체적인 언급이 있었다.

인터넷은 구호기금을 모으는데도 빠르고 효과적인 수단임이 입증되었다. 자선단체 옥스팜(Oxfam)은 쓰나미 구호를 위한 500백만 달러 기금 모금을 발표했고, 그 목표는 하루 만에 달성되었다. 일주일이 지날 즈음 옥스팜은 7만 3,000 건의 기증을 통해 1,500만 달러의 기금을 모았다. 대부분은 온라인으로 접수되었다. 2005년 허리케인 카트리나 재앙이 발생한 미국에서도 국민들은 열흘 동안 7억 3,800만 달러를 기부했다. 이중 절반은 온라인으로 이루어졌다. 인터넷은 동시에 재해 관련 사기의 수단으로서도 이용되고 있다. 인터넷 이용자들은 가짜 자선단체들로부터 기부를 호소하는 적지 않은 메일을 받고 있다.26)

2005년의 '라이브 8(Live 8)' 콘서트는 인터넷이 자선 기금모금에 어떤 영향을 줄 수 있는지 잘 말해준다. 아프리카의 빈곤 퇴치를 위해 U2의 보컬 보노(Bono)와 다른 가수들이 조직한 이 콘서트는 전 세계를 돌며 진행됐고 온라인으로도 방영되었다. 공연 주최 측은 약 30억에 달하는 지구촌 사람들이 콘서트에 직접 방문하거나 시청했다고 주장했다. 2005년 말경 주최 측은 600만 달러의 기금을 조성했다. '라이브 8' 공연자들은 돈보다 더 중요한 결실은 선진 8개국(the Group of Eight)에 대한 정치적 압력이었다고 설명했다. 세계 8대 부자 국가들은 아프리카에 대한 원조와 구제금융 지원을 더 확대한다는 약속이 이루어졌다. 이 같은 정치적 압력은 상상할 수 없던 단체행동에서 나왔다. 정해진 날 하루에 전 세계에서 2,600만 이상의 사람들이 라이브 8 콘서트를 지지하는 문자 메시지를 보냈다 (과거 하루 최고 기록은 '아메리칸 아이돌[American Idol]' 프로그램에 약 600만 시청자들이 문자를 보낸 것이었다). '라이브 8' 콘서트가 모집한 대규모 청중과 지지자 수는 정치인들의 관심을 끌었고 이에 따라 아프리카에 대한 그들의 정책을 재조명하는 계기를 제공한 것이다.[27]

정치적 약속은 있었다. 하지만 기부금을 제외하고는 라이브 8과 같은 다른 집회와 시위가 갖는 진정한 영향력은 아직 명확치 않다. 온라인 콘서트에 참여하고 돈이나 문자를 보내는 것이 정치적 약속에 대한 지속적 이행을 보장하지는 못한다. 아마도 이는 시작에 불과하다고 할 것이다. 하지만 정치적 영향력을 행사하는 사람들은 점차 이를 이해하고 있다.

뉴미디어 속도와 확산 범위는 2004년 쓰나미와 같은 재앙의 수습에 엄청난 도움을 줄 수 있다. 그러나 빠른 속도와 온라인 접속은 급박한 상황을 더 악화시킬 수도 있다. 2005년 프랑스 폭동 당시 반정부 시위대는 블로그, 웹사이트 그리고 휴대전화 문자 메시지를 이용해 지지자들을 선동했다. 한 블로그는 "가장 가까운 경찰서로 가서 불을 지르라"는 글을 올렸고, 다른 온라인 메시지는 구체적인 시간을 정해 방화를 저지를 것을 촉구했다. 이런 온라인 메시지들은 주로 프랑스 라디오 방송국인 스카이락(Skyrock)에서 운영하는 스카이블로그(Skyblog)에 게재되었다. 이 사이트는 프랑스 내 13세에서 24세까지의 청소년층이 가장 선호하는 블로그 포털이다. 200개 이상의 마을에서 폭력사태가 벌어지고 약 2,000대의 자동차가 불태워지자, 프랑스 정부는 시위대의 움직임을 예상하기 위해 블로그들을 관찰하기 시작했다. 그러나 당시 스카이블로그는 300만의 블로그 회원을 가지고 있었다. 매일 20만개의 새로운 블로그 생겨나고 있었다. 더불어 시위대는 휴대전화로도 통화하고 문자를 보내고 있었다. 얼마 지나지 않아 정부는 시위대들의 움직임을 따라잡을 수 없음을 알았다.[28]

뉴미디어 그 자체가 혼란의 원인은 아니다. 그러나 이는 도시의 폭동, 대규모 갈등, 테러리즘 등의 사건들이 장기화하고 확산하는데 도움을 줄 수 있다. 아프리카에서도 인터넷은 정치적 논쟁에 이용돼 왔다.

코트디브아르의 반군단체 '뉴 포시스(New Forces)'의 한 지도자는 인터넷을 '전쟁 무기'로 규정했다. 이 반군 단체는 인터넷 웹사이트와 텔레비전 방송국을 이용하여 정부의 전복을 야기한 폭동을 추진했다. 뉴 포시스의 지도자 쿨리발리(Aboude Coulibaly)는 "혁명을 위한 사업에 있어서 우리는 승리할 수 있는 홍보수단을 확보해야 한다"고 강조했다. 콩고의 마이마이(Mai Mai) 반군은 물이 총알로부터 그들을 보호한다고 믿는다. 하지만 이들 또한 자신들의 대의를 알리기 위해 웹사이트를 운영하고 있다.29)

인도네시아의 준(準)군사조직인 라스카르 지하드(Laskar Jihad, 성전을 위한 군대)에 대해 인도네시아 이슬람 과격세력 전문가인 헤프너(Robert Hefner)는 다음과 같이 기술했다.

> 라스카르 지하드는 1990년대에 인도네시아 전역에 널리 확산된 새로운 커뮤니케이션 기술에 크게 의존했다. 1990년대 초반 팩스와 컴퓨터 출판을 위한 새로운 소프트웨어 프로그램으로 시작된 새로운 통신 기술은 1997년 말에서 1998년 초 인도네시아 대도시에 도입된 인터넷을 포함하게 되었다. 반정부 투쟁과 테러 작전을 위해 라스카르 지하드 보다 이러한 통신기술을 더 잘 활용한 대규모 단체는 인도네시아에 없다. … 추상적인 전자통신과 일대일로 이루어지는 접촉을 결합하면서 라스카르 지하드의 호소는 효과적으로 지지자들에게 전파되었다. 웹사이트만을 이용하거나 일대일 소통에만 따로따로 의존하는 것보다는 훨씬 침투력이 강한 전략이었다.

헤프너(Hefner)는 2000년께 laskarjihad.org 사이트가 전투와 말루쿠에서 일어나는 기독교인들의 잔혹 행위들에 관한 새로운 기사들을 매일 올리고 있었으며 체첸 공화국, 카슈미르 그리고 아프가니스탄의 이야기를 소개하면서 현지 지하드 조직들의 웹사이트와의 링크를 걸어놓았다고 지적했다. 라스카르 지하드는 인터넷을 이용해 이런 일일 리포트를 전국 24개 지부에 보냈다. 지방에서는 이미 출판 포맷으로 작성된 이런 리포트들을 다운받아 인쇄한 후 인터넷을 사용하지 못하는 사람들에게 배포했다.30)

　인터넷은 또한 국가를 초월해서 인터넷을 사용하는 사람들의 생각을 특정한 방향으로 바꾸는데 이용되고 있다. 사우디의 온라인 저널 '성전의 목소리(Voice of Jihad)'에 언급된 문구를 예로 들어보겠다. "무슬림과 성전수행자 형제들이여, 아프가니스탄과 이라크에서 죽어가고 있는 무슬림들이 보이지 않는가?! 무슬림 형제들의 도움을 눈물로 호소하는 남편을 잃은 무슬림 여성들이 TV 화면에 보이지 않는가?! 찢겨져 흩뿌려져 있는 아이들의 사지, 두개골과 뇌가 보이지 않는가. … ?! 이슬람 전문가 데브지(Faisal Devji)는 위와 같은 글이 "순교에 대한 미디어의 반복적인 언급으로 독자들이 구성원에 대한 불특정 책임감을 강요하는 국제적 공동체를 양산"하고 있는 대표적인 예라고 설명한다.31) 이런 메시지는 확산되면서 눈덩이처럼 불어나기 마련이다. 이런 메시지를 지속적으로 읽거나 듣게 될 경우 독자들은 정치적 의식 속으로 빠져들게 된다. 또 이런 메시지들은 독자들의 의식 속에 머물지 않고 직접 행동으로 나서도록 부추긴다.

　온라인 정보는 매우 빠르고 널리 확산된다. 이것은 좋은 점 일수도 있다. 허위 정보가 아니라면 말이다. 프리드먼(Thomas Friedman)은 자카르타 주재 미국 대사관에서 일하는 한 인도네시아인이 자신에게 한 말을 기사에 올렸다. "인터넷 사용자들은 인구의 5퍼센트뿐이다. 그러나 이 5퍼센트의 사람들이 모든 사람들에게 소문을 퍼뜨린다. 그들은 '이 소문을 인터넷에서 얻었다'라고 말한다. 그들은 인터넷을 성경으로 생각한다." 프리드먼은 다음과 같이 덧붙였다.

　인터넷의 최대 장점은 우리가 그동안 접했던 어떤 미디어보다 많은 사람을 빠르게 교육할 수 있다는 것이다. 반대로 최대 단점은 우리가 그동안 접했던 어떤 미디어보다도 사람들을 바보로 만들 수 있다는 것이다. 9/11테러 당일 4,000명의 유태인들이 세계 무역센터에 들어가지 말라는 경고를 받았다는 거짓말은 인터넷상에 퍼졌고, 무슬림들은 이 이야기를 전적으로 믿고 있다. 인터넷은 그것을 둘러싸고 있는 '기술'이라는 아우라(aura)를 가지고 있기 때문에, 특히 제대로 교육을 받지 못한 사람들은 이런 정보들을 더욱 신뢰한다. 그들은 인터넷이 최악의 경우 열린 하수구와 같다는 것을 깨닫지 못한다. 인터넷은 때로 걸러지지 않고 정화되지 않은 정보가 흐르는 배수구와도 같다.32)

프리드먼이 제시한 것과 같은 예들은 다양한 측면에서 '정보'의 성격을 잘 설명한다. 신뢰는 주의 깊게 제공돼야 한다. 비판적인 시각이 상당히 중요하다. 웹상의 모든 것이 사실은 아니다. 『뉴욕타임스』의 모든 기사가 진실이 아닌 것과 같다. 그러나 『뉴욕타임스』에 게재된 정보는 취재와 편집과정을 거치면서 정확도를 나름대로 상당히 높인 것이다. 반면 웹상의 대부분 정보들은 그런 검증의 과정을 거치지 않는다. 이런 차이점은 큰 의미를 갖는다. 결국 정보의 게재 기준이 어떻게 발전하고 전 세계의 사람들이 인터넷의 내용을 얼마나 신뢰할 지 정도에 따라 인터넷의 영향력이 정확히 결정될 것으로 보인다.

인터넷 외에도 과거에 친숙한 기술이 전 세계적으로 점차 더 확산하고 있다. 때로는 이들 과거 기술에 기반을 둔 기기가 비약적인 진전을 대표하기도 한다. 아프가니스탄의 경우가 그렇다. 2002년 탈레반 정부가 붕괴했을 때, 3,000만 인구를 가진 이 나라에는 고작 2만대의 전화기가 있었다. 해외로 전화할 할 방법도 없었다. 하지만 2006년 초를 기준으로 볼 때 130만의 휴대전화 사용자가 등장했고 그 서비스는 점차 지방까지 확대되고 있다., 2006년 4월 카불에서 열린 한 회의에서는 아프가니스탄을 전 세계로 연결할 광섬유 음성데이터 시스템(fiber optic voice-and-data system) 구축에 관한 논의가 진행되었다. 이런 엄청난 변화의 또 다른 예는 위 회의의 초청장이 모르스 전신시스템(Morse telegraphic system)으로 보

내겼다는 점이다.[33]

휴대전화를 통한 문자 메시지는 인터넷 기반이 약하거나 인터넷 사용에 제한이 있는 지역에서 특히 큰 인기를 얻고 있다. 사우디아라비아에서는 휴대폰 사용자의 60퍼센트가 문자 메시지를 이용한다. 문자 메시지의 한 측면은 단문메시지서비스(SMS: Short Message Service)다. 사람들은 이를 통해 텔레비전 화면에서 움직이는 것처럼 보이는 메시지를 보낼 수 있다. 한 지붕 아래에서 생활하는 팝뮤직 스타 지망생들을 다루는 아랍의 리얼리티 쇼 '스타 아카데미(*Star Academy*)'를 통해 SMS는 크게 대중화되었다. 시청자들은 쇼 프로그램에서 가장 선호하는 출연자에 대해 투표하고 TV를 상호소통의 매개체로 이용해 화면 아래에서 자막을 통한 대화를 진행할 수도 있다. SMS는 이제 상당히 대중화되어 일부 텔레비전 채널은 기존의 프로그램 방식을 포기하고 화면 전체에 메시지들을 담는 시스템으로 전환했다. 텔레비전이 채트 룸(chat room)으로 변신하고 있는 것이다. 다음 단계는 멀티미디어 메시징 서비스(MMS: Multimedia Messaging Service)다. 이것은 비디오 데이터를 개인 간 주고받는 것을 특징으로 한다.[34]

비디오 데이터를 만들고 공유하는 것은 커뮤니케이션에 있어 또 다른 큰 변화다. 유튜브(YouTube) 같은 웹사이트에 있어 방문자들은 기발한 것에서부터 뉴스가치가 있는 비디오까지 시청할 수 있다. 2006년 말 기준 한 달 동안 유튜브의 방문자 수는 2,000만이었다. 이들 방문자는 매일 1억 편의 동영상을 시청했다. 하루에 게재되는 새로운 동영상 수가 6만 5,000편에 달했기 때문에 가능했다. 2008년 초에는 매일 15만 편의 새로운 비디오가 업로드 되었다. 카메라를 가진 사람들은 언제 어디서든 정치인들의 실수를, 전쟁지역의 생생한 장면 등을 담아 인터넷에 올린다. 과거에는 전문 사진기자 혹은 비디오 기사의 영역이 이제는 동영상을 담을 수 있는 휴대전화를 가진 사람들에게 공개되고 혹은 점령당하고 있다.

비무장 난민이 충격을 받는 것과 같은 대중을 자극할 수 있는 취재기사를 보여주면서 정부 정책의 우선순위에 영향을 주어왔던 'CNN 효과'가 있었던 것처럼 이제는 유튜브의 콘텐츠들이 비슷한 영향력을 행사할 수도 있다. 온라인상의 일부 동영상이 주요보도기관에 의해 인용되고 있다. 나머지 동영상들도 블로거들과 다른 웹사이트들에 의해 퍼져나가고 있다. 이 과정의 속도와 범위가 계속 빨라지며 넓어지고 있다. 이는 전통적인 주류 보도기관에 대한 뉴스 소비자들의 의존도를 낮춰나가고 있으며 셀 수 없이 많은 새로운 정보의 원천을 제공하고 있다.

일부 동영상들은 의심할 여지없이 엉터리들이다. 하지만 방대한 정보 물량을 고려해볼 때 진실을 담고 있는 것들도 적지 않을 것이다. 각국 정부는 검증되지 않는 이미지들의 홍수에 당혹감을 감추지 못하고 있다. 미국 정부 고위관리들은 이라크에 주둔해 있는 미군 병사들에게 군 당국의 심사를 받지 않은 동영상을 인터넷에 게재하는 것을 금지했다. 이런 조치는 물론 뉴미디어의 흐름에 역행하는 것이다. 이란 정부는 인터넷 접속 속도를 늦췄다. 동영상의 업로드와 다운로드를 제한하기 위해서였다. 앞으로 더 많은 제한조치가 취해질 것이 분명하다.35)

유튜브와 유사한 인터넷 사이트들은 이미 많은 비디오 제공자들과 시청자들을 확보하고 있다. 결국 정부가 취하는 여러 제한조치는 도로에 설치된 과속방지턱에 불과할 것이다. 이라크 전쟁의 예를 들어보자. 미국 정부가 전쟁의 참혹성에 대한 보도를 최대한 막으려는 노력을 기울였음에도 불구하고 이는 주류 언론에서만 어느 정도의 성과를 거두었을 뿐이다. 원하는 사람들은 유튜브와 다른 인터넷 사이트를 통해 전쟁의 참상을 충분히 볼 수 있었다. 미군 장병들, 이라크 저항세력 그리고 기타 세력이 올린 비디오 콘텐츠는 전통적인 TV 뉴스의 부족한 부분을 채워주었고 때론 일부 사람들에게는 주류 뉴스의 내용을 대체하는 것으로 받아들여졌다. 시간이 지나면 아마도 '유튜브 효과'에 대한 제대로 된 평가가 나올 것으로 보인다. 이 온라인 매체가 현재 인터넷 이용자들과 시청자들의 정치적 태도에 큰 영향을 주고 있기 때문이다.

○ ⚭ ○

뉴 미디어의 세계는 환상적이다. 역동적으로 성장하고 있다. 첨단기술의 호기심을 모아 놓은 것 이상의 무엇을 제공하고 있다. 뉴 미디어는 또한 세계의 정치역학 변화에 기여하고 있다. 국제적인 시스템이 기반을 둔 전통적 정치 구조의 틀을 변모시키고 있기 때문이다. 이것이 '알-자지라 효과'의 한 측면이다. 그리고 이것은 지구상의 여러 사안에 있어 더 많은 변화를 야기할 것이다.

4
가상국가의 부상

과거 전통적 국가의 개념은 실체적인 존재를 바탕으로 했다. 국경으로 정해진 영토가 있고 세계 지도상에 명확한 위치를 가지고 있다. 우리는 지구본을 돌려 프랑스, 나이지리아, 칠레 등 어떤 나라도 가리킬 수 있다. 아이들도 이런 정치적 지리학을 어렸을 적부터 터득하게 된다. 아이들은 국가라는 작은 조각들을 적당한 자리에 맞추는 퍼즐 게임을 하듯 더 큰 세계에 대해 이해해 나간다.

국경은 확장될 수도 있고 축소되거나 변화할 수 있다. 미국이 루이지애나 지역을 샀던 것이나 서양의 제국주의 세력이 식민지를 분할했을 때처럼 말이다. 국경 분쟁으로 종종 갈등이 발생하기도 한다. 또 전쟁을 통해 새로운 국경이 생성되고 때론 새로운 국가가 만들어지기도 한다. 갈등과 전쟁의 결과물은 정확한 국경선에 대한 논란에도 불구하고 즉각적으로 지도에 반영되는 편이다. 국경이 어떻게 변화하던 간에 국가의 실체는 유지된다.

어쨌든 이는 지정학을 바라보는 전통적인 시각이다. 그러나 주권의 개념이 시대에 따라 변해왔던 것처럼 국가의 정체성에 대한 가설도 변하고 있다. 앤더슨(Benedict Anderson)은 그의 저서에서 다음과 같이 언급했다. "민족은 상상의 정치 공동체다. 이 공동체는 오랜 수평적 동료의식을 특징으로 한다. 지난 2세기 동안 수백만의 사람들이 상상의 공동체를 위해 남을 죽이는 것뿐만 아니라 기꺼이 자신도 죽음을 선택할 수 있게 만든 형제애다."[1]

상상의 공동체가 상상의 국경 안에 존재할 수 있을까? 만약 그렇다면 그 공동체를 단결시키고, 정체성을 형성하고, '수평적 동료의식'의 응집력을 유지시키기 위한 무엇인가가 필요하다. 새로운 통신 미디어가 여기에 기여할 수 있다. 뉴미디어는 구성원의 다수가 공유할 수 있는 지식의 장을 공동체에 제공하고, 전통적 국경을 뛰어넘어 공동체의 정체성을 유지해 나갈 수 있게 한다.

뉴미디어는 상당히 중요하다. 가상국가가 전통적인 정치 구조 내에서 누릴 수 없었던 영향력과 희망을 사람들에게 제공하기 때문이다. 특히 서방의 제국주의 몰락 이후 새로운 국가와 국경이 형성된 지역에서는 더욱 그렇다. 국제정치 역학의 변화로 탄생한 국가들이다. 이들 국가는 외교적 승인 그리고 국경 획정의 논란으로 인해 지도상 표기에 있어 문제점을 가지고 있다. 그러나 이는 주목할 만한 정치적 역동성을 가지고 있다. 이 부분에서 뉴미디어는 큰 역할을 한다. 이들 국가의 정치적 실재는 통신기술의 발달정도에 따라 여러 수준으로 격상될 수 있다. 림(Merlyna Lim)이 관찰한 바에 따르면 인터넷은 "국가 정체성을 강화시키는 한편 또 탈영토화 된 정체성을 북돋운다." 그리고 경우에 따라서는 "탈영토화 된 새로운 위계질서"를 형성하는데 도움을 줄 수 있다.[2]

예를 들어보자. 레바논 남부에 거점을 둔 히즈불라(Hezbollah, 알라의 당이라는 뜻으로 원어발음에 기초해 히즈불라로 전사한다 — 역자 주)는 수십 년간 국가 내 국가로 존재해 왔다. 소규모 민병대에서 시작해 레바논 내각의 장관들을 배출하는 정치 조직으로 성장했다. 또한 의료서비스부터 축구팀에 이르는 사회사업을 지원해 왔다. 시리아와 이란의 정치적 그리고 물질적 지원에 힘입어, 히즈볼라는 이스라엘과 전쟁을 시작하기에 충분한 여력이 있다고 자체적으로 판단했다. 이런 자신감과 조직력을 통해 히즈볼라는 하마스와 같은 반(反)이스라엘 무장투쟁 단체들의 모델이 되어왔다. 하지만 히즈볼라는 그 스스로를 하나의 국가적 존재로 규정하지는 않았다. 대신 레바논 내에서의 권력 획득과 영향력 확대에 초점을 맞췄다. 결국 히즈볼라는 부(副)국가(sub-state)로서의 전통적인 정치적 정체성을 유지해 왔다.

히즈볼라 외에 다른 사례를 고려해 봐도, 가상국가 설립에 딱 들어맞는 청사진은 존재하지 않는다. 정치적 의지와 리더십도 요구되지만, 안정적인 정보의 흐름 또한 없어서는 안 된다. 핵심은 가상국가가 정치와 통신의 결합이라는 것이다.

쿠르디스탄의 가상주권

쿠르드족은 쿠르디스탄이야말로 국가 없이 존재하는 세계에서 가장 거대한 민족이라고 자주 이야기 한다. 쿠르드족의 인구는 2,500만에 달한다. 그들은 전 세계에 걸쳐서 살고 있지만 대부분은 이라크나 터키 그리고 시리아에서 살고 있다.[3]

'쿠르디스탄'은 아직도 신기루 같은 존재이다. 관심을 보이는 누구에게나 쿠르드족은 기꺼이 쿠르디스탄 지도를 건네 줄 것이다. 미국을 포함한 몇몇 국가들도 이라크 북부지역의 독립적 쿠르드 지역을 암묵적으로 인정해 왔다. 1991년의 걸프전쟁 이후 특히 2003년의 사담 후세인 정권 몰락 이후에는 더욱 그렇다. 하지만 긴장이 감돌고 있는 쿠르드 지역에 있어, 기존의 관련 국가들과 여러 가지 정치적 요인들이 또 다른 '진정한' 국가의 탄생을 가로막고 있다.

계속되는 쿠르드족의 정치적 정체성의 위기는 제1차 세계대전의 승전국들이 내린 결정사안들에서 그 뿌리를 찾을 수 있다. 영국 수상이었던 처칠(Winston Churchill)은 쿠르디스탄 국가 수립을 원했다. 쿠르디스탄이 '터키와 러시아를 견제할 완충지대로서의 우호적인 국가'가 돼 줄 것이라고 생각했다. 하지만 중동지역에 대한 분할이 결정된 1921년의 카이로 회담이 열릴 무렵, 처칠은 쿠르드 국가 수립이 필요하지도 않고 현명하지도 않은 일이라고 주장하는 세력들에 의해 설득당했다.4) 다른 중동국가의 운명이 그랬던 것처럼, 쿠르드족의 지위에 관한 사안은 다른 문제들로 인해 큰 관심을 끌지 못했다.

이후 쿠르드족은 주로 이라크, 터키, 그리고 시리아 정부와 국민에 의해 지속적인 억압을 받아왔다. 그렇다고 쿠르디스탄 국가 설립의 신념을 결코 포기한 적은 없었다. 그러나 민족의 결속을 유지하는 것은 쉬운 일이 아니었다. 대표적인 장애요소는 쿠르드 공용어가 존재하지 않는다는 점이다. 버드(Christiane Bird)는 전쟁과 다른 정치적 격변들로 인해 쿠르드족의 이주가 빈번해 지면서 쿠르드어 방언들이 서로 뒤섞일 수 있는 기회가 늘어났지만, "케르만지(Kermanji)어를 말하는 쿠르드족과 소라니(Sorani)어를 말하는 이들은 여전히 서로 이해하지 못하고 있다"고 지적했다.5) 쿠르드족 사이의 정치적 내분 또한 그들의 정치적 영향력을 약화시킨 요인 중 하나다. 사담 후세인 정권 몰락 이후 쿠르드족이 장악한 북부 지역이 이라크 내에서는 상대적으로 가장 안전하고 번창한 곳으로 부상하면서, 쿠르드족은 불편하지만 나름대로의 화합을 이끌어내는데 성공했다. 그러나 쿠르드족의 정치 패턴은 여전히 심각한 파벌양상을 보이고 있다. 두 정치 집단이 행정과 치안에 있어서도 유사한 역할을 수행하고 있다. 심지어 쿠르드 지역에는 각 정치 세력을 위한 두개의 이동통신회사가 있다. 한 정치 세력권에서 다른 세력권으로 이동할 때, 휴대전화 사용자들은 전화기를 열어 다른 통신사의 메모리 카드를 집어넣어야 함을 의미한다.6)

이러한 모든 이야기들은 서로 단결하지 못하는 느슨하고 무력한 '민족'에 대해 말하는 것처럼 보인다. 하지만 이러한 정치적 내분에도 불구하고 지난 십여 년 사이에 화합의 수단이 등장했다. 바로 새로운 쿠르드 미디어이다. 위성 TV와 최근 등장한 인터넷은 쿠르드족에게 오랫동안 정의하기 어려웠던 쿠르드 정체성의 실체를 부여해 주었다. 그러나 가상의 화합을 향한 이런 발걸음도 또 다른 정치적 걸림돌에 직면하게 된다.

1995년 최초의 쿠르드 위성 TV 채널인 MED-TV가 방송을 시작했다(MED는 쿠르드의 인도유럽어족 조상들인 메데[Medes, 메디아인들]로부터 따온 약자다. 흥미롭게도 메데인들이 건설한 나라 이름이 바로 메디아[Media]로 알려져 있다). MED 채널은 영국의 독립 텔레비전위원회(ITC: Independent Television Commission)에 인가를 받은 영국 거주 쿠르드인들이 추진한 프로젝트다. 이들은 '하늘의 주권(sovereignty in the sky)'을 획득하고자 이 방송 사업을 착수했다. 채널의 프로그램 구성은 쿠르드인들의 정체성을 강화하는 것을 목적으로 한다. 성인들에게는 쿠르드어로 번역된 뉴스를 제공하고 어린이들에게 쿠르드어를 가르치는 것에 주안점을 두었다. 쿠르드 국기와 국가가 이 채널을 통해 매일 방영되고 있다.[7]

이 위성채널은 출범 직후 바로 '쿠르디스탄' 내 관심과 주목을 끌었다. 채널은 매일 18시간씩 여러 쿠르드어 방언은 물론 터키어, 아시리아어, 아랍어, 그리고 영어로도 방송을 내보냈다. 유럽과 중동에 거주하는 쿠르드족은 당연히 방송을 시청할 수 있었다. 이어 터키를 중심으로 쿠르디스탄의 시골 마을에서도 이 채널을 시청하기 위해 위성접시 안테나가 우후죽순 올라서기 시작했다. 수감 중인 터키 의회 내 쿠르드족 출신 의원들은 이 방송에 대해 다음과 같이 평했다. "MED-TV 덕분에 쿠르드 언어가 다시 살아 숨쉬기 시작했다. 쿠르드어를 질식시키고자 했던 이들에게는 이 방송이 위협적인 존재로 부상했을 것이다. 이 채널은 민족 자결권이 인정받기를 원하는 쿠르드인들의 소망을 말해주는 단적인 예다. MED-TV는 쿠르드족을 하나로 끌어당기는 자석 역할을 하고 있다." 그러나 터키정부는 상당히 다른 시각으로 MED-TV를 바라본다. 터키정부의 한 관리는 "MED-TV는 쿠르드노동자당(PKK)의 게릴라 공격보다 터키 안보를 더욱 위협하고 있다"고 주장했다.8)

터키 내에서 쿠르드 방송 시청용 위성 접시 판매자와 사용자는 국가로부터 위협을 받는다. 때때로 MED-TV의 황금 시간대에는 쿠르드 마을에 정전사태가 발생하기도 했다. 1999년 터키정부는 영국의 방송 규제위원회에 MED-TV가 방영한 인터뷰 내용의 대본을 항의차원에서 전달했다. 터키정부에 대항할 것을 촉구하는 내용이 담긴 인터뷰였다. 영국의 ITC는 채널에 대한 방송 허가를 취소했다. 방송은 중단되었다. ITC는 '법적 문제'를 언급하며 허가 취소를 결정했다고 언급했다. 하지만 MED-TV의 지지자들은 영국의 결정이 터키의 외교적 압력으로 취해졌다고 비난했다.9)

MED-TV는 프랑스에서 허가를 받고 출범한 미드야 TV(Medya TV)로 신속하게 대체되었다. MED-TV처럼 이 방송도 쿠르드어와 쿠르드 문화에 초점을 두었다. 하지만 다시 MED-TV와 마찬가지로 단명하고 말았다. 터키 정부의 항의 때문이었다. 2004년 2월 프랑스 법정은 PKK 대변인들이 방송에 출연했다는 이유로 Medya TV가 '공공질서를 해칠 위험성'을 가지고 있으며 결과적으로 방송허가를 유지할 자격이 없다고 판결했다.10)

쿠르드족은 이에 굴하지 않았다. Medya TV가 사라진 지 며칠 지나지 않아 쿠르드족은 또 다른 새로운 채널을 가지게 되었다. 바로 로즈(Roj, 태양) TV다. 이번에는 덴마크에 본부를 두고 방송을 시작했다. 터키 정부 당국자들은 즉시 덴마크 정부에 불만을 표했다. Roj TV가 PKK와의 연계돼 있다는 주장을 제기하면서다. 이에 대해 터키 남동부 쿠르드 지역의 54개 도시 시장들은 위성채널이 계속 방송을 내보낼 수 있도록 허용해 달라는 탄원서를 덴마크 정부에 보냈다. Roj TV도 PKK와 거리를 두고 있다고 주장했다. 사실 이 채널은 PKK가 제공한 화면을 내보내고 있었다. 터키 군대를 공격하는 쿠르드족 게릴라 활동에 관한 내용이었다. 그러나 덴마크는 다른 유럽국가와는 다른 결정을 내렸다. 2008년 봄 덴마크 미디어 사무국은 터키 정부의 이의를 기각하고 Roj TV가 방송을 계속하도록 허가했다.

　터키의 입장도 다소 변했다. 유럽연합(EU: European Union) 가입을 위한 노력의 일환으로다. 터키정부는 쿠르드어 방송에 대한 금지 조치를 철폐했다. 하지만 일주일에 4시간만 방송하고, 어린이 프로그램과 '정치적' 주제에 대한 토론 프로그램은 허용치 않는다는 제한을 두었다. 문제는 터키의 이 같은 접근법이 영원히 통하기는 어렵다는 점이다. 미디어로 고양된 쿠르드 정체성은 점점 강해져 갈 것이기 때문이다. 다른 곳과 마찬가지로 터키 내 많은 가정이 점차 위성 안테나를 갖게 될 것이고 보다 더 낮은 비용으로 더 많은 위성채널이 방송을 원하는 단체에 제공될 것이다. 결과적으로 Roj TV와 다른 쿠르드어 방송국들은 터키뿐만 아니라 세계의 다른 어떤 지역에서 더 많은 쿠르드족 시청자에 접근할 수 있을 것이다. 이들 쿠르드족은 또한 인터넷상에 등장하는 여러 쿠르드어 채널을 시청할 수도 있다.

　한 쿠르드족 여인이 좋은 예다. 그녀는 터키에 살지만 터키어를 말할 줄 모른다. 반면 Roj TV의 열렬한 시청자다. 그녀는 한 기자에게 이렇게 말했다. "Roj TV는 쿠르드인들의 감정, 우리의 의견을 반영합니다. 쿠르드인들의 거울인 거죠."[11] 방송을 통해 이 여인은 이제 더 큰 쿠르드 공동체에 연결돼 있다. 위성 TV를 통해 생겨난 유대감을 바탕으로 더 명확한 문화적 그리고 정치적 정체성을 가진 공동체다. 그녀는 쿠르디스탄의 일부분이 된 것이다.

　인터넷은 쿠르드족의 상호유대를 더욱 강화하고 있다. 한 예로 KurdistanWeb.com은 사이트의 존재 이유를 아래와 같이 설명하고 있다.

인터넷은 전 세계 곳곳에 흩어져 사는 쿠르드족에게 서로 토론할 수 있는 장을 열어주고 있다. 더불어 쿠르드족의 문화, 정치, 그리고 전통에 대해 다른 사람들에게 소개할 수 있는 기회를 제공하고 있다. 특히 터키와 같이 통제된 사회에 살고 있는 수백만의 쿠르드족에게 지금까지 금지돼왔던 사안들을 공개적으로 토론할 수 있는 공간을 만들어주고 있다. 그리고 구라니(Gurani)어, 칼후리(Kalhuri)어, 펠히(Pehli)어, 헤우라미(Hewrami)어, 키마샤니(Kimashani)어 등과 같은 방언을 쓰는 소규모 쿠르드 공동체가 자신들이 목소리 내고, 수천 년 역사를 가진 그들의 문학을 소개할 수 있도록 돕고 있다. 이런 정보를 제공하는 서비스를 통해 쿠르드족도 전 세계 다른 위대한 국가들이 가진 것과 같은 권리와 자유를 성취할 수 있을 것이라고 KurWeb 운영자들은 확신하고 있다. 쿠르드족의 합법적이고 평화적인 열망은 쿠르드족이 아닌 다른 나라 국적의 KurWeb 사이트 방문자들이 누리는 기본적인 권리와 조금도 다르지 않다. 삶, 자유 그리고 평등을 포함하는 기본적 권리다.[12]

또 다른 사이트인 KurdishMedia.com은 그 스스로를 '쿠르드족과 쿠르디스탄에 관한 원스톱샵(one-stop-shop) 정보 제공자'임을 자처한다. 또한 설립 목적에 "국제 사회에 쿠르드족을 문명화된 민족으로 소개하는 것"과 쿠르디스탄을 "'중동의 심장부에 위치한 평화의 섬'으로 알리는 것"을 언급하고 있다.[13] 이 사이트는 700여개에 달하는 다른 쿠르드 관련 웹사이트와의 링크를 제공한다. 이들 링크 사이트에는 쿠르드어 뉴스, 음악, 그리고 벨소리까지 제공하는 Kurdland.com과 뉴스 및 다른 사이트와의 링크는 물론 데이트 서비스를 특징으로 하는 Kurd Net이 있다. 총체적으로 이런 수 백 개의 웹사이트들은 부상하고 있는 가상의 공동체를 구성하고 있다. 이라크 내 쿠르드 지역에서 정치적 그리고 경제적 성숙이 진행되고 있는 가운데 쿠르드족이 운영하는 인터넷은 국가로 인정을 받겠다는 쿠르드족의 열망이 좀 더 가시화되고 합법화 되도록 돕고 있다.

여기 한 국가가 있다. 지도에 표시돼 있지도 않고 외교적 승인이라는 공식적인 정통성도 없다. 그렇지만 이 국가는 심각하게 받아들여져야 한다. 쿠르드족의 가상 민족주의는 통신 장치가 보여주는 것 이상이기 때문이다. 그들의 정치적 움직임은 오랜 기간 동안 존재해왔다. 하지만 (이미 널리 퍼진 인쇄매체와 라디오와 더불어) 쿠르드어 위성 방송과 인터넷을 통해 새로운 활력을 얻고 있다. 시리아, 터키 등의 나라에 살고 있는 쿠르드족 공동체와 전 세계에 흩어져 있는 쿠르드 개개인들은 Roj TV와 다른 위성채널들 그리고 웹사이트를 통해 공통의 문화와 정치를 더욱 강화시킬 수 있는 역량을 공유하고 있다.

인터넷은 특히 중요하다. 인터넷의 쌍방향성 특성은 단지 정보를 일방적으로 받는 것 뿐 만 아니라 쿠르드족이 서로 소통하도록 권하고 있다. 인터넷에 대한 접근이 점차 폭넓게 용이해지면서 가상국가와 개인의 연계가 훨씬 강화되고 있다. 이는 보다 큰 쿠르드 공동체에 대한 소속감을 키워주고 있다. 대화와 다른 수반활동을 촉진시키는 소통은 앤더슨이 언급한 것처럼 '수평적 동료의식'을 고취시킨다.

가상국가로서 쿠르디스탄은 하나의 패러다임이 되었다는 점에서 중요하다. 쿠르디스탄 외에도 지도상에 표기 되지 않는 몇몇 다른 공동체들이 따를 수도 있는 방향을 제시해주었기 때문이다. 이러한 공동체는 대부분 개도국에 존재하며, 더욱 확고한 정체성을 확립하기를 갈망한다. 정책 결정자들은 여기에 주목해야 한다. 이 새로운 패러다임은 분리주의를 조장할 수도 있고, 지정학적 현상(status quo)에서 탈피하기를 원하는 구성원들을 포함하는 전통적 국가의 안정성에도 영향을 끼친다. 또한 새로운 행위자들이 자신들의 요구를 주장하고 정치경제적 역학의 균형을 변화시키려 노력하면서 지역적 안정성에도 악영향을 줄 수 있다.

공식적으로 분리하거나 독립된 쿠르디스탄 공화국을 선포하는 것까지 가지 않더라도 쿠르드 가상국가는 지역 내에서 보다 중요한 행위자로 계속 부상할 것이다. 석유 매장량과 상대적으로 평화로운 분위기가 쿠르드의 경제성장에 기여하고 있기 때문이다. 터키는 국경 안에 존재하는 이 다루기 힘든 쿠르드 공동체에 대한 영향력을 저울질하며 현재 상황을 면밀히 주시하고 있다 (쿠르드족은 터키 총인구의 20퍼센트를 차지하고 있다). 터키 군대는 반군을 추적하면서 이라크 북부의 쿠르드 지역까지 국경을 넘어서고 있다. 여러 시나리오가 등장할 수 있고 이에 따라 이라크 쿠르드족과 터키 당국 간의 긴장을 고조시킬 수 있다. 이런 사건과 시나리오는 미국, 터키 등이 가입하고 있는 북대서양조약기구(NATO) 내 여러 국가들의 외교적 문제도 야기하고 있다.

총인구의 10퍼센트 미만이지만 상당한 쿠르드족 인구를 가지고 있는 '불량국가' 시리아 또한 쿠르드 관련 분쟁에 있어 골 아픈 당사국이 될 수 있다. 만약 이런 문제로 인해 긴장이 고조된다면, 가상의 쿠르디스탄이 존재하는데 기여해 온 통신 미디어는 그 중요한 순간의 정치적 분위기를 끓어오르게 하거나 누그러트리는데도 결정적인 역할을 할 수 있다. 갈등을 막거나 해결하고자 하는 누구라도 이런 미디어의 중요성을 인지해야 한다.

위성 TV와 인터넷이 존재한다고 해서 가상이든 아니면 다른 형태든 국가 정체성에 대한 문이 스스로 열리는 것은 아니다. 결속을 위한 수단이 효과적으로 이용되기 위해서는 강력한 정치적 리더십과 소속 단체들 간에 폭넓게 공유된 굳은 결의가 있어야 한다. 그러나 이러한 전제조건에도 불구하고 쿠르드족의 사례는 세계의 지도와 정치가 어떻게 변화할 수 있는지를 보여준다. 더 이상 지구의 구성은 전후 국제회의의 음모나 다른 강대국 일방적 결정에 좌우되지 않을 것이다. 당사자들의 바람을 바탕으로 하는 현실을 전혀 고려하지 않고 민족과 국가를 갈라놓고 합쳐버린 그런 결정은 더 이상 받아들여질 수 없다. 뉴미디어가 민족의 정체성을 강화시킬 수 있기 때문이다. 가상국가의 시대는 이미 진행형이다.

중동 그리고 글로벌 이슬람

국제적 무슬림 공동체 안에서 등장하고 있는 가상의 역동성을 언급하기 전에 먼저 이 공동체의 구조에 대해 살펴보는 것이 필요하다. 무슬림 공동체가 얼마나 광범위한가? 그 리더십과 영향력은 얼마나 그리고 어디까지 미치고 있는가? 먼 지역에서 제기된 사안들이 관심과 열정을 이끌어 내고 있는가 아니면 중동지역에 국한된 사안들이 그 보다 큰 사안에 우선하는가? 세계화는 전 세계 이슬람의 영향력을 강화 시키고 있는가 아니면 약화시키고 있는가?

이러한 질문들은 다양한 답을 유도해 낸다. 먼저 무슬림 공동체가 얼마나 확대될 것인가에 대한 질문에 대해 여러 학자들은 우려 섞인 답을 내놓는다. 로이(Olivier Roy)는 '글로벌 무슬림'을 "(주로 서방의) 비 무슬림국가에서 영구히 정착한 무슬림들 혹은 기존의 이슬람 문화의 영역에서 벗어나 조용한 방법으로 때로는 정치적 행동을 통해 세계적 움마(ummah, 이슬람 공동체 – 역자 주)에 속해 있음을 강조하는 무슬림"으로 규정한다. 로이가 관찰한 바에 따르면 "이슬람과 서구 간의 경계가 모호해진 것은 단지 이주의 결과가 아니다. 이것은 좀 더 일반적인 현상인 탈영토화와 관련이 있다. 이슬람은 특정 영토나 지역에 한정되지 않고 점점 그 경계를 벗어나고 있다. 이주 인구가 증가하면서 많은 무슬림들이 비무슬림 사회에 살고 있다." 그는 또 세계화가 "탈민족화(de-ethnicizing)한 이슬람을 조장하고 있으며, 종교적 신념이 유일한 잣대인 공동체를 설립하려는 노력은 다른 특정 문화나 민족성을 부정하는 것을 전제로 한다"고 덧붙였다[14].

이런 현상은 중차대한 사안이다. 종교적 신념의 힘과는 관계없이 이 공동체가 개인의 문화와 민족성을 뛰어넘을 만큼 강력한 것일까? 그것이 가능한 것인지 혹은 필수적인 것인지 여부는 아직 확실치는 않다. 하지만 국가/문화 정체성이 가지는 최소한의 영향력이 과소평가 돼서는 안

된다. 세속적인 맥락에서 본다면, 이는 유럽연합의 결성 및 운용과도 상당히 유사한 사안이다. 현재까지는 초국가적 '공동체'의 개념은 구성국가의 개별적 이익이 어느 정도 달성되거나 유지되는 선까지만 적용되고 있다. 몇몇 사람들은 이슬람의 종교적 원리가 EU의 정치보다 더 강력한 호소력과 구체성을 가지고 있다고 주장하기도 한다. 결과적으로 이슬람은 공동체의 통합을 더 확실히 달성할 수 있는 잠재력을 가졌다는 얘기다. 그러나 어떤 것이라도 그것의 진정한 세계화는 그렇게 쉽게 이뤄지지는 않는다.

쿠란 49장 10절은 "믿는 자들은 한 형제다"고 말하고 있다. 이슬람 움마의 핵심 개념이다. 물론 '믿는 자' 그리고 '형제'가 포함하는 범위 등에 있어 다양한 번역과 해석이 나오고 있지만 말이다. 샤디드(Anthony Shadid)는 역사적인 관점에서 움마를 "무함마드의 추종자들이 아라비아의 가문과 부족 연대감을 뛰어넘어 전체 무슬림을 바라보기 시작했을 때 생겨난 이슬람 공동체의 개념"이라고 정의했다. 오늘날 불락(Ali Bulac, 터키의 저명한 사상가 - 역자 주), 마디(Abu-Ela Maadi, 이집트의 이슬람 운동 지도자 - 역자 주)와 같은 몇몇 이슬람 학자들과 정치인들은 움마가 서구식 세속적 시민 사회에 대한 민주적이면서도 광범위한 현대적 대안이 돼야 한다고 역설하고 있다. 샤디드에 따르면 몇몇 활동가들은 "공동체의 활동은 종교적 의무이자 성공적인 정치 프로그램이어야 하며, 위로부터 강요하는 것이 아니라 공동체로부터 그 정통성과 생명력을 끌어내는 민주화의 원동력이어야 한다"고 주장한다.[15] 그러나 이슬람 원리주의자들은 민주주의를 이슬람 공동체의 응집력을 저해하는 것으로 삐딱하게 보곤 한다.

인구 이동도 움마의 응집력에 대한 가정을 복잡하게 만든다. 이슬람 세계 안에서, 특히 중동의 일부 아랍국가들에서 발견되는 민족의 이동은 이슬람의 토대가 확대되고 있음을 반영한다. 이에 대한 이슬람 전문가 데브지(Faisal Devji)의 주장은 다음과 같다. "그동안 중동에서 비아랍 무슬림과 비아랍 이슬람의 중요성은 저평가 되어왔다. 그러나 공식 통계에서조차 아라비아 반도 지역에서 비아랍 근로자 인구가 크게 늘어나고 있음이 나타나고 있다. 더불어 영어를 통해 이슬람의 이념과 사상을 전 세계에 알리는데 있어서 비아랍 무슬림들은 주도적인 역할을 하고 있다. 때문에 아랍인들의 중동이 과격 이슬람의 본산이라는 주장이 이제 무색해 지고 있다."

데브지는 두바이를 대표적인 예로 제시했다. "두바이의 공공장소에서 사람들은 아랍어는 물론 우르드어(Urdu, 파키스탄의 언어 - 역자 주)와 스와힐리어(Swahili, 동부 아프리카의 주요 언어 - 역자 주)를 들을 수 있을 것이다. 두바이로 대표되는 이 새로운 사회관계는 새로운 지하드(Jihad)의 개념과 성격이 형성되는 사회 환경과 유사하다. 이는 왜 지하드가 민족 혹은 지역이라는 정체성보다는 새로운 담론으로 중동 혹은 아랍세계의 정체성을 재형성하는지를 설명해준다. 전통적으로 중동 혹은 아랍은 집단적 정치 혹은 경제문화로 특징지어지는 독특한 인구통계학적 그리고 지리적 존재로서 규정되어 왔지만, 이제 이런 정의 자체가 바뀌고 있다는 것이다."[16]

지하드를 움직이는 힘이 특정 집단에서 나올 수 있는지를 판단하는 것은 무슬림들의 국제화를 이해하는데 있어 한 단면일 뿐이다. 쿠웨이트, 카타르 등 걸프 국가에서 혹은 다른 중동지역을 방문하거나 체류해 본 경험이 있는 사람들은 이들 국가에서 데브지가 언급한 것처럼 많은 비아랍 무슬림들을 만나봤을 것이다. 이들은 주로 남아시아인들로 대부분 아랍어를 하지 못한다. 이들은 중동 내 서비스 산업의 토대를 형성한다. 대부분 현지 아랍인들이 기피하는 일을 도맡아 하는 것이다. 직업을 얻기 위해 사람들이 쉽게 여러 나라를 옮겨 다닐 수 있다는 점은 세계화의 한 요소다. 이는 단지 노동력을 재구성 한다는 차원을 뛰어 넘는 결과를 가져온다. 이들 남아시아 근로자들은 보통 하위계층으로 여겨지고 시민권을 받을 수도 없지만, 이민자들이 다른 지역에서 하는 것처럼 중동의 모습을 변화시키고 있다.

사람들이 이동하는 것처럼 정보도 쉽게 흐른다. 이러한 정보의 흐름은 이슬람의 정치적 특성에도 영향을 주고 있다. 위성 TV와 인터넷은 전 세계 시청자들에게 이스라엘-팔레스타인 분쟁을 보다 가깝게 느끼도록 하고 있다. 다양한 정보 공급자가 생겨나 이들 중 일부가 친이슬람 그리고 친팔레스타인 시각을 제공하면서, 이스라엘-팔레스타인 분쟁과 관련한 뉴스는 무슬림 시청자들에게 중대한 영향을 미치고 있다. 코헨(Stephen P. Cohen)은 "이스라엘-팔레스타인 분쟁 간 전쟁은 우리가 무시할만한 단지 중동지역의 민족적 갈등이 아니다. 이 전쟁은 수많은 위성 텔레비전과 수많은 위험 무기들로 연결돼 수백만 명의 사람들에게 영향을 미친다"고 지적했다.17)

이런 반향의 한 예로 2002년 조그비(Zogby)의 여론조사 결과를 들 수 있다. 당시 65퍼센트의 인도네시아인들은 팔레스타인을 '가장 중요한' 혹은 '매우 중요한' 국제적 사안이라고 답했다. 2003년 퓨 글로벌 애티튜드 조사(Pew Global Attitudes Survey)도 68퍼센트의 인도네시아인들이 아라파트(Yasser Arafat, 팔레스타인해방기구의 지도자 – 역자 주)를 가장 신뢰하는 국제적 인사로 여긴다는 결과를 보여주었다.18) 알-카에다의 제2인자인 알-자와히리(Ayman al-Zawahiri)는 그의 저서 『예언자 기치 하의 기사들(Knights Under the Banner of the Prophet)』에서 다음과 같이 주장했다. "팔레스타인 문제가 지난 50년간 모로코에서부터 인도네시아까지 전 세계 무슬림들을 격앙시켜온 원인이라는 점을 받아들이지 않을 수 없다. 이 사안은 또 독실한 신자이든 아니든 혹은 선하든 악하든 모든 아랍 민족을 집결시키는 역할을 수행해 왔다."19)

이런 역할을 수행하는데 있어 통신매체는 사람들이 먼 곳을 가깝게 느끼도록 만들어 준다. 특히 많은 뉴스 공급자들이 생방송을 통해 지속적으로 상황을 전할 때 사람들은 자신들이 현장에 있는 것처럼 느끼곤 한다. 이런 환경에서 팔레스타인은 인도네시아의 이웃이 될 수 있는 것이다. 지구촌 안에서 이웃의 곤경은 더 많은 관심을 끌고 있기 때문이다. 그렇다고 해서 하나의 정치적 현상이 무슬림 세계의 똑 같은 관심을 불러일으킨다고 생각해서는 안 된다.

특정 사안의 중요성에 대한 동감이 있을지라도, 다양한 가치들이 서로 다른 방식의 행동을 가져오게 한다. 위크토로위츠(Quintan Wiktorowicz, 미국의 과격이슬람운동 전문가 - 역자 주)는 사우디아라비아에 기반을 둔 살라피(Salafi, 조상이라는 뜻으로 과거 조상들이 이룬 이슬람의 영광을 회복하자는 운동으로 - 역자 주) 운동이 전 세계의 다른 지역으로 그 영향력을 넓혀가려 했을 때 어떻게 분열하게 되었는지를 다음과 같이 설명했다. "수피(Sufi, 이슬람 신비주의 - 역자 주) 관행이 지배적인 체첸에서는 아랍 무자히딘(Mujahidin, 성전을 수행하는 자들 - 역자 주)의 살라피 사상이 체첸 반군들의 이슬람에 대한 이해와 정면으로 충돌해(원리주의 살라피 운동은 수피 관행을 이슬람의 근본정신에서 벗어난 것이라고 간주 함 - 역자 주), 체첸인들과 아랍 동맹세력 간에 갈등을 야기했다. 체첸 종교지도자들과 살라피 투사들과의 대화도 성과를 거두지 못했으며, 결국 파벌 간 충돌과 내부적 갈등이 발생했다."20) 중동 내부에서 조차 이슬람의 가치를 놓고 아랍국가들 사이에 긴장이 존재하며, 위성채널과 다른 매체들이 특정 가치를 전파하려 할 때 그 긴장은 더욱 고조된다. 사크르(Naomi Sakr, 영국 웨스터민스터 대학 아랍미디어센터 소장 - 역자 주)도 1990년대 초 "이집트 평론가들은 사우디 종교세력이 그들 고유의 '부족의 가치에 바탕을 둔 사우디 방식의 이슬람 가치'를 이집트 정치 및 사회에 각인시키기 위해 위성매체를 이용하려 하는 것에 대해 여러 차례 경고했다"고 지적했다.21)

인도네시아에서도 글로벌한 것과 지역적인 것 사이에 충돌이 감지되었다. 특히 이슬람과 정치 및 문화와의 보다 밀접한 결합을 위한 노력의 일환으로 일부 인도네시아 무슬림들이 이슬람주의 사상을 중동으로부터 도입하면서 이런 현상이 발생했다. 버발로(Anthony Bubalo)와 필리(Greg Fealy)는 이 현상을 아래와 같이 기술했다.

중동을 여행했던 몇몇 인도네시아 학생들은 무슬림형제단(Muslim Brother-hood, 1928년 이집트에서 설립된 이슬람사회운동 – 역자 주)의 사상에 영향을 받아 돌아왔다. 외부로부터의 더욱 해로운 이념들도 1980년대와 1990년대 아프가니스탄에서 소련연방에 대적해 성전을 수행하면서 알-카에다의 차세대 지도부 및 활동가들과 인맥을 구축한 인도네시아사람들에 의해 유입되었다. 하지만 이슬람주의, 혹은 신(新)원리주의 과격사상은 주로 중동에서 왔다. 특히 사우디아라비아에서 온 정부 그리고 민간 선교단체들의 활동은 인도네시아 무슬림 공동체 내 살라피 풍조의 출현에 결정적인 역할을 했다. 이러한 과격주의 사상의 여파는 다양하게 나타났다. 무슬림형제단의 이념과 사상은 다소 부정적인 측면을 가진 이슬람주의 번영복지당(PKS: Prosperous and Welfare Party)이 인도네시아 정치에 긍정적인 역할을 하도록 도왔다. PKS의 일부 당원들이 표출하는 반유대주의적(anti-Semitic) 그리고 반서방적 시각도 중동으로부터 들어 온 사상에 영향을 받은 것이다. 사우디아라비아의 지원을 받는 다수의 인도네시아 단체는 이슬람 신앙심을 고취시키는 활동에 집중하고 있다. 때로는 극히 엄격한 규율을 적용한다. 이들 중 일부는 폭력적 종파 분쟁에 가담해왔다. 더욱 문제가 되는 것은 알-카에다와 다른 중동지역의 과격단체들이 인도네시아 테러 단체인 제마 이슬라미야(Jemaah Islamiyah, 직역하면 '이슬람 단체'라는 뜻임 – 역자 주)의 이념과 행동방식에 직접적인 영향을 주고 있다는 점이다.[22]

중동에 기반을 두고 전 세계 무슬림들을 향한 이러한 포교 노력은 새로운 것이 아니다. 이러한 노력은 널리 퍼져 있는 글로벌 미디어를 통해 더욱 증대되고 있다. 전 세계에 살고 있는 대부분 무슬림들은 미디어를 통해 이러한 메시지를 접하면서 자신들의 일상생활은 물론 개인적 그리고 사회적 가치에 접목시키고 있다.

정보는 사람이 다른 사람을 어떻게 보고 그들의 생각을 어떻게 받아들이는지를 변화시킨다. 정보는 또 기대치를 변화시키고 지적, 정신적 성장을 돕기도 한다. 결과적으로 정보는 긍정적이든 부정적이든 중대한 정치적 변화를 야기할 수 있다. 지금 이슬람은 전 세계에 영향을 주면서 이러한 변화를 주도하고 있다.

가상의 움마

국제화한 이슬람이라는 맥락에서 가상의 쿠르디스탄보다 더 큰 규모의 가상국가를 생각해보자. 전 세계 무슬림 형제들에게 영향을 주는 사안에 관한 인식이 확대되었음에도 불구하고 응집력 있는 존재로서의 움마는 환상이며 또 앞으로도 그럴 것이라고 사람들은 생각했었다.

그러나 상황은 점차 변하고 있다. 요르단 수도 암만에 사는 무슬림, 인도네시아 수도 자카르타에 사는 무슬림, 세네갈의 수도 다카르에 사는 무슬림, 캐나다 토론토에 사는 무슬림이 만난다면 아마도 서로 거의 할 말이 없을 것이다. 언어, 문화, 정치 제도가 너무나 다르기 때문일 것이다. 이러한 차이점들은 공통의 종교적 신념이 제공하는 연계성보다 더 강력하기 때문일 것이다. 2006년 덴마크 언론이 야기한 무함마드 만평 사태 이후 뉴욕타임스의 인도네시아 출신 기자 라슬란(Karim Raslan)은 다음과 같이 적었다. "그렇다. 우리는 이슬람 신자들의 대가족, 움마의 일부다. 다마스쿠스, 테헤란, 혹은 카이로에 사는 무슬림들과 연대감을 가질 수밖에 없다. 하지만 아랍 거리에서의 폭발적인 대응이 이곳 인도네시아까지 전파되지는 않고 있다. 우리 중 많은 사람들이 점점 더 우리가 아랍어와 우르두어를 구사하는 형제들과는 다르다고 생각하고 있다. 아마도 더 관용적이고 덜 감정적인 존재로 우리 자신을 규정하고 있다."23) 그럴 수도 있다. 그러나 멀리 떨어져 사는 무슬림 형제들에게 영향을 미치는 종교적, 정치적 인식이 점차 확대되고 있다는 점을 잊지 말아야 한다. 물론 이러한 종교적, 정치적 사안들이 부각될 수 있을 지 여부는 전 세계에 산재해 있는 이슬람 신자들 사이의 유대감 정도에 달려있다. 하지만 정보의 흐름은 관심을 유발할 수 있고, 모호할지라도 최소한의 동료의식을 일으킬 수 있다. 이를 기점으로 더 긴밀한 유대가 발전한다.

『아랍국가계의 뉴미디어』의 공저자 아이클만(Dale Eickelman)과 앤더슨(Jon Anderson)은 다음과 같이 지적했다. "물론 무슬림들도 신자로서의 의식뿐만이 아니라 계층의 이익, 민족주의적 정체성, 부족 혹은 가문의 연대, 그리고 인간의 행동양식을 결정하는 다양한 동기에 따라 행동한다. 그러나 점점 더 많은 수의 무슬림들은 그들 행동의 목적을 규범적인 이슬람 담론으로 설명한다."24) 무슬림들 사이에도 많은 차이점들이 존재한다. 하지만 글로벌 이슬람의 여러 요소들은 미디어에 통해 전례 없이 서로 뭉치고 있다. 이런 통합의 역할을 주도하는 미디어가 이슬람의 영향력을 제고하고 있는 것이다.

정치적인 측면에서 최소한 다음과 같은 결론이 도출될 수 있다. 만약 위성방송과 인터넷이 이슬람 담론의 확대를 조성하는 환경을 제공하고 13억 인구의 이슬람 공동체 내에서 새로운 결속력을 구축하는 역할을 한다면, 세계의 지리정치학적 균형이 크게 바뀔 것이다.

서방의 정책입안자들은 부분적이라 하더라도 통합된 움마가 세계를 크게 바꿀 수 있다는 점을 고려해야 한다. 예를 들어 미국에서 고위 공무원들과 정치인들은 이슬람을 논할 때 '무슬림'과 '아랍'을 동일시하는 단순한 사고방식에 빠지는 경향이 있다. 따라서 이들은 중동과 북아프리카를 넘어 존재하는 그 무엇을 보지 못한다. 이들 지역에 사는 이 2억 8,000만 명의 아랍인들은 '널리 적용될 수 있는 포괄적인(one-size-fits-all)'

하나의 정책이 적용 가능한 하나의 존재로 보일 수도 있다. 그러나 아랍 세계 하나만 놓고 봐도 이런 접근법은 위험할 정도로 순진한 것이다. 모로코의 탕헤르(Tangier)에 사는 아랍인과 카타르 수도 도하(Doha)에 사는 아랍인의 차이는 상당히 크다. 더 나아가 이라크에서 지속되는 비극은 같은 아랍인들이지만 수니파와 시아파 사이의 반감을 잘 보여주고 있다.

이런 근시안적 세계관의 가장 치명적인 허점은 이슬람 공동체가 중동이라는 개념보다 훨씬 많은 것을 아우르고 있다는 것을 제대로 파악하지 못한다는 것이다. 글로벌 이슬람은 아랍 인구의 4배 이상이고 전 세계에 퍼져있는 사람들의 정체성이 되고 있다. 이 거대한 집단이 어느 정도 통합성을 갖게 된다면, 이 잠재력은 엄청난 것이 될 수도 있다. 따라서 이와 같은 이슬람 공동체와 관련한 정책을 마련하는 것은 훨씬 더 어려운 과제가 될 것이다.

뉴미디어가 확대되는 범위와 속도를 봐서 위의 상황이 발생할 가능성이 그리 낮지만은 않은 것 같다. 쿠바의 관타나모 수용소에서 발생한 쿠란 모독 사건에 대한 2005년 뉴스위크 보도 기사에 대한 이슬람권의 분노 그리고 2006년 덴마크 만평사태 논란의 급속한 확산을 통해 우리는 TV와 컴퓨터에 등장한 한 이야기가 얼마나 빠르게 무슬림 세계 구석구석까지 영향을 주었는지 확인할 수 있었다.

미디어를 기반으로 하는 무슬림들의 결속은 인터넷과 위성 TV의 속성으로 인해 더욱 강화될 것으로 보인다. 산재해 있는 많은 단체들의 구성원들은 어디에 있든 알-자지라에서부터 개인 블로그에 이르기까지 여러 매체를 통해 정보를 수집할 수 있다. 무슬림국가의 사람들뿐만 아니라 조국을 떠나 유럽이나 다른 지역에 존재하는 무슬림 공동체도 소속감을 느끼게 해주면서 동시에 고향과 이슬람 종교와 유대의 끈을 연결해주는 미디어와 더욱 접속하길 열망한다.

이런 미디어의 속성이 비이슬람적 환경에 살고 있는 무슬림들의 동화, 혹은 현지화에 어떻게 영향을 주고 있는지는 아직 정확히 파악되지 않고 있다. 한편으로는 이런 미디어가 상이한 문화 속에서 거주하는 것을 다소 덜 두렵게 만들어 주는 편안한 공간을 제공할 수 있을 것이다. 미디어를 통해 이슬람 세계와의 연결을 계속 유지할 수 있기 때문이다. 그러나 다른 한편으로는 이러한 가상의 소속감이 새로운 공동체에 동화되는 것을 덜 필요하고 덜 바람직하게 보이게 만들 수도 있을 것이다. 떠나온 고향을 그들 곁에 충분히 가깝게 느낄 수 있기 때문이다.

그러나 이슬람 종교에 대한 소속감에 있어 상당한 불확실성이 존재한다. 무슬림으로서의 정체성에 있어서도 나라마다 다양하다. 심지어 무슬림국가 내에서도 말이다. 2005년 실시된 퓨 글로벌 애티튜드 조사의 질문, 즉 "당신은 소속 국가의 국적 그리고 종교(무슬림) 중 어느 것에 더 무게를 두고 있습니까?"에 대해 여섯 이슬람국가 국민들은 다음과 같이 답했다.

○ 파키스탄 : 국적 7퍼센트, 무슬림 79퍼센트
○ 모로코 : 국적 7퍼센트, 무슬림 70퍼센트
○ 요르단 : 국적 23퍼센트, 무슬림 63퍼센트
○ 터키 : 국적 29퍼센트, 무슬림 43퍼센트
○ 인도네시아 : 국적 35퍼센트, 무슬림 39퍼센트
○ 레바논 : 국적 30퍼센트, 무슬림 30퍼센트[25]

위의 결과는 무슬림 정체성이 각 국가의 정치적, 문화적 특성에 영향을 받고 있으며, 따라서 상당히 다양하게 나타나고 있음을 보여준다. 이러한 차이는 또 특정한 사건이나 정치 상황에 따라 정체성이 변화할 수도 있다는 것도 말해준다. 어떻게 뉴스가 보도되고 인터넷이나 다른 매체를 통해 어떻게 정보가 전달되는 가도 이런 변화를 가져오는 중요한 변수가 된다. 예를 들어 레바논의 설문조사 결과는 설문이 행해진 무렵 레바논을 강타한 민족주의적인 움직임이 반영했을 것이다. 하리리(Rafik Hariri)

전총리의 암살 이후 전통적 미디어 외에도 블로그나 웹사이트 등도 민족주의적 봉기에 불을 붙였다.

이슬람 세계의 다양한 역동성을 고려해 볼 때, 현 상태의 유지보다는 변화가 나타날 가능성이 더 크다. 이슬람의 끈끈한 유대를 촉진시킬 미디어의 가교를 세우는 것이 이런 변화의 한 단면이다. 이 같은 추이는 비이슬람 세계가 이슬람권을 지속적으로 위협하고 있다고 믿는 무슬림들에게 특히 환영받고 있다.

이슬람 공동체인 움마를 더욱 가깝게 결속시키는 것은 새로운 아이디어가 아니다. 이미 20세기 초 무슬림형제단의 창시자인 알-반나(Hassan Al-Banna)에 의해 그 초석이 다져졌다. 1920년대 초 알-반나는 "사회의 이슬람화"를 주장했다. 뉴욕타임스 라슬란 기자에 의하면, 알-반나의 사회운동은 "이슬람을 정치, 사회, 경제, 그리고 문화를 포괄하는 하나의 시스템으로 규정하는 첫 번째 근대적 시도였으며, 알-반나는 이슬람을 전 세계의 어떤 사회 조직보다도 우월한 범세계적인 이데올로기로 생각했다."[26] 또 다른 이집트인 이슬람주의자인 쿠툽(Sayyid Qutb)도 "국경을 초월한 이상적 정치체제라는 새로운 의미로써 하나 된 이슬람 공동체, 움마의 설립 필요성"을 강조했다.[27] 쿠툽이 사망한지 40여년이 지난 지금 '초국경적(transterritorial)'이란 단어의 의미는 훨씬 많은 것을 의미한다. 전통적인 경계선을 무너뜨리고 있는 기술적 발전에 그 개념이 재형성 되고 있다. 저명한 이슬람 학자 로이(Oliver Roy)는 움마가 "더 이상 영토적 의미에 국한되지 않고 있다. 이 개념은 이제 추상적이인 관점에서 다루어져야 한다"고 설명한다.[28]

로이의 지적은 뉴미디어가 등장하고 정보에 대한 접근성의 높아지고 있다는 현실에 바탕을 둔다. 위성 TV가 국경을 넘어서는 동안 인터넷은 지구상의 경계를 무너뜨렸다. 국가 내 그리고 국가 간 경계는 이제 큰 의미를 갖지 못한다. 사이버 세계에서는 이러한 경계가 존재조차 하지 않기 때문이다. 로이의 이론이 어떻게 현실에서 실현되고 있는지는 이슬람 온라인(www.islamonline.net)의 성공에서 찾을 수 있다. 이슬람 온라인은 뉴스, 이슬람에 관한 개괄적인 정보들을 아랍어와 영어로 제공한다. '실시간 파트와(fatwa, 이슬람법 해석)' 등 여러 이슬람의 법적문제를 다루고 있는 '생활 속의 이슬람법(Living Shariah)' 섹션은 많은 인기를 누리고 있다. (영어와 아랍어 사이트는 각각 다른 운영자들, 콘텐츠, 독자층을 가지고 있다. 두 언어 간 번역된 글을 올리기 보다는 독자층의 요구에 맞춰 사실상 별개의 사이트를 운영하는 것과 같다.) 이 웹사이트가 추구하는 목표는 다음과 같다. "이슬람 공동체 내의 결속과 화합을 강화하고 정보와 문화의 교류를 확대한다. 아랍과 이슬람 세계 그리고 보다 넓은 세계에 중요한 사건에 대한 인식의 폭을 넓힌다. 무슬림들에게 자신감과 희망을 고취시킨다."29)

뉴미디어가 없다면 움마 내의 이러한 소통은 가능하지 않을 것이다. 2006년 초, 이슬람온라인은 매달 평균 1,300만의 페이지뷰(page view)와 150만 명이라는 어마어마한 수의 방문자수를 기록했다. 그럼에도 불구하고 사이트 운영진은 터키어나 불어 같은 더욱 다양한 언어 서비스를 제공함으로 해서 사용자가 더욱 늘어나기를 바라고 있다. 이슬람 온라인은 약 300명의 직원을 채용하고 있으며, 이들 대부분은 카이로에서 일한다. 약 1,500명의 특파원과 리포터, 이슬람 학자들 그리고 일반 기고자들이 기사거리를 제공하고 있다. 재미있는 점은 이들 대다수가 무슬림이 아니라는 점이다. 전체 페이지뷰의 25퍼센트를 차지하고 있는 영어 사이트의 경우, 이용자의 절반 정도가 미국에 거주하는 사람들이다. 이슬람 온라인은 또 다양한 국제기구와 단체들과 오프라인에서도 활동하고 있다. 예를 들어 사이트의 보건·과학 분야 운영진은 세계과학언론인협회(World Federation of Science Journalists)와 협력해 전 세계 과학 전문기자들의 취재 능력 향상에 기여하고 있다.

이슬람온라인 등의 미디어 매체들에게 있어 번역된 기사와 정보는 전 세계 독자들에게 한발 더 다가가기 위한 중요한 수단이다. 알-자지라는 아랍어 뉴스 방송으로 이름을 떨쳤지만, 후에 영어 방송인 '알-자지라 잉글리시'를 시작한다고 밝혔을 때 더 많은 사람들의 이목을 끌었다. 하지만 영어 채널의 콘텐츠와 정치적인 색채가 아랍어 채널과 어떤 방식으로 다르게 표현될 수 있을 것인지, 다른 서방의 시청자와 정부들이 이 채널을 어떻게 받아들일 것인지에 대해서는 공개적이고 진지한 논쟁이 있었다. 더욱이 미국 정부를 포함한 일부 서방국가들이 알-자지라에 대해 적대적인 시각을 가지고 있었기 때문에 알-자지라의 영향력이 확대되는 것에 대한 우려도 적지 않았다.

이러한 우려들에 대한 논의가 이뤄지고 있었고 알-자지라 영어채널 개국이 기술적인 문제들로 인해 연기되고 있었을 무렵 (내부 소식통에 의하면 아랍어 방송 보도 기자들과 대부분이 비 아랍계인 영어 채널 기자들 사이의 알력 다툼이 개국 지연의 또 다른 이유였다) 경영진들은 조용히 알-자지라 우르드어 방송을 시작할 것이라고 발표했다. 파키스탄 지국에서 제작된 내용도 있었지만 알-자지라 우르드어 방송은 아랍어채널의 대부분 보도내용을 우르드어로 더빙한 것이었다. 1억 1,000만 명으로 예상되는 파키스탄과 인근지역 시청자들을 고려한 공격적인 전략이었다. 사실 우르드어 시청자 수는 아랍어채널 시청자 수의 3배에 달하는 규모다. 더불어 알-자지라는 터키어와 같은 다른 여러 언어들로도 방송할 계획을 가지고 있다. 하지만 새로 시작한 영어채널이 수익을 창출할 수 있을 때까지 그리고 알-자지라 그룹이 좀 더 탄탄한 재정적 기반을 다질 때까지 다른 외국어 채널의 확장은 이뤄지지 않을 것으로 보인다.

그럼에도 불구하고 '알-자지라 잉글리시'는 출범 이후 아랍어채널보다 더 효과적으로 CNN 그리고 BBC와 같은 역할과 영향력을 행사하고 있다. 이런 결과가 정책 담당자들에게는 모험적 투자를 고무시키고 있다. 물론 지나친 영향력 확대에 대한 잠재적인 정치적 반향도 고려해야 한다. 알-자지라는 그동안 미국과 서방의 이해에 반하는 '아랍 거리'의 정서를 불러일으켜 왔다. 그런데 이런 정치적 성향의 방송이 다른 언어를 구사하는 전 세계 무슬림 시청자들을 확보하게 된다면 세계 여론의 더욱 거대한 영향력을 가질 수 있다. 또 알-자지라가 시청자들에게 '우리 vs 그들'이라는 이분법적 정서를 지속적으로 불어넣는다면, 무슬림들과 비이슬람 서방 간 적대적인 관계를 고조시킬 수 있다. 미국의 정책 입안자들은 이 점을 심각하게 고려해야 한다. 상식적으로 본다면 서방 정부들이 알-자지라 방송과의 관계를 재평가하고 갈등보다는 상호 협력을 추구하면 될지도 모른다. 그러나 이러한 상식이 통하는 국제관계를 기대하는 것은 무리일 수도 있다.

어쨌든 서방이 어떠한 행동을 취하는 것과 관계없이, 이 같은 세계화한 미디어의 영향력은 스스로를 세속화된 시민이라고 생각하는 적지 않은 무슬림들에 의해 더욱 강화될 것이다. 무슬림이지만 전통에 얽매이지 않고 현대의 미디어를 적극적으로 이용하는 사람들이 날로 늘어가고 있다. 바로 이들이 초국가적 이슬람 공동체를 추구하고 있다. 로이(Olivier Roy)가 "뉴미디어를 통해 많은 과격 무슬림들이 현재의 이슬람국가를 통치하는 모든 정권을 비합법적이라고 간주하는 상황에서 이 시대에 과연 진정한 무슬림 영토란 무엇인가?"라고 의문을 제기했듯이 말이다.[30] 어느 특정한 조국보다 이슬람 그 자체에 더 큰 충성심을 느끼는 무슬림들에게 있어, 초국가적 존재로서의 움마는 진정한 무슬림 영토일 것이다. 그것이 실재 존재하든 아니든 말이다.

앤더슨(Jon Anderson)에 따르면 가상의 공동체에서 인터넷은 "이 매체를 사용하는 새로운 해석자 계급이 자신들과 다른 무슬림들에게 이슬람의 권위와 표현방식을 재해석하고 재구성할 수 있는 새로운 공공의 공간을 제공하는 역할을 한다." 그는 또 가상의 공간이 "기존 단체에 속한 대변인들과 활동가들에게 편의를 제공하기보다는, 다양한 부류의 새로운 해석자들이 제공하는 이슬람의 새로운 해석에 더욱 큰 도움을 주고 있다"고 말했다.[31]

이런 상황을 가장 적절히 이용하는 인물로 알-카라다위(Yusuf al-Qaradawi, 이집트 출신의 이슬람 신학자 – 역자 주)가 있다. 이슬람 온라인과 알-자지라 방송에 글을 쓰거나 출연하는 것을 통해 현재 이슬람 세계에서 가장 잘 알려진 유명 인사가 되었다. 1926년 태어난 알-카라다위는 이집트의 알-아즈하르 대학에서 신학을 공부했다. 무슬림형제단과의 관계로 인해 이집트 정치범 수용소에 한동안 갇혀 있기도 했다. 이후 그는 이슬람의 각성에 관한 책을 출판해 왔다. 여러 저서가 수십만 권 이상 팔린 베스트셀러가 되었다. 그의 저서들에서 알-카라다위는 무슬림공동체의 종교 학자이자 지도자인 울라마(ulama, 단수는 alim으로 학자라는 뜻 – 역자 주)의 중요한 역할에 대해 강조해 왔다. 그는 또 울라마의 독립성을 옹호하면서, 이슬람에서도 사상과 토론의 자유가 필요하다고 있다고 주장해 왔다.[32]

알-카라다위는 뉴미디어의 요구에 맞아떨어지게 자신의 의도를 전달하는데 능숙했다. 앤더슨에 의하면 "알-카라다위는 독실한 정통파 신학자이다. 하지만 교육받은 중간 계층의 다국적 시청자들의 마음을 사로잡을 수 있는 현대적인 어투를 사용하고 있다."[33] 물론 현대적이라는 단어가 온건함을 의미하는 것은 아니다. 알-카라다위는 이스라엘에 대한 자살폭탄 공격 무슬림 영토를 되찾는 합법적 수단이라고 여긴다.[34] 하지만 그는 민주주의를 옹호하는 신학적 견해를 내놓았다. 그의 견해에 따르면 민주주의는 서방의 불신 체제가 아니고, 사람들이 강압 없이 스스로 지도부를 선택하고, 책임을 물을 수 있고, 해임할 수 있는 권리를 제공하는 적절한 시스템이다. 같은 맥락에서 그는 이슬람 과격주의를 배척한다. 그는 알-카에다 이라크 지부의 지도자 알-자르카위(Abu Musab al-

Zarqawi)를 살인자라고 비난했다.35)

특정 사안에 대한 알-카라다위의 견해가 어떻든 간에, 확실한 것은 미디어 저명인사로서 그는 현재 훨씬 큰 영향력을 가지게 되었다는 점이다. '글로벌 이슬람법 해석자(global mufti)'로서 위성 TV와 인터넷에 등장하는 빈도수만큼 그의 정치적 영향력은 점점 강력해지고 있다. 알-카라다위를 포함해 대중적 인기를 누리는 여러 인사들은 이슬람권의 중요한 종교-정치적 세력집단을 구성하고 있다. 뉴미디어를 세련되게 이용하면서 이 세력집단의 규모는 더욱 커지고 있다. 이슬람 전문가인 번트(Gery Bunt)는 이런 현상을 다음과 같이 기술하고 있다. "엘리트 집단에 있어 인터넷은 종교적 이해의 틀, 통합을 위한 상징, 성스런 말씀, 신성한 글귀, 그리고 개인적 행동뿐만 아니라 더 넓게는 글로벌 차원의 신성한 목표를 향해 사람들에 영감과 자극을 주는 힘을 제공하고 있다. … 무슬림 세계의 더 많은 사람들이 디지털 장치들을 통해 자신들의 종교와 정치적 지위를 가늠하고 있다."36)

이런 온라인 상황에서도 단연 쿠란은 중심적인 역할을 하고 있다. 쿠란은 한편으로 신자들을 믿음으로 이끄는 기능을 하고, 다른 한편으로는 과거의 순수한 이슬람으로 귀의할 것을 촉구하는 역할을 한다 (후자의 접근 방식을 옹호하는 이들조차 시계를 거꾸로 돌리는 것에 인터넷을 사용하는 것이 역설적이지 않다고 생각한다). 뉴스와 온건한 소재를 다루는 웹사이트들조차 우선적으로 이슬람 종교에 중점을 두고 있다. 이슬라미시티(www.islamicity.com) 웹사이트는 라디오 알-이슬람(Radio al-Islam)이라는 방송을 운영하다. 이 방송은 매일 1~2분씩 바뀌는 기도 시간을 알려주고, 쿠란 낭송을 들려주고, 쿠란 내용의 검색과 암송을 돕고, 사원의 위치와 각국의 현지 시각 기도시간을 검색하는 기능을 제공한다.37)

다른 종교의 성서들과는 달리 이슬람에서 쿠란은 손상되지 않은 신의 언어로 여겨진다. 사도 무함마드의 입을 통해서 계시된 신의 말씀이다. 신의 계시가 그대로 담겨있다는 것이 그 신성성의 핵심을 이룬다. 따라서 신의 말씀인 쿠란 구절을 암송하는 것은 이슬람에서 가장 중요한 실천사항이다. 쿠란이 온라인으로 낭송될 때면, 그 구절과 리듬에 많은 신도들이 빠져들어 귀를 기울인다. 무앗진(muezzin, 하루에 다섯 번 기도 시간을 큰 목소리로 알리는 사람)이 사람들을 사원으로 인도하는 것처럼 미디어를 통해 전해지는 쿠란 낭송과 종교적 메시지도 가상의 공동체를 한데 끌어 모은다.

쿠란을 소재로 한 인터넷의 이용은 지난 20여 년 동안 이어져 왔다. 인류학자인 앤더슨(Jon W. Anderson)에 따르면 "이슬람은 1980년대에 온라인상에 등장했다. 서방의 첨단기술 관련 연구소에서 공부하거나 일하던 무슬림국가 출신 학생들에 의해서였다. … 이들은 이슬람에 대한 관심을 자신들이 배운 새로운 수단을 이용해 온라인화 함으로써 종교적 의무를 수행했다. 이들이 만든 초창기 온라인 콘텐츠는 주로 토론그룹이었다. 경전의 가르침을 현실의 삶, 특히 비이슬람권 국가에서의 이슬람적 삶에 어떻게 적용할 것인가에 대한 질문을 놓고 토론을 벌였다. 이뿐만 아니었다. 예배 장소, 이슬람 전문서점, 할랄(halal, 이슬람 율법에 따라 도축된 혹은 기타 식료품) 정육점 등을 어떻게 찾는가에서부터 고향의 소식, 저렴한 항공권, 그리고 심지어는 결혼에 관한 정보까지 다루었다. 이런 콘텐츠는 후에 특정 국가 출신 무슬림들만을 위한 혹은 서방 국가에 사는 무슬림공동체를 위한 전자신문들로 확대되었다. 사이트의 정보들은 '혼합된 언어들'로 소개되었다. 주로 영어가 많이 쓰였지만 프랑스어, 아랍어, 페르시아어 등 다양한 언어로 된 정보들도 있었다."[38] 초창기의 이러한 노력은 후에 훨씬 세련된 온라인 형태로 발전했다. 또 수적으로도 크게 늘었다. 상당히 많은 그리고 쉽게 접근할 수 있는 이슬람 관련 웹사이트들이 존재한다. 우리는 이제 이슬람과 관련된 웹사이트들을 쉽게 발견할 수 있다. 구글에서 간단히 검색만 해봐도 그 수가 수천에 달하고 있음을 알 수 있다.

디지털 설교대(minbar)나 사이버 설교대는 해외에 거주하는 무슬림들에게 있어 매우 중요한 존재다. 파리, 런던, 뉴욕 등 무슬림이 많이 거주하는 대도시에서는 모스크와 그곳에서 설교를 담당하는 이맘이 신속하게 등장한다. 따라서 이들 도시의 무슬림 거주자들이 종교적인 필요로 가상의 공간에 꼭 접속할 필요가 없을 수도 있다. 하지만 세계화한 이슬람의 플랫폼으로써 온라인은 또 다른 특별한 매력을 가지고 있다. 과거 이슬람의 영광에 대한 희미한 그리움을 일깨우고 고향에 대한 향수를 달래는 치료약으로써 말이다.

현실에서의 경제적 어려움 그리고 정치적 갈등 때문에 과거의 영광이 기억보다 훨씬 아름답게 보이지 않을 수도 있다. 그럼에도 불구하고 뉴미디어는 시간과 공간을 가로지르는 편리한 교량을 만들어 준다. 웹사이트나 위성채널은 현실이든 상상속이든 '고향'과의 연결고리로서 사랑을 받게 된다. 글로벌 이슬람에 대해 여러 저서를 펴낸 맨더빌(Peter Mandaville)에 따르면 "뉴미디어는 서구에서 태어나고 자란 젊은 무슬림들에게 더욱 중요한 역할을 할 것이다. 이들은 자신들이 살고 있는 사회문화적인 환경에 적합하고 전통적인 해석이나 권위에서 자유로운 이슬람이 자리 잡을 수 있는 공간과 담론을 찾고 있기 때문이다." 맨더빌은 또 "다른 무엇보다도 인터넷과 다른 정보통신기술은 대부분 서구 사회에서 소외받고 무시 받는 소수의 무슬림들에게 자신들만의 공간을 제공해 준다"며 "이 공간에서 무슬림들은 '다른 이들과 동등한' 자신을 발견하게 된다"고 강조했다.39)

알-자지라 방송이 특정 뉴스거리를 다루는 방식은 어떻게 세계화한 저널리즘이 세계화한 이슬람에 영향을 줄 수 있는지를 설명해 준다. 셰리비(Sam Cherribi, 이슬람과 언론을 연구한 미국의 사회학자 - 역자주)는 알-자지라가 프랑스 정부의 학교 내 히잡(hijab, 무슬림 여성의 머리 두건 – 역자 주) 착용금지 조치를 취재하면서 "여론을 자극해 무슬림들의 글로벌 정체성을 형성하려 했다"고 주장했다. 셰리비에 따르면 알-자지라는 2002~2005년 사이의 보도에 있어 히잡 사안을 "프랑스 공립학교의 여학생들의 문제가 아니라 전 세계에 살고 있는 무슬림 여성과 남성의 문제"로 조명했다. 셰리비는 이런 알-자지라의 히잡 문제 보도 태도를 '문명적 메시지'의 일부분이라고 기술했다. "히잡은 무슬림과 비무슬림을 분명히 구분하기 때문이다. 비무슬림들은 히잡을 착용하지 않는다." 셰리비는 또 알-자지라가 CNN보다는 기독교방송네트워크(CBN: Christian Broadcasting Network)에 더 가까운 종교적 방송이라고 주장했다. 보도의 내용과 방향이 범아랍주의를 넘어 이슬람에 초점을 맞추었다는 것이 그의 주장이다.40) 하지만 어떤 이들은 알-자지라가 종교적인 내용들을 다룰 때 비교적 중도적 성향을 띈다고 주장한다. 아랍세계에 거주하며 알-자지라를 시청하는 많은 사람들의 사고방식이 거미줄처럼 뒤얽힌 두 이념, 즉 범아랍민족주의(Pan-Arabism)와 이슬람주의 바탕을 두고 있음을 알-자지라는 적절히 반영하고 있다는 주장이다. 이슬람주의에 지나치게 치우칠 경우 민족주의적 시청자들이 멀어져 갈 것이라는 점을 알-자지라는 잘 알고 있다는 것이다.

특정 사안들에 대한 뉴스 보도 차원을 넘어 뉴미디어는 또 다른 중요한 역할을 수행하고 있다. 이슬람의 미래에 대한 논쟁이 진행될 수 있는 공간을 제공하고 있다. 논쟁은 여러 차원에서 진행된다. '진정한 이슬람'의 신앙과 실천이 무엇인가를 놓고 보수파와 온건파 사이의 교리에 관한 논쟁도 있고, 비이슬람 세계에 대한 이슬람의 관점에 놓고 벌이는 정치적 논쟁도 있다. 특히 이슬람이 문명 간 충돌의 한 당사자가 아니라 미래의 방향을 결정하기 위해 내부적 투쟁을 겪고 있다고 주장하는 사람들에게 있어, 온라인과 같은 수많은 미디어 창구는 다양한 시각과 관점을 듣거나 볼 수 있는 동시에 의견을 제시할 수 있는 기회를 제공한다.

이슬람의 미래에 대한 방향 설정을 설정하는 이 과정에서 인터넷과 위성TV는 전통적인 위계질서를 변화시키거나 초월하고 있다. 헤프너(Robert Hefner, 보스턴 대학의 문화, 종교, 국제문제연구소 소장 – 역자 주)에 따르면 "오랫동안 종교계를 장악해 왔던 전통적 이슬람 교육을 받은 학자들(ulama)들은 세속적 교육을 받은 무슬림 지식인들, 독립적인 설교자들, 인터넷에서 활동하는 이슬람주의자들, 그리고 새로운 정보통신기술의 수혜를 받은 다른 인사들과 같은 새로운 도전세력을 갑자기 직면하게 되었다."[41]

정보통신학자 림(Merlyna Lim)은 대중이 들을 수 있는 다양한 목소리를 제공하는 인터넷은 다음과 같은 역할을 하고 있다고 기술했다.

인터넷은 평등한 형태의 정보소통을 확실히 가능케 했다. 각각의 목소리가 모두 중요한 것으로 받아들여지는 곳이 인터넷이다. 무슬림 인터넷 사용자들에게 있어 이러한 인터넷의 기능은 신성한 '쿠란'과 '하디스'의 구절을 제외하고는 권위자 없이도 이슬람 종교에 대해 고찰할 수 있는 장을 열어준다. 인터넷에서 배운 것만으로도 사람들은 일생의 중대한 결정을 내리기에 충분한 이슬람 지식을 얻었다고 느낄 수 있다. 동네 사원에 있는 종교 지도자들과 같은 전통적 학자들에 의존하지 않고서도 말이다. 동시에 과격 원리주의 단체들도 정부의 관계당국, 이맘과 같은 종교지도자, 그리고 부모의 권위에 방해받지 않고 인터넷을 이용해 사이버 공간에서 일반 무슬림 대중과 직접적으로 다가갈 수 있다.

이런 경향에 대해 림은 다음과 같은 예를 들었다. "환원주의적(reductionist) 사고와 단순화한 음모론 그리고 살라피 지하드주의(Salafi jihadism, 이슬람 초기 조상(Salaf)들의 찬란한 영광과 원칙으로 돌아가기 위해 지하드를 행해야 한다는 이념 – 역자 주)는 인터넷의 대중적 성격과 더욱 잘 맞아 떨어진다. 이러한 종류의 메시지들이 다른 미디어들보다 사이버 공간상에서 훨씬 인기 있는 이유도 여기에 있다."[42]

이슬람의 구조와 본질이 이처럼 뉴미디어에 의해서 재형성되고 있다. 인터넷이 이슬람 종교에 미치는 영향 중 또 다른 양상은 변화하고 있는 아랍어의 역할이다. 사람들의 이해여부와 상관없이 가톨릭교회가 수세기동안 라틴어에 의존해 온 것 이상으로, 많은 이슬람 울라마들도 아랍어야말로 이슬람의 진정한 언어라고 주장한다. 무함마드에 내려진 알라의 계시 언어가 아랍어였기 때문이다. 따라서 비아랍권 무슬림들도 최소한 쿠란의 구절을 암송할 수 있을 정도로는 아랍어를 배워야 한다. 이론상으로는 공통의 언어가 이슬람 공동체의 통합을 촉진할 수 있을 것이다. 이슬람 전문가 데브지(Faisal Devji)는 이에 대해 다음과 같이 설명한다. "아랍어는 지역적 경계를 넘어설 뿐만 아니라 그것이 통용되는 지역의 성격마저 변모시킨다. 아랍어를 사용하는 지역들은 전 세계 구석까지 확산하고 있는 이슬람의 보편성을 상징하게 된다."[43]

움마 내 모든 이들이 말할 수 있는 하나뿐인 언어는 강력한 결속을 보다 용이하게 해 준다. 하지만 일상의 담론에서 공통의 언어를 갖는다는 것은 현실적으로 가능하지 않다. 이는 오늘날 세계의 성격과 맞지 않는다. 따라서 이슬람 공동체의 결속을 위해 아랍어에 의존하는 것은 본질적으로 제한적일 수밖에 없다. 왜냐하면 대부분의 무슬림들이 아랍어를 구사하지 않기 때문이다. 최대 무슬림 인구를 가진 인도네시아에서도 아랍어가 공용어는 아니다. 아이클만(Dale Eickelman)과 앤더슨(Jon Anderson)은 이 점에 대해 다음과 같이 말한다. "아랍어가 한편으로는 보편적인 매개체가 되고 있는 것은 사실이지만 이슬람세계 내의 다양한 언어는 특정 사상이 확산하는데 상당한 제한적 요소로 작용하고 있다. 미국이나 캐나다에서 교육 받은 인도네시아 지식인들이 아랍세계의 여러 전개 상황에 대해 다양한 해석을 제공하고 있다. 반면 동남아시아의 종교와 정치에 대해 논평하는 아랍 출신 지식인들은 거의 없다."[44]

인터넷상의 정보가 특히 영어 등 다양한 언어로 제공됨에 따라 아랍어에 대한 의존이 줄어들고 있다. 하지만 동시에 이용자들은 더욱 늘어나고 있다. 하버드 대학의 세사리(Jocelyne Cesari) 중동학센터 교수는 아랍어와 다른 모국어를 포기함으로써 "유럽이나 미국의 무슬림들은 자신이 거주하는 지역에 적합한 형태의 '토착적' 이슬람을 만들어가고 있다"며 "설교, 종교학, 그리고 공적인 토론의 주언어로 사용되는 영어는 이제 전 세계 이슬람 공동체의 제2언어가 되었다"고 지적했다."[45]

전통주의자들은 아랍어의 효용가치가 떨어지는 것에 대해 개탄할지도 모른다. 그러나 정보 유포가 더 많은 언어로 이뤄지면서 더 많은 사람들이 이슬람 공동체의 진정한 일원이라고 느끼게 될 것이다. 또 이는 새로운 정보통신기술을 통해 움마의 결속력을 더욱 공고히 하는데 기여할 것이다. 언어적 다양성을 수용하는 것은 최근 수적으로 크게 증가했고 폭넓은 주제를 다루고 있는 웹사이트나 블로그에서는 더욱 중요하다.

온라인상의 콘텐츠가 어떤 언어로 쓰여 있건 간에 인터넷은 기존의 혹은 새로운 사용자들에게 더 심오한 종교적 그리고 정치적 깊이를 제공하고 있다. 인도네시아의 사례에 대해 림(Merlyna Lim)은 다음과 같이 언급하고 있다. "인터넷은 이슬람 원리주의자들에게 있어 정치적 정당성, 저항의 명분, 그리고 정체성을 부여하고 유지하는데 있어 결정적인 역할을 하고 있다. … 사용자들에게 글로벌 정보에 대한 접근을 용이하게 하고 또 그 정보를 다양한 방법을 통해 국내적 맥락에서 해석할 수 있도록 돕는 인터넷은 특히 정체성 확립에 결정적인 역할을 하고 있다."[46]

수피즘(Sufism, 이슬람 신비주의 – 역자 주)의 예를 들어보자. 일부 원리주의자들로부터는 비이슬람적이라고 비난받고 있지만 신봉자들은 이슬람의 정수라고 강조하고 있는 수피즘의 경우 최근 뉴미디어에 자주 등장할 뿐만 아니라 그 교리에 대한 활발한 논의가 진행되고 있다. 동남아 이슬람전문가인 언스트(Carl Ernst)는 수피 웹사이트들은 주로 소수의 수피주의자들에 개설되고 있다고 설명한다. "이들은 주로 세계화한

계층의 사람들로 미국이나 유럽에 정착한 수피 지도자들이거나, 수피 종파에 소속된 적이 있던 이주 관료들이거나, 아니면 수피 이슬람에 귀의한 미국 혹은 유럽 무슬림들이다."

언스트는 동남아시아의 한 수피 지도자의 예를 들었다. 그에게 웹사이트 구축에 관심이 있는지 묻자, 그는 "우리는 시장 통에서 상품을 팔아대는 상인들이 아니다. … 사람들이 우리에게 다가 오는 것이다"고 답했다. 하지만 그의 말레이시아인 추종자들은 이미 온라인상에 웹사이트를 운영하고 있었고, 이를 통해 종단의 주요 지도자들이 저술한 영어판 출판물들을 팔고 있었다.47)

수정된 지도상에서의 외교정책

외교정책을 입안하는데 있어 미국과 다른 서구국가들은 가상국가들의 복잡한 정치문화와 역학구도를 고려하지 않는 경향이 있다. 이슬람국가들과 무슬림들을 다룰 전략을 입안하는데 있어서도, 실존하고 있는 거대한 글로벌 이슬람 공동체의 존재를 무시하고 있다. 대신 '아랍 거리(Arab street)'가 정확히 무엇을 의미하는지도 모르면서 '아랍 거리'에서 발생하고 있는 일들에만 몰두하고 있다. 아랍세계를 넘어 존재하는 이슬람에는 큰 관심을 기울이지 않으면서 말이다.

50년 전만 해도 결속력을 가진 실체로서의 이슬람 공동체라는 개념은 무시할 수 있는 것이었다. 사실 움마를 하나로 결집시킬 어떤 메커니즘이 존재하지 않았기 때문이다. 그러나 오늘날에도 그럴 것이라고 생각한다면 이는 정보통신기술의 어마어마한 영향력을 무시하는 사고방식이다. 적어도 비이슬람 세계의 정책입안자들은 통신기술로 인해 영향력을 키운 범이슬람주의(pan-Islamism)에 대해 보다 신중하게 고려해야 할 것이다.

또 다른 차원의 문제도 있다. 헌팅턴(Samuel Huntington)이 주장한

'문명의 충돌'과는 달리 이슬람문명 내에서도 진보와 보수 간 충돌이 발생하고 있음을 인지해야 한다. 어느 정도는 통합된 움마로부터 터져 나오는 것들이라고 할지라도 그 파급효과는 예상한 것 이상으로 거대한 것이 될 것이다. 이슬람권에서 다양한 시각과 운동이 발생하고 있다는 것은 그만큼 이슬람권에 대한 다양한 접근법이 필요하다는 것을 의미한다.

통신기술은 이렇듯 통합을 위한 도구가 될 수 있다. 향후 10년 내에 알-자지라와 다른 자매 위성채널들은 더 많은 언어로 대다수가 무슬림인 더 많은 시청자들에게 특별한 메시지를 전할 것이다. 이렇듯 영향을 미치는 범위가 커짐에 따라 미디어의 영향력 또한 커질 것이다. 이들 정보제공자들이 정치적 성향을 가지고 콘텐츠를 제작할 경우에는 특히 그러할 것이다. 더욱이 향후 인터넷 사용자들의 수는 기하급수적으로 늘어날 것이고 온라인상의 정보는 가상의 움마 내에 더욱 확장된 담론의 범위와 결속력을 증진시킬 것이다.

정책입안자들은 뒤에 앉아서 발생하는 일들을 바라만 볼 수도 있고 혹은 이러한 변화의 과정에 관여할 수도 있다. 후자의 선택을 할 경우 현실적인 계획이 필요하다. 9/11 사건 이후로 미국의 공공외교가 명확히 보여준 것처럼, 직접 대결은 무의미할 뿐이다. 미국 정부가 후원하는 위성 TV 알-후르라(al-Hurra, '자유로운'이라는 의미임 – 역자 주)는 알-자지라, 알-아라비아 등 아랍의 현지 위성방송들에는 적수가 되지 못하고 있다. 정치적 목적을 가진 온라인 제작물들도 큰 효과를 발휘하지 못하고 있다. 보다 현명한 행동 방법은 덜 경쟁하고 더 협력하는 것이다. 방송과 인터넷에 있어 다수의 시청자와 사용자를 보유하고 있는 이슬람 관련 미디어들은 다양한 관점을 제공하고 있다. 이러한 미디어 매체들은 그들이 전달하는 메시지들이 공정하게 받아들여질 기회를 제공하기 때문에 더욱더 신뢰를 받고 있다.

'어느 누군가(someone)'로부터 나온 정보는 가상의 움마에 다다를 것이다. 이 지적인 경쟁은 한 가지 관점이 흐름을 주도하는 것을 용인하지 않는다. 미국이나 다른 민주주의 국가들이 이슬람 공동체에 그들의 가치관을 전달하려 한다면, 이들 국가의 정책입안자들은 뉴미디어 영향력을 더욱 정교하게 평가해야 할 것이다.

가상의 국가들은 지정학적인 현실의 일부다. 그 실체는 공간적인 영토라기보다는 가상의 연계성이다. 그 움마의 인구가 10억 이상이 되든 혹은 그보다 훨씬 작든 간에 기술로 구현된 그 가상의 존재는 인정받아야 할 실체임에는 틀림없다.

5
글로벌 커넥션, 글로벌 테러리즘

글로벌 이슬람 공동체(ummah)를 구축하는데 인터넷이 사용되고 있는 대표적인 예는 히즈브 알-타흐리르(Hizb al-Tahrir, 해방당이라는 의미로 1953년 예루살렘에서 창실됨 - 역자 주) 웹사이트다. 현재 전 세계 40여 개 국가에서 아랍어, 영어, 러시아어, 터키어, 우르두어, 독일어 등 다양한 언어로 운영되는 사이트다. 사이버공간상에 이러한 이슬람 정치조직이 존재한다는 것을 보면서 우리는 광범위한 움마가 인터넷 이용을 통해 어떻게 통합되고 있는지를 잘 알 수 있다.

히즈브 알-타흐리르는 과격 이슬람단체로 규정되어 왔다. 이 단체는 '순수한 이슬람의 교리'를 지향하면서 아랍과 중앙아시아에서 이슬람국가를 설립하는 것을 목표로 한다. 이를 통해 이슬람세계 전체를 하나의 공동체로 통일한다는 최종목표도 가지고 있다. 이를 달성하기 위해 이 단체는 다음 세 단계의 과정을 행동강령으로 제시하고 있다. 첫째, 샤리아(이슬람법)를 기초로 하는 사회건설의 필요성을 무슬림들에게 피력한다. 둘째, 이런 관점을 정부, 군부, 그리고 기타 권력기관의 구성원들에게 전파하도록 무슬림들을 독려한다. 셋째, 열성당원을 통해 세속정부를 붕괴시킨다. 국적, 정치, 민족적 정체성이 아니라 오직 이슬람 종교에 충성하는 이슬람국가를 의미한다. 이슬람국가의 틀이 마련되면 영광스런 과거의 지도자들과 같은 칼리프(caliph, 계승자라는 의미로 사도 무함마드 사후 그의 권위를 계승받은 지도자를 칭함 – 역자 주)가 모든 무슬림들에게 정치적 그리고 종교적 권위를 행사할 것이다.[1]

히즈브 알-타흐리르는 인터넷에 크게 의존하고 있다. 터키계 미국인 이슬람학자인 바란(Zeyno Baran)은 "인터넷의 세계적 확산은 정치적 국경의 정통성을 부정하는 세력에게 완벽한 환경을 제공하고 있다"며 "히즈브 알-타흐리르의 웹사이트는 세계 어느 곳에서도 접속이 가능해, 억압받는 사회에서 살고 있는 사람들에게 원활한 소통수단이 되고 있다"고 지적한다. "히즈브 알-타흐리르는 사이버공간에서 가상의 이슬람 공동체를 설립했다. 당원, 미래의 당원, 그리고 동조자들이 이 사이트를 통해 교류하고 있다. 이 조직의 웹사이트는 웹서핑 중인 무슬림들을 끌어들이도록 고안되었다. 특히 자신이 속한 사회에서 소외감을 느끼고 있는 무슬림들에게는 더욱 그렇다. 이 사이버공간을 통해 무슬림들은 뉴스와 분석을 접하고, 의견을 교환하며, 글로벌 이슬람 공동체의 소속감을 갖게 된다."[2]

이와 같은 가상의 안식처(home) 제공은 뉴미디어를 정교하게 이용하는 좋은 실례다. 이를 통해 웹사이트 운영단체는 사용자의 연대감을 조성하고 초국가적인 연계성을 구축할 수 있다. 히즈브 알-타흐리르의 접근법에 나타난 것처럼, 이슬람 공동체의 결속력 강화 능력은 세계화 현상과도 어느 정도 관계가 있다. 추상적일지라도 글로벌 이슬람 공동체를 통치하기 위해 칼리파 시스템(caliphate, 칼리파가 통치하는 이슬람 통치 형태 – 역자 주)을 구축하는 것이 저명한 이슬람학자 로이(Olivier Roy)가 언급한 '신원리주의(neofundmentalism)'의 지상목표다. 로이가 언급하는 신원리주의의 개념은 이렇다. "신원리주의는 물질적으로 혹은 정신적으로 고통 받는 사람들의 해방구를 제공한다. 각국의 문화적 배경을 강조하기 보다는 전 세계 어느 곳에서도 통용될 수 있는 유사한 가치관과 행동양식을 제공함으로써, 신원리주의는 세계화의 완벽한 도구가 된다. 개인화, 탈문화화, 그리고 탈영토화와 같은 세계화의 주요 현상과 일맥상통한다. 또 행동양식의 동질화를 통해 재구성된 새로운 정체성을 확립한다."[3]

히즈브 알-타흐리르 웹사이트는 가상의 움마가 어떤 모양을 갖출 수 있는지에 대해 잘 설명해주고 있다. 공식사이트 www.hizb-ut-tahrir.org 와 영국의 www.hizb.org.uk 같은 지부 사이트들은 사용자 중심인 동시에 처음 방문한 사람들에게도 관심을 끌 수 있도록 잘 꾸며져 있다. 하지만 가장 중요한 것은 히즈브 알-타흐리르가 이 사이트를 통해 찾기 쉽고 항상 접근할 수 있는 가상의 존재라는 인식을 확산시키고 있다는 점이다. 가상의 존재는 여러 면에서 실제적인 지상의 본거지보다 많은 장점을 가진다. 우선 가상의 공간에는 모두가 들어올 수 있다. 반면 사법당국이나 반대 세력의 단속이나 침입에 덜 노출되어 있다. 물론 가상의 공간도 감시당할 수 있다. 또, 해킹 등으로 그 시스템이 다운될 수도 있다. 하지만 과거의 운영 기반시설 및 사무실처럼 급습이나 침투를 당하지는 않는다. 때문에 동조자들은 안전하게 가상의 '방문'을 지속할 수 있다.

인터넷을 이용할 수 있는 모든 사람은 히즈브 알-타흐리르에 접속할 수 있다. 또 웹사이트를 가지고 있는 어느 단체에게도 이는 동일하게 적용된다. 그러나 히즈브 알-타흐리르 사이트가 미치는 정치적 영향력은 사이트를 운영하고 있는 운영자들조차도 정확히 파악하기 어려울 정도로 강력하다. 가상의 방식을 통한 사이트의 당원모집 방법도 과거 정치단체들의 그것과 상당히 다르다. 히즈브 알-타흐리르는 사이트에 방문하는 이용자들에게 지속적인 전도를 행한다. 이슬람의 미래를 위한 이 단체의 노력에 방문자들이 지지하고 참여하는 것이 값진 일이라고 설득시키고 있다.

히즈브 알-타흐리르 웹사이트는 회원을 '눈에 보이지 않는(invisible)' 당원으로 간주한다. "사이트에 자주 접속하는 이용자는 교류를 통해 스스로 초기의 의심을 버리고 당에 동화된다. 그리고 당의 이념과 사상을 받아들이게 된다." 당원이 된 이후에는 당의 정치적 과업에 참여하게 된다. 이슬람법의 토대 위에 이슬람정부를 설립하는 것이 중요하다는 점을 다른 무슬림들에게 설득하는 작업에 나선다. 이들 당원의 참여를 바탕으로 당은 움마의 부활운동을 전개해 나가고 있다. "이슬람법에 의거해 전 세계를 통치할 때, 이슬람 공동체는 다른 국가나 민족으로부터의 간섭에서 벗어나 과거에 그랬던 것처럼 찬란하고 영광스러운 최고 국가 지위를 되찾을 것이다."4)

히즈브 알-타흐리르의 움마에 대한 개념과 실행계획은 우선 가상의 공간에서 초기 이슬람시대의 칼리프 제도를 부활한다는 목표를 잘 반영한다. 이 당은 정치 활동의 영역으로 사이버공간에 의존하고 있다. 바로 그 공간에서 가상국가의 설립이 가능하기 때문이다. 영국의 반테러 법안에 대한 반대시위를 조직하는 등 현실 공간에서 간헐적인 활동을 펼치는 때를 제외하고, 히즈브 알-타흐리르는 전통적인 정치적 국경과 주권을 무시하거나 부적절한 것으로 간주하고 있다. 정통성을 가진 정체로서 움마는 세속적인 제약을 초월한다. 때문에 전통적인 정치적 영토보다는 사이버공간이 움마에 있어 보다 적절한 공간으로 받아들여진다.

히즈브 알-타흐리르는 테러와 같은 범죄행위를 저지르지 않았다. 그럼에도 불구하고 일부 국가들은 이 당을 테러조직으로 규정하고 있다. 2008년 4월 경 히즈브 알-타흐리르는 미 정보부의 테러조직 명단에도 올라있지 않았다. 반면, 러시아와 일부 중앙아시아 국가들에서는 상황이 달랐다. 2006년 중반 타지키스탄 및 키르기스스탄에서는 히즈브 알-타흐리르 당원들에 대한 체포작전이 진행되었고, 많은 당원들이 투옥되었다. 현재 이 당은 독일, 파키스탄, 그리고 대부분 아랍국가에서 불법단체로 지목되어 있다. 영국에서도 반유대주의를 고무한 혐의로 당 지도부가 기소되어 있다. 또한, 2006년 말 히즈브 알-타흐리르의 활동은 아프리카 잔지바르(Zanzibar) 지역에서도 나타났다. 그곳에서 당원들은 이슬람 칼리프 제도의 설립을 촉구하는 포스터를 붙이며 활동에 들어갔다. 서방의 관광객들로 인해 그곳의 무슬림 생활이 타락하는 것을 막기 위한 움직임이었다.5)

2007년에 이르러 히즈브-알-타흐리르는 미국에서도 활발한 활동을 펼쳤다. 동영상 공유, 소셜네트워킹, 그리고 심지어는 온라인 힙합 액세서리 쇼핑몰을 지원하면서 당의 홍보를 위해 온라인 마케팅을 이용했다. 현지 무슬림공동체와 미국 정부 간에 생길 수 있는 감정의 골을 이용하여 미국에서 입지를 굳히려는 전술이라고 할 수 있다.6)

아마도 전 세계 국가의 보안당국은 히즈브 알-타흐리르 당원이라고 여겨지는 사람들을 면밀히 주시하고 있을 것이다. 그러나 인터넷을 정치적 수단으로 철저히 이용하고 있는 이 잠재적인 적대세력에 어떻게 대처할지에 대한 진지한 논의나 노력은 구체적으로 나타나지 않고 있다.

○ ⚲ ○

새로운 정보통신기술에 의해 생겨난 기회에도 불구하고 폭넓은 다양성을 가진 이슬람 사회 내부에서는 평화적 공존을 막는 장애물이 여전히 심각하게 남아있다. 이라크에서 발생하고 있는 무슬림들 사이의 유혈충돌은 시아-수니파 종파 간 갈등이 가져올 수 있는 깊은 상처를 잘 보여주고 있다. 문제는 이 갈등도 온라인적 요소를 가지고 있다는 점이다. 수니파와 시아파들은 각각 인터넷 포럼들을 통해 상대편의 파멸을 부추기고 있다. 이 같은 유혈사태가 일어나진 않더라도, 무슬림들의 세계관은 매우 다르다. 수피 신비주의자(Sufi mystic)와 히즈브 알-타흐리르의 전략가 사이에서 공통된 생각을 찾는 것은 아마도 어려울 것이다. 전통적 원리주의자와 개혁적 현대주의자(modernist)는 서로 상대편이 재앙으로 향하는 길로 가고 있다고 생각할 것이다. 이러한 다양성 때문에 움마가 함께 할 수 없다는 것은 아니다. 다만 통합되더라도 상당히 느슨한 형태가 될 가능성이 높다.

하지만 움마는 여전히 중요한 지정학적 존재다. 움마의 구성과 형성도 외부적 요인들에 의해 더욱 탄탄해 질 수 있다. 이스라엘과 미국과 같은 '공동의 적'들의 행위는 움마의 단합을 고무시킨다. 이들의 행위는 전통적 보도기관은 물론 뉴미디어가 주를 이루는 다른 매체에 중요한 기사거리가 된다. 2006년 팔레스타인의 가자지구와 레바논에 대한 이스라엘의 공격을 묘사하는 이미지들은 무슬림 형제들의 고통에 초점을 맞추었다. 아랍권 뉴스 미디어들이 당시 사건들의 보도를 주도했다. 중동지역은 물론 전 세계의 특정 시청자들에게 신뢰를 받고 있던 매체들이었다. 이들 매체가 제공하는 뉴스가 카이로, 카라치, 자카르타, 그리고 파리의 가정에 전달될 때, 전 세계 무슬림들은 다른 무슬림들의 고통을 같이 느끼고 반사적으로 이슬람 공동체의 결속을 추구하려고 할 것이다.

이슬람만이 최첨단 통신 수단을 독점하는 것은 아니다. 다른 종교들도 이를 적극 활용하고 있다. 기독교의 웹사이트와 블로그는 다른 종교들을 수적으로 압도하고 있다. 다른 문화권에 거주하는 이주 기독교인들도 그들의 정체성을 유지하기 위해 위성채널, 인터넷 포럼 등에 의존한다. 그러나 이슬람과 글로벌 무슬림공동체의 구성원들은 좀 다르다. 현재 이슬람은 세계의 정치역학에 깊은 영향을 주고 있으며, 특히 여러 국제적 유혈사태의 주요 원인이 되고 있다. 미국을 포함한 국제사회가 전통적인 민족국가와 더불어 이슬람 공동체와 같은 가상의 국가에 대해 적절한 정책을 수립하는 것이 필요한 이유가 여기에 있다.

좋든 나쁘든 이슬람은 특별한 케이스다. 미국 및 다른 비이슬람국가의 정책입안자들이 현실화한 움마가 세계를 어떻게 바꿀지에 대해 더욱 더 진지하게 고려해야 한다. 특히 테러가 국제 정세에 미치는 심각한 영향에 대해서는 더욱 관심을 가져야 한다.

가상국가로서의 알-카에다

가상국가(virtual state)는 쿠르디스탄(Kurdistan)처럼 뚜렷한 정치적 특징을 가지고 있을 수도 있지만, 이슬람의 움마와 같이 다소 불투명하고 불명확한 특징을 가지고 있을지도 모른다. 하지만 어떠한 특징을 가지고 있든 간에, 가상국가는 인터넷 혹은 여러 가지 기술적 공간보다 더욱더 현실적으로 존재하고 있다. 가상국가는 나름대로의 결속을 추구하기 위해 일관된 목적과 비전을 갖는 존재다. 가상국가는 또 비즈니스를 수행하기도 한다. 기금을 모으고 지출하고 이 과정을 통해 시민들에게 복지를 제공하기도 한다. 가상국가는 때로 전쟁을 일으킬 수도 있다. 이처럼 가상국가는 전 세계에 확산되어 있는 네트워크를 통해 포괄적이고 광범위한 영향력을 가질 수 있다.

'테러 네트워크(network)'로 낙인찍혀 있지만 알-카에다도 한편으론 가상국가로 간주될 수 있다. 알-카에다는 일종의 연합체다. 전 세계 곳곳의 알-카에다 자생단체들은 독립성을 가지고 있지만, 아프가니스탄에 거점을 두고 있는 알-카에다 지도부의 지부 혹은 한 부분이라고 많은 사람들은 생각하고 있다. 따라서 대테러 정책입안자들은 알-카에다를 하나의 무형조직으로 간주하기 보다는 국가로 봐야 할 것이다. 국가로 이 단체를 간주함으로써 서방의 위정자들은 알-카에다의 정치적 그리고 준군사적 역량을 정확히 파악할 수 있고 보다 일관성을 가진 정책결정을 내릴 수 있다. 국가의 성격을 가진 단체로 규정해야 테러와의 전쟁에서 패퇴시켜야할 적으로 명확히 설정될 수 있다. 대중의 지지를 얻어야 하는 민주주의체제가 전쟁을 수행하기 위해서는 대중이 명확히 알 수 있는 적대세력을 필요로 한다. '네트워크'와 전쟁을 벌인다는 것은 사실 좀 엉성한 논리를 기초로 한다.

알-카에다와의 싸움은 이러한 어려움을 동반하고 있다. 알-카에다를 적으로 두는 것 자체가 개념과 정책에 있어서 문제를 야기한다. 알-카에다는 '테러와의 전쟁(war on terror)'의 주요 타깃이다. 하지만 '테러와의 전쟁'을 수행한다는 자체가 좀 명확치 않다. 왜냐하면 '테러'는 적으로서 목표가 될 수 있는 실제적인 실체가 아니다. 테러는 현상인 동시에 결과다. 알-카에다는 본질적으로 '테러리즘'이기보다는 더 확고한 형태를 가진 실체다. 느슨하게 보이지만 알-카에다는 분명한 정체성과 조직을 가지고 있다. 물론 2차 세계대전에서 미국이 맞서 싸웠던 독일, 일본과 같은 실재적인 적은 아니지만 말이다. 일본, 독일 등은 영토를 가지고 존재하는 전통적인 의미의 국가였기 때문에 공격을 당하거나 점령될 수 있었다. 그러나 알-카에다는 이들 국가와는 좀 다르다.

2001년 말 미국이 아프가니스탄을 침공했을 때, 미군은 아프간의 통치세력인 탈레반과, 탈레반이 비호하던 오사마 빈 라덴 그리고 알-카에다를 추종하는 전사들을 공격했다. 그러나 아프가니스탄은 알-카에다의 국가는 아니었다. 적어도 전통적인 의미에서는 그렇다. 비록 아프가니스탄이 오랜 기간 동안 성공적으로 (다국적군의) 점령 하에 있고 상황이 어느 정도는 안정화로 나아가고 있지만, 알-카에다가 정복되었다고 말할 수는 없다. 알-카에다의 진정한 본거지는 광대한 지역에 걸쳐 있고 가상의 성격을 가지고 있다. 국경에 의해 설정된 영토를 가지고 있는 것이 아니라 사이버 수단과 뉴미디어에 의해 결합된 가상의 존재다.

물론 알-카에다도 군대를 가지고 있다. 그러나 세포조직으로 구성되어 있다. 인터넷을 기반으로 하고 있는 다른 단체들처럼 수직적인 것이 아니라 수평적인 조직을 가지고 있다. 알-카에다 소탕을 주도하고 있는 사람들의 눈에는 이 조직이 하나의 브랜드네임 하에서 활동하는 산재한 정신병자들의 집합으로 보일 수 있다. 만일 그랬다면 이들 정신병자들을 한 번에 적발하고, 그 위협을 제거할 수 있었을 것이다. 하지만 가상국가로서의 알-카에다는 겉으로 드러나는 것보다 더 확실한 실체와 유연성을 가지고 있다. 그리고 계속 진화하고 있다. 아트완(Abdel Bari Atwan, 범아랍 아랍어 일간 알-쿠스드 알-아라비의 편집국장 – 역자 주)은 알-카에다의 미래에 대해 다음과 같이 말했다. "알-카에다 조직의 향후 변화는 국제안보군의 활동범위 이상의 그곳까지 확대될 것이다. 행동지침, 즉 이념으로 진화한 알-카에다는 모든 국가적 경계를 초월할 것이고, 개인이나 다른 단체의 가입이나 연계활동도 극히 용이하게 할 것이다."[7)]

미국의 9/11 위원회도 알-카에다의 이러한 성격에 대해 정확히 파악하고 있으며 그 보고서에서 다음과 같이 명확히 언급하고 있다.

> 과거에는 다른 나라와의 외교적 관계를 고찰하고, 적대적 국가의 위협을 평가하고, 이들 나라의 산업 동력을 파악하는 것이 국가안보와 직결된 문제라고 생각해 왔다. 대규모 군사력을 구축하는 나라를 위험한 적으로 간주했었다. 위협도 느린 속도로 나타나 파악할 수 있었다. 무기를 비축하고, 병력을 소집하고, 훈련을 실시하고, 위험 지역으로 배치하는 등의 움직임을 알 수 있었다. 위협이 되는 나라는 강성한 국가들이었고, 때문에 이들 나라들은 잃을 것이 많았다. 즉, 억지전략이 통할 수 있었다. 그러나 이제 위협은 아주 빠르게 부상하고 있다. 알-카에다와 같은 조직은 전기나 전화도 거의 없는 지구의 변방국가에 본부를 두고 있지만, 미국의 대도시들에 유례가 없는 엄청난 피해를 야기할 수 있다. … 현재 우리의 적은 크게 두 세력이다. 9/11 테러를 감행한 국가를 초월한 테러 네트워크인 알-카에다가 첫 번째 유형이다. 두 번째는 알-카에다에 의해 영향을 받은 이슬람 세계의 극단적 과격운동이다. 이 두 세력이 현재 전 세계에 걸쳐 테러단체를 양산하고 있고 폭력을 주도하고 있다.[8)]

'국가 없는 네트워크'인가 아니면 네트워크상의 국가인가? 데브지(Faisal Devji)는 이에 대해 일반적인 다른 지하드 운동과 마찬가지로 알-카에다도 '특정지역에 한정되어 있는 것이 아니라 테러행위를 위해 일시적인 근거지를 두고 있는 조직'이라며 "바로 이점이 알-카에다가 미국의 적이 될 수 없다"고 설명한다. 그는 또 '알-카에다가 미국에게 있어서는 여전히 보이지 않는 글로벌 적'이라며 '세계화의 특성인 지리적, 재정적, 그리고 기술적 가동성을 가진 글로벌 조직'이라고 강조한다.9)

알-카에다가 '제압 불가능한 적'일 수는 없다. 그러나 분명 어려운 적인 것은 사실이다. 만약 알-카에다가 미국, 영국 혹은 다른 나라에 대해 또 다른 대규모 공격을 감행한다면 피해 국가는 어떻게 대처할 수 있을까? '적대' 국가로 규정할 나라들도 이제 많지 않다. 아프가니스탄과 이라크는 이미 그 명단에서 빠졌다. 리비아는 현명하게 서방과 화해함으로써 그 명단에서 빠져나왔다. 이란과 시리아를 테러지원국으로 더욱 지나치게 몰아세우는 것도 이제 정치적 그리고 군사적으로 부작용을 가져올 수 있는 상황이다. 더 나아가 그 공격이 파리, 로마, 혹은 몬트리올에 거주하는 알-카에다 행동대원들에 의해 계획되고 수행되었다고 가정해보자. 이들 나라에 대한 군사적 조치가 가능한가? 아니면 군사적 대응이 아니라 수준을 한 단계 낮춰 국내적 치안 차원에서 경찰이 나서야 하는가? 반응이 실행가능한가? 이러한 절제된 대응이 적절하다고 할 수도 있다. 그러나 만약 그 공격이 엄청난 희생을 야기했다면 그러한 소극적 대응이 정치적으로 충분히 납득될 수 있을까?

이러한 가상의 질문들이 수도 없이 제기될 수 있다. 이런 질문에 어떻게 답해야 하는지에 대해 대테러 전략가들은 심각하게 고민해야 한다. 특히 알-카에다의 본질이 무엇인지에 대해 적확히 이해하는 것이 상당히 중요하다. 알-카에다를 단순한 '단체'로 취급한다면 많은 것을 놓칠 수 있다. GM(General Motors)과 같은 회사나 국제로터리(Rotary International)와 같은 친목단체와 알-카에다는 크게 다르다. 회사나 친목단체는 권한과 책임에 있어 명확한 위계질서를 가지고 있다. 이 두 조직의 가장 저점에는 영업사원과 지역 클럽 일반 회원이 있을 것이다. 운영진과 일반 직원 및 회원들 간 명확한 명령체계가 존재하기 때문에 지시나 기타 정보가 위에서 아래로 정확히 전달된다. 즉, 이런 단체들의 운영과 조직은 분명한 청사진을 바탕으로 하고 있어 모호하지 않다.

그러나 알-카에다는 위의 두 단체와 성격이 크게 다르다. 버크(Jason Burke)는 '알-카에다를 일관성을 가진 잘 짜인 조직, 전 세계 곳곳에 촉수를 가진 조직, 처음으로 등장한 1980년대 말처럼 명확한 이념과 인적 구성을 가진 조직으로 본다면, 알-카에다의 본질을 이해하지 못할 뿐만 아니라 다른 이슬람 과격주의의 과거와 현재를 제대로 파악할 수 없을 것'이라고 강조했다.10) 알-카에다는 회사나 클럽이 아니다. 세계 여러 곳에 퍼져있는 주민을 가지고 있고 금융거래, 통신 및 정보활동, 군사작전을 수행하고 있는 정치적 실체다. 이러한 특성들과 더불어 글로벌 네트워크를 가지고 있는 알-카에다는 가상국가로 분석되어야만 한다.

이와 관련해 슈어(Michael Scheuer)는 다음과 같이 언급했다.

> 오사마 빈 라덴, 아이만 알-자와히리, 알-카에다 조직, 그리고 그 연계세력들이 전통적 의미에서 외교를 수행하고 있는가? 알-카에다와 그 연계조직들이 민족국가를 구성하지 않고, 수도를 가지고 있지도 않고, 대사라고 불릴 수 있는 외교관들을 보내지도 받지도 않고 있다는 측면에서 본다면, 분명히 대답은 "아니오"다. 그러나 그들도 분명히 외교정책을 수행하고 있다고 볼 수 있다. 이슬람운동을 승리로 이끌기 위해 국제적인 활동을 하고 있다. … 알-카에다의 외교정책 혹은 정치적 전투전략은 미국과 서방의 지도자들에게 그리고 이들 비이슬람국가들의 유권자들에게 전달되고 있다. 크게 두 가지 목적을 가지고 있다. 첫째, 테러와의 전쟁을 수행하고 있는 미국에 대한 대중적 지지를 약화시킴으로써 동맹국들의 미국에 대한 협력정책을 바꾸도록 하는 것이다. 둘째, 미국에 대한 국제사회 및 동맹국들의 지지를 약화시켜 미국을 점차 고립시키려는 것이다.11)

9/11 위원회는 조직적인 측면에서 알-카에다가 1990년대 말 경 더욱

진화했다고 언급했다. "알-카에다는 현재 이념과 행동에서 조직적인 모습을 보이고 있으며 상당한 독자적 자치를 누리는 신념이 투철한 야전 지휘관들에 크게 의존하고 있다."12) 국방 및 안보연구기관인 미국의 랜드(RAND)연구소 보고서에 따르면 미국이 아프가니스탄을 침공하기 전 알-카에다는 자전거 바퀴의 축과 바퀴살(hub-and-spoke)구조와 자동차 바퀴(wheel)구조가 결합된 특징을 가지고 있었다. 아프가니스탄에 거점을 둔 오사마 빈 라덴 및 그의 고위 지휘관들과 전 세계 세포조직들이 자전거 바퀴 축과 바퀴살처럼 하나의 몸통으로 연동하는 구조인 동시에, 때로는 의사소통에 있어 상호 작동이 이루어지지만 회전 시 모든 바퀴들이 같은 각도로 움직이지는 않는 자동차 바퀴들의 구조를 가지고 있었다.13)

탈레반 정권이 붕괴하고 빈 라덴과 그의 고위 지휘관들이 도피생활을 시작하면서 알-카에다의 조직은 더욱 탄력성을 가지게 된다. 이에 대해 바이만(Gabriel Weimann)은 다음과 같이 설명한다. "느슨한 네트워크 구조 속에서 알-카에다의 대원들은 다른 조직과의 연계 혹은 중앙이나 본부의 직접적인 통제 없이 세포조직을 구성하고 있다. 알-카에다의 지도자들은 하부 세포조직에 직접적인 명령이나 지시를 내리기 보다는 익명으로 접근이 가능하며 전달이 용이한 미디어, 웹사이트, 이메일 등을 통해 정보를 제공하고 있다. 이러한 조직구조는 특별한 장점을 가지고 있다. 정보수집, 침투 혹은 체포 작전이 어렵다. 일부 대원에 대한 체포나 정보수집이 이루어져도 다른 세포조직이나 중앙 통제부에 대한 접근이 쉽지 않다. 알-카에다나 다른 테러단체들은 수직적인 구조가 아니라 수평적 구조에 크게 의존하고 있다. 정도에 따라 어느 정도 차이는 있을 수 있으나, 오늘날 많은 테러조직들은 탈중앙화, 분절화, 권위의 위임 등을 통해 더욱 느슨하고 유연한 네트워크의 패턴을 취하고 있다."14)

그러나 알-카에다가 지나치게 느슨한 조직일 것이라고 예단해서는 안 된다. 명령은 아닐지라도 지침(guidance)이 위로부터 하부조직에 전달될 수 있다. 2001년 테러공격이 감행되기 전과 마찬가지로 2007년 중반 슈라(shura), 즉 지도자위원회는 정기적으로 회의를 가졌고 그 결과가 빈 라덴에게 보고되었다. 보고된 주요 사안들에 대해 빈 라덴은 결정을 내렸을 것이다. 매월 일정한 급여를 받는 약 200명이 알-카에다의 핵심을 구성하고 있었다.15) 가상국가는 네트워크 그 이상이다. 특정의 정치적 목적을 위해 미디어를 정교하게 이용하면서 관련 정보를 철저히 공유하고 있다. 사제폭탄을 만드는 기술도 이런 정보의 하나다. 가상국가는 전통적인 위계질서를 필요로 하지 않는다. 알-카에다는 수직적 위계질서가 없는 글로벌 실체로 계속 진화하고 있다. 국경과 전통적인 위계질서를 초월하는 운영방식을 통해 새로운 종류의 국가로서 자리 잡고 있다. 물론 알-카에다도 빈 라덴과 알-자와히리 같은 스타급 지도자를 가지고 있다. 그러나 세계 곳곳에 존재하는 '시민'이 더욱 중요한 조직의 구성원이다. 이들이 빈 라덴에 반드시 충성해야 하는 것은 아니다. 다만 알-카에다의 대의와 이념에 충성하고 있는 것이다. 적지 않은 사람들에게 알-카에다는 이슬람을 보호하기 위해 많은 적들과 싸우는 국가로 인식되고 있다. 이들은 사우디아라비아처럼 부패한 그리고 서방과 결탁하는 이슬람국가들이 담당하지 않고 있는 역할을 알-카에다가 대신 수행하고 있다고 믿는다. 알-카에다는 또 이슬람의 칼리파제도를 복원하기 위한 중간단계를 실행하고 있는 새로운 국가로 받아들여진다.

알-카에다를 단순한 범죄조직이 아닌 가상국가로 취급하는 것이 일부 사람들에게 충격적으로 보일 수도 있다. 테러리스트들을 어떻게 국가로 분류하는가라는 의문도 제기될 것이다. 물론 알-카에다 대원들이 행하는 테러는 반인류적인 것이다. 그러나 테러와의 전쟁을 수행하는 사람들은 동굴에 은신해 있는 테러리스트를 찾아내는 것이 알-카에다의 테러를 근절하는 데 있어서 필수적이기는 하지만 결정적인 사안은 아니라는 점을 잘 알아야 한다. 알-카에다 이라크 지부의 지도자라고 자칭하던 알-

자르카위(Abu Musab al-Zarqawi)가 2006년 6월 미군의 공습으로 사망했지만 이라크 내 테러는 중단되지 않았다. 알-카에다의 미래가 어떤 한 사람에 달려있지 않다는 것이 잘 나타난 사건이었다. 빈 라덴의 사망이 알-카에다의 몰락을 의미하지는 않을 것이다. 알-카에다는 빈 라덴이 운영하는 범죄조직이 아니기 때문이다.

가상국가들은 뛰어난 생존능력을 가지고 있다. 조직적이고 다차원적인 네트워크 때문이다. 스페인 출신의 정치인이자 테러전문가인 아리스테귀(Gustavo de Aristegui)는 알-카에다의 네트워크를 네 종류로 나누었다. "첫째, 9/11 테러를 감행한 초창기 네트워크(original network)다. 이 네트워크는 알-카에다 지도부가 직접 모집하고 훈련시킨 자원들에 의존하고 있다. 두 번째는 특수 목적(ad-hoc)으로 만들어진 테러 네트워크다. 알-카에다가 필리핀, 요르단, 알제리 등에서 창설한 자체 조직들로, 때로는 온건한 집단을 포섭해 과격세력으로 양성하기도 했다. 세 번째는 산하(umbrella) 네트워크다. 공통의 목표를 가진 유사 단체들이 빈 라덴의 자금력에 의존해 전략적 제휴를 맺고 있는 상태를 의미한다. 네 번째 네트워크는 유사 혹은 모방 세력이다. 알-카에다의 정강에 동의하고 있지만 빈 라덴으로부터 직접적인 재정적 지원이나 지시를 받지는 않는다." 아리스테귀에 따르면 이 네 번째 네트워크가 2004년 마드리드 열차 폭탄테러를 감행했다.[16] 이들 중 세 번째 유형의 네트워크는 알-카에다가 단순한 네트워크 조직 수준을 뛰어넘어, 더욱더 명확한 이념을 가진 통합된 조직으로 변모해 가고 있음을 말해 준다.

가상국가는 복잡한 실체다. 전 세계에 분포되어 있고, 비밀리에 활동하고 있다. 사법당국은 구성원을 추적하고 있고 때로는 정보원을 조직 내에 투입하기도 한다.[17] 한편 가상국가는 테러 공격을 감행하기 위해 지도부와 자금을 필요로 한다. 이 부분에서 글로벌 미디어가 가상국가에 도움을 주고 있다. 2005년 알-자와히리는 다음과 같이 미디어의 역할을 강조했다. "우리는 전쟁 중에 있다. 이 전쟁의 절반이상은 미디어 전장에서 치러지고 있다. … 우리의 움마에 거주하는 독실한 무슬림들을 위해 우리는 이 미디어 전투를 보다 확실히 수행해야 한다."

뉴스 보도를 통해 위성 TV는 알-카에다의 테러 활동상황과 성명을 발표하는 빈 라덴의 모습을 알-카에다 추종자들과 일반 시청자에게 보여주고 있다. 더욱더 중요한 역할을 하는 것은 인터넷이다. 인터넷은 신문과 TV가 전달하는 것보다 더 상세한 정보를 더 자주 제공하고 있다. 알-카에다 추종자들에게는 결속의 장이자 작전을 위한 정보 교류의 수단이다. 알-카에다와 인터넷의 관계에 대해 슈어(Michael Scheuer)는 "오늘날 인터넷은 전 세계 각지의 이슬람 과격세력들이 웹상에서 만나고, 이야기하고, 상호교류 하는 것을 가능케 하고 있다"며 "1980년대와 1990년에는 이 같은 친밀감과 유대감 구축이 수단, 예멘, 아프가니스탄, 파키스탄 등으로의 여행을 통해서만 가능했다"고 설명한다.18) 알-카에다는 이제 사이버 보안을 강화하는 수준에 이르렀다. 2006년 말 알-카에다는 『테크니컬 무자히드 매거진(Technical Mujahid Magazine)』이라는 온라인 잡지를 발간하기 시작했다. 조직원들에게 전자 데이터 보안 및 인터넷 사용 기술을 전파하기 위해서다.

알-카에다 지도부는 인터넷의 중요성을 너무나 확실히 인식하고 있다. 조직원 및 추종자들에게 명령을 하달할 때도 인터넷을 이용하고 있다. 자체 웹사이트에 게재된 아래의 메시지는 인터넷에 대한 알-카에다의 입장을 명확히 말해주고 있다.

현대 기술의 진보로 인해 뉴스, 정보, 담론 등의 정보를 인터넷을 통해 쉽게 전파할 수 있다. 우리는 무슬림 인터넷 전문가들이 이메일 리스트, 토론그룹, 그리고 자신들의 웹사이트를 통해 지하드에 관한 뉴스와 정보를 확산시켜 줄 것을 강력히 촉구한다. 만약 당신들이 이를 수행하지 않아 우리의 사이트가 폐쇄당하는 상황이 발생한다면, 최후의 심판의

날 알라께서 당신들에게 그 책임을 물을 것이다. … (서방 정보기관의 추적으로 인해) 우리의 웹사이트는 지속적으로 개폐를 반복할 것이다. 따라서 우리 사이트의 게재 내용물에 관심이 있는 모든 무슬림들은 이를 다운로드해서 다른 웹사이트, 토론 게시판, 이메일 리스트 등을 통해 지속적으로 전파시켜야 한다. 이런 과업은 무슬림 누구나 쉽게 참여할 수 있는 부분이다. 여성 무슬림들도 집에서 언제나 할 수 있는 일이다. 만약 우리의 웹사이트가 폐쇄되더라도 이런 방식을 통해 우리의 메시지는 알라의 은총으로 계속 살아남을 것이다.[19]

2001년 말 미군이 아프간에 대한 공격을 감행하기 시작했을 때도 알-카에다는 이와 같은 첨단 미디어 수단을 이용하고 있었다. 당시 아프간 현장에 있던 한 파키스탄 기자는 "미군의 공습에 철수하면서도 알-카에다 대원들은 칼라슈니코프(Kalashnikove, 러시아 경기관총 – 역자 주)와 함께 노트북을 들고 있었다"고 전했다.[20]

글로벌 알-카에다 가상국가를 건설하기 위해 알-카에다는 능숙하게 사이버 작업을 수행해 왔다. 바이만(Weimann)의 연구에 따르면 알-카에다 웹사이트의 수는 1990년대 후반 한 개에서 2006년 경 50여개로 늘어났다. 다른 지하디스트(Jihadist) 이슬람 과격단체 사이트들까지 합치면 그 수가 현재 수천에 달한다. 사이트가 해킹되거나 서비스 제공자로부터 폐쇄되더라도, 그 내용물은 바로 다른 새로운 사이트에 올라온다. 이에 대해 바이만은 다음과 같이 설명한다. "알-카에다의 최고 지도부는 폭넓게 확산된 웹사이트 네트워크를 통해 전 세계 지지자와 동조자들에게 명령과 정보를 전달하고 있다. 알-카에다의 웹사이트, 포럼, 채트 룸(chat room), 다양한 온라인 게시판을 통해 강연 자료, 녹음된 성명서, 테러 공격 동영상, 안내책자, 행동 매뉴얼 등이 유포되고 있다."

대표적인 온라인 자료는 사우트 알-지하드(Voice of Jihad)다. 2004년 2월에 발간되기 시작한 온라인 매거진으로 무자히딘들의 성공적인 작전을 홍보한다. 2004년 10월 사설에 이 매거진의 논조가 명확히 드러나고 있다.

> 무슬림형제들이여! 알라를 위해 나아가 성전을 수행하라! 천국의 문은 이미 활짝 열려 있으며, 천국의 처녀들이 치장을 하고 신랑을 기다리고 있다. 순교자에 대한 이 같은 보상은 알라의 약속이다. 알라의 적을 향해 나아가 싸우지 않는 자에게 알라는 절대로 평온을 선사하지 않을 것이다. 성전을 수행해야 하는 이유는 여러 가지다. 성전은 우선 알라의 명령에 복종하는 것이다. 성전은 또 불신자들이 감독하고 있는 (이라크의) 아부 그라이브 감옥과 다른 수용소들에서 순결을 잃은 무슬림 여성들의 명예를 회복하는 일이다. 마지막으로 서방의 압력과 억압의 치욕에서 무슬림들의 자존심을 지키는 일이다. 이 외에 또 어떤 명분이 성전을 행하지 않는 자들을 설득하는데 필요하겠는가?[21]

바이만(Weimann)이 언급한 것처럼, 사우트 알-지하드는 알-카에다의 다양한 목표와 활동을 지원하고 있다. "서방의 목표에 대한 공격을 획책하는 것도 중요한 것이지만 더욱 기본적인 기능은 무슬림 대중으로부터 조직적인 지지를 끌어내는 것이다."[22] 웹사이트를 기초로 하는 지지기반을 구축하려는 이런 노력의 또 다른 목표는 온라인 도서관을 만드는 것이다. 리신(ricin) 독약을 어떻게 합성하는지, 시중에 파는 화학물질로 목탄을 어떻게 제조하는지, 시리아를 통해 이라크로 어떻게 잠입하는지 등을 설명하는 교육 자료를 제공하는 도서관이다. 온라인 도서관에 있는 이들 자료들의 일부는 웹게시판이나 채트 룸에 올라온 질문들에 대해 전문가들이 제시한 답변들이다.

알-카에다의 또 다른 온라인 매거진은 『무아스카르 알-밧타르(*Muaskar Al-Battar, Camp of the Sword* — 검(劍)의 캠프)』다. 이 매거진은 온라인 교육의 가치에 대해 다음과 같이 강조한다. "이슬람 전사들이여, 이 위대한 훈련캠프에 참가하기 위해 그대들이 다른 지역으로 여행할 필요가 없다. 집에서 혼자 혹은 다른 형제들과 함께 훈련 프로그램에 참여할 수 있다."23)

알-카에다가 2002년 초부터 이용하기 시작한 '알-니다(al-Neda, 외침)'라는 웹사이트에는 아프가니스탄과 이라크의 전쟁에 대한 분석이 가득하다. 알-카에다의 작전에 대한 이슬람학자들의 해석도 있고, 알-카에다의 저항이 미국, 이스라엘, 그리고 신앙심이 없는 이슬람 정권들의 힘을 어떻게 약화시키고 움마의 건설에 어떻게 도움을 주는가에 대한 설명도 있다. 슈어(Michael Scheuer)는 "알-카에다 관련 웹사이트들의 콘텐츠는 빈 라덴이 항상 강조하는 사안과 알-카에다가 가장 우선시 하고 있는 사안, 즉 최대한 많은 무슬림들을 성전에 참여시키는 데 크게 기여하고 있다."24)

라비(Nadya Labi)에 따르면 알-카에다 전략가들은 "인터넷이 이제 거대한 글로벌 대원 모집의 장, 즉 국경 없는 새로운 아프가니스탄과 같은 역할을 담당할 수 있다는 점을 너무나 잘 알고 있다."25) 인터넷을 통해 유포되는 선전용 영상은 '알-카에다 시민들'의 헌신을 독려하고, 참여하지 않는 대중에게 겁을 주면서, 새로운 사람들을 동참시키는데 이용되고 있다. 영국과 미국에 거주하는 무슬림들도 이런 대원 모집 노력의 주요 타깃이 되고 있다. 이라크 주둔 미군들에 의해 자행된 강간과 살인 사건을 부각시킨 2006년 동영상 등을 통해서다. 7/7 런던 지하철 테러 일주년을 기념해 유포된 이 동영상에는 알-카에다의 2인자인 알-자와히리, 폭발 당시 사망한 런던 테러의 주범 중 한 명인 탄위르(Shehzad Tanweer), 캘리포니아에서 성장해 '미국인 앗잠(American Azzam)'으로 잘 알려진 테러범 가단(Adam Gadahn) 등이 등장한다.

동영상에서 탄위르는 요크셔 억양의 영어로 유언을 남긴다. "우리는 이슬람의 대의에 100퍼센트 헌신하고 있다. 우리는 당신이 삶을 사랑하듯이 죽음을 사랑한다. … 영국의 무슬림들이여, 항상 TV를 틀어놓고 세계 곳곳에서 무슬림들이 겪고 있는 억압에 대해 보고 듣길 바란다. 만약 이런 상황을 무시해버리고 싶다면, 아무것도 듣지 않은 것처럼 혹은 관심이 전혀 없는 것처럼 그대의 삶을 영위하라. … 영국의 무슬림들이여 일어나라 그리고 상황을 직시하라. … 불신자들과 싸워라. 이는 알라가 당신에게 부과한 신성한 의무이기 때문이다." 동영상에서 가단도 탄위르의 말에 지지를 보낸다. "미국인이든, 영국인이든, 혹은 테러와의 전쟁에 동참하는 다른 국가의 국민이든 간에 이들이 무슬림 민간을 목표로 의도적인 공격을 행하고 있음을 무슬림들은 잊지 말아야 한다."[26]

미디어 사안에 대한 알-카에다의 정교한 접근법은 자체 미디어프로덕션회사인 알-사하브 재단(al-Sahab Foundation)의 설립에 잘 나타난다. 알-카에다가 창설될 당시인 1988년 빈 라덴이 설립한 미디어 기관 중의 하나다. 이 회사는 빈 라덴의 비디오 성명서와 알-카에다와 지하드 홍보영상을 제작하고 있다. 물론 초창기 영상물들에는 알-카에다를 강력한 소비에트연합에 저항하는 용맹한 단체로 묘사한다. 빈 라덴이 수단에 머물던 기간인 1990년대 초에는 사우디아라비아의 타락한 정부를 개혁해야 한다는 메시지가 담긴 영상물들이 제작되었다. 빈 라덴이 '미국에 대한 선전포고'를 발표한 1996년에는 미국과 서방에 대한 성전을 촉구하는 메시지가 주를 이루었다. 궁극적으로 알-사하브의 제작물들은 기존의 텔레비전 뉴스를 대체하기 위한 수단으로 제작되었다.[27]

알-사하브의 일부 영상들에는 아프간 현지의 은신처에서 알-카에다 사진사가 직접 촬영한 빈 라덴, 알-자와히리 등 지도부의 모습이 담겨있다. 이런 경우 동영상의 원본은 특정 지역으로 보내지고, 거기서 인터넷을 통해 알-사하브 제작국으로 전송된다. 알-사하브는 또 TV 방송용으로 고화질 영상을 제작하기도 하는데, 보통 이들 영상물은 알-카에다 로고, 디지털방식으로 제작된 배경막, 영어 자막 등을 담고 있다. 동영상의 일반적인 배경은 보통 무장한 대원들과 무기가 등장하는 야외다. 그러나 때로는 책장을 배경으로 하는 경우도 있다. 이는 정치적인 메시지를 보다 차분한 분위기에서 효과적으로 전달하는 동시에 서방의 정보 분석가들이 촬영장소를 추적하지 못하도록 하려는 의도가 깔려있다.

　미디어 제작은 일단 양적으로 크게 늘고 있다. 2005년과 2006년 사이에만 알-카에다는 영상물 제작을 4배 이상 늘렸다. 2006년 알-사하브는 58개의 동영상 및 음성 메시지를 제작했다. 2007년에는 90여 개 이상의 영상물을 배포했다. 모든 제작물은 대략 4,500개가 넘는 이슬람 지하드 조직의 웹사이트를 통해 유포되었다.28)

　과거 가장 보편적인 유포 방식은 배달이었다. 비디오 혹은 오디오 테이프가 알-자지라 등 기타 미디어 매체로 우편이나 인편을 통해 전해지는 것이었다. 이들 매체는 일부 편집을 가한 후 방송에 내보낸다. 그러나 보다 업데이트된 방식은 인터넷을 이용한다. 완성된 동영상을 다양한 웹사이트에 업로드하는 동시에 이들 사이트 주소를 인터넷 포럼 등 웹게시판에 공지하는 방법이다. 알-카에다의 동조세력들은 이들 영상물을 복사해 다른 사이트에도 유포시킨다. 결국 제작물은 편집되지 않은 상태에서 대규모 인터넷 사용자에게 전파되는 것이다. 점점 더 많은 지하드 웹사이트들이 생겨나면서, 알-카에다도 홍보와 선전을 위해 독립적이지 않은 뉴스 매체보다는 보다 자유로운 인터넷 네트워크에 더욱 의존하고 있다. 알-카에다 동영상 유포를 돕고 있는 한 지하드주의자는 "우리는 현재 메시지를 외부로 내보내는 언론인 역할을 하고 있다"고 한 인터뷰에서 밝혔다.29)

　이라크에서 활동 중인 '이라크 이슬람국가(the Islamist State of Iraq)'는 알-사하브를 모델로 한 자체 미디어회사를 가지고 있다. 2007년 제작된 '왜 우리는 성전을 행하는가?'라는 제목의 19분짜리 비디오 동영상은 이 단체의 대표적인 홍보 영상이다. 알-사하브의 제작방식은 중동을 넘어 다른 지역의 알-카에다 연관 단체들에 의해 모방되고 있는 것이다. 아프리카 북부지역에서 활동하는 알-카에다 조직도 2007년부터 유사한 동영상들을 만들어 유포하고 있다.30)

이런 미디어 활동은 이라크의 알-자르카위(al-Zarqawi, 요르단 출신의 이라크 알-카에다 지부 지도자 – 역자 주)에 의해 새로운 단계로 접어들었다. 알-자르카위는 미디어를 통해 그의 잔혹성을 드러낸다. 2004년 미국인 사업가 버그(Nicholas Berg)를 납치해 참수했을 때다. 그는 참수 집행자 역할을 담당했다. 참수 장면은 녹화돼 한 웹사이트에 올려졌다. 24시간도 되지 않아 50만 번의 다운로드가 이뤄졌고, 다른 사이트들로도 쉴 새 없이 옮겨졌다.31) 알-자르카위는 순식간에 자신의 존재감을 이슬람권 대중의 뇌리에 심어놓는데 성공했다. 이 요르단 출신의 반군 지도자는 새로운 방식의 지하드를 확산시키는데 미디어를 정교하게 이용할 줄 아는 재능을 가진 것이다.

다음해, 알-자르카위는 온라인 매거진을 창간했다. 주르와트 알-사남(Zurwat al-Sanam, 낙타 혹 꼭대기)이다. 창간호는 43페이지의 분량으로 순교한 지하드 전사들의 이야기를 주로 담고 있었고, 빈 라덴과 부시 대통령의 사진도 있었다.32) 몇 달 후 알-자르카위의 '홍보팀'은 '모든 종교는 알라를 위해 존재할 것이다'라는 46분 분량의 동영상을 내놓았다. 자살폭탄테러 대원들의 훈련장면을 주로 다루고 있다. 워싱턴포스트 지에 따르면 그 동영상은 다양한 다운로드 방식을 갖춘 특별히 고안된 웹페이지에 올려졌다. 빠른 속도의 인터넷 연결을 이용하는 사람들을 위해서는 윈도우 미디어나 리얼 플레이어 버전을 제공했고, 전화선을 이용해 접속하는 사람들과 휴대전화를 이용해 다운로드를 받는 사람들을 위해서는 각각 다른 버전의 동영상을 제공했다.33) 이 웹사이트는 또 다양한 온라인 게재물들도 제공했다. 특히 어린이 자살폭탄테러범을 묘사하는 만화도 쉽게 찾아볼 수 있다.34)

야심적인 미디어 전술을 추구하는 알-자르카위에 대해 알-카에다의

2인자 알-자와히리는 한때 경고메시지를 보냈다. 알-카에다 입장에서도 공개적으로 인질을 참수하는 것과 이라크 내 미군과 싸우기 보다는 시아파들을 공격하는 알-자르카위의 행동이 지나쳤다는 것이다. 알-자르카위의 자치권이 무제한적인 것은 아니라는 점이 나타난 것이다. 알-자와히리의 메시지에는 알-자르카위의 활동 자금이 빈 라덴에 의해 지원되고 있다는 점을 간접적으로 시사하고 있다. 이것이 바로 테러리스트 가상국가가 그들의 시민을 통제하는 방법이다.35)

따라서 지나치게 도를 넘지 않는 선에서 알-자르카위는 미디어 홍보를 적극적으로 수행했다. 온라인 담당 비서도 있었던 것으로 알려지고 있다. 2005년 7월 이라크의 알-카에다 지부는 매일 평균 9개의 온라인 성명서를 게재했다. 주로 미군에 대한 공격이 자신들의 소행임을 알리는 내용들이었다. 때로는 잘못된 뉴스 기사를 바로 잡는 반박 성명들도 있었다. 2005년 알-자르카위의 대변인은 알-자르카위가 이라크 힐라(Hilla, 이라크 중부의 소도시 - 역자 주) 지역의 자살 차량 폭탄테러를 감행하지 않았다고 발표했다. 상당수의 여성과 어린이가 사망한 그 테러사건에 대해 이라크 국민들은 폭력에 반대하는 대규모 시위를 행했었다. 온라인 성명에서 대변인은 다른 공격, 즉 미군에 대한 공격이 자신들의 소행이며, 힐라 테러는 자신들과 무관하다고 역설했다. 그는 성명서에서 "어느 누구도 우리가 말하지 않은 것에 대해 왈가왈부해서는 안 된다"고 경고했다.36)

알-자르카위는 이제 미군에 의해 제거되었다. 그러나 이라크에서 그리고 다른 곳에서 알-카에다의 미디어 활동은 보다 정교해지고 영향력을 확대하고 있다. 미군에 대한 저격 작전을 주로 다루던 알-자우라(Al Zawra) TV는 2007년 초 경 하루에 24시간 방송되었다. 수니파 반군에 의해 운영되던 이 채널은 "이란과 미국의 점령에 저항하는 모든 정파"를 대표한다고 주장했다.37) 미국은 알-자우라 TV에 대한 방송중단을 여러 차례 시도했었다. 그러나 사우디정부가 대주주임에도 불구하고 아랍권 위성인 아랍샛(Arabsat)에서는 아직도 이 방송의 시청이 가능하다. 수니파 종주국인 사우디에게는 수니파 세력을 지지하는 것이 미국을 돕는 것보다 더 중요한 것으로 보인다.38)

위에서 언급한 바와 같이 알-카에다의 활동범위는 단순히 간헐적인 테러공격을 감행하는 것 이상이다. 보다 광범위한 정치적 사안을 포함하고 있다. 지지여론을 동원해 보다 많은 하부조직과 개인을 '알-카에다 국가'로 끌어들이는 것이다. 빈 라덴은 통합된 움마(ummah)의 한 부분으로서 알-카에다가 가질 수 있는 잠재적 영향력에 대해 잘 알고 있었다. 그는 "우리는 중동에서부터 필리핀, 인도네시아, 말레이시아, 인도, 파키스탄 그리고 모리타니까지 뻗어 있는 한 민족국가, 즉 이슬람 공동체의 구성원"이라고 강조한 바 있다.39)

알-카에다의 기반을 구축하는데 있어서 빈 라덴은 상징적인 폭력의 이미지를 일반 대중에게 인식시키는 것이 얼마나 중요한지 잘 알고 있었다. 데브지(Faisal Devji)는 "순교는 대중매체의 주목을 받는다는 점에서 글로벌 공동체를 형성하는데 촉매제 역할을 한다"고 설명한다. 데브지는 또 알-카에다의 테러리즘이 보다 넓은 의미에서 평가되어야 한다고 강조하면서 다음과 같이 말한다. "궁극적으로는 폭력이 알-카에다의 가장 표면적이고 일시적인 전술일 것이다. 당장에는 폭력이 대중의 관심을 끈다는 점에서 중요한 역할을 하고 있지만 말이다. 폭력적인 지하드는 아이러니컬하게도 '이슬람의 민주화'라는 훨씬 포괄적인 효과를 야기할 수 있다. 서방과 독재정권에 무기력해왔던 전통적인 종교 권위가 분열할 것이고 이어 끝없는 재결합의 과정을 동반할 것이다. 이 과정에서 알-카에다는 상당수 대중의 의견을 대표할 것이다."40)

의미론적으로 본다면 데브지가 언급한 '민주화'는 상당한 논란을 야기할 수 있다. 지하드는 이슬람을 변화하게 하는 여러 압력들 중의 한 요인일 뿐이기 때문이다. 그러나 뉴미디어는 이러한 영향력의 역동성을 변화시켜왔다. 과거 서방의 거대 언론기관이 행사해 온 정보의 장악은 이제 무력해졌다. 전통적인 국가, 언론기관, 그리고 정치행위자들이 더 이상 과거와 같은 방식으로 정보의 흐름을 결정하고 담론의 영역을 제한할 수 없다. 데브지가 언급한 민주화는 인터넷과 위성 TV를 통해 유포되는 다양한 개인적 그리고 집단적 이슬람의 목소리들이 과거의 전통적인 이슬람 권위체계를 바꾸어놓고 있다는 것을 의미한다. 물론 이슬람 성직자도 가상국가에서 나름의 공간을 가지고 있다. 하지만 더 이상 통제권을 가지고 있지는 못하다. 오사마 빈 라덴 혹은 다른 이슬람 과격주의자들은 가상세계에서 지속적으로 자신들의 강력한 목소리를 내면서 지도자적 역할을 담당하고 영향력을 확대하고 있다. 이들의 활동은 단순히 극악무도한 폭력행위의 수준을 넘어서는 것이다.

빈 라덴도 그의 추종자 알-자르카위와 같은 운명을 맞이할 것이다. 전 세계 뉴스는 그의 죽음을 헤드라인으로 다루면서 그의 죽음이 알-카에다의 종말을 의미한다고 언급할 것이다. 마치 상당수 서방의 언론기관들이 알-자르카위 사망의 의미를 지나치게 과장했던 것처럼 말이다. 빈 라덴의 제거는 알-카에다의 심각한 타격을 줄 것이다. 그러나 치명적이지는 않을 것이다 (오사마 빈 라덴은 2011년 5월 2일 파키스탄에서 미군에 의해 사살됐다 - 역자 주).

알-카에다는 이미 가상국가가 되었다. 사악하면서도 야심적인 목표를 가지고 있고 헌신적인 시민들도 이 국가에서 살고 있다. 따라서 지도자 한 사람을 제거한다고 해서 사라질 수 없는 견고한 실체이고, 복잡하게 얽힌 조직을 가진 새로운 종류의 국가다.

알-카에다를 넘어서

뉴미디어는 테러 조직에게 전 세계 청중들에게 도달할 수 있는 보다 많은 기회를 제공한다. 과거 사법당국이 추적, 소탕할 수 있었던 집배센터를 이용하는 것 대신에, 현대의 테러 조직들은 해적판 비디오 편집 소프트웨어와 웹사이트에 의존하고 있다. 이를 통해 추종자들이 접속해 확인할 수 있는 어떤 게재물이라도 업로드 할 수 있다. 다양한 자료들이 이들 웹사이트에 오른다. 대표적인 예는 2007년 한 웹사이트에 올려진 118쪽 분량의 '보안 대백과사전(Comprehensive Security Encyclopedia)'이다. 이 자료에는 인터넷 및 전화보안 수준 개선, 무기 구매, 폭발물 조작, 자금 이체 등 과격단체들에게 유용한 상세한 설명서들을 담고 있다.[41]

뉴미디어에 능숙한 신세대 테러리스트들 중 대표적인 인물은 모로코 출신의 티슐리(Younis Tsouli)다. 사이버상 그의 가명은 '이르하비007 (Irahabi는 테러리스트라는 의미임 - 역자 주)'이다. 티슐리는 알-카에다의 본부가 아프가니스탄에서 사실상 축출된 이후 인터넷상에 지도부를 구축하는데 기술적 재능을 발휘했다. 특히 알-자르카위가 이라크에서 인터넷을 중요한 투쟁 수단으로 이용하면서 티슐리의 역할은 더욱 커졌다. 티슐리는 서버 해킹에 상당히 능했다. 이를 통해 그는 대용량의 동영상을 유포시켰다. (그의 해킹으로 인해 피해를 입은 대표적인 업체는 미국 아칸소주[州] 교통국 컴퓨터 시스템이었다.) 2005년 런던에서 체포돼, 2007년 징역형을 선고받고 현재 수감 중에 있는 티슐리는 알-카에다의 대의를 위한 잠재적 대원들을 모집하는데 있어 인터넷의 효과를 잘 알고 있었다. 2006년에 발간된 미국 정부의 정보평가서(U.S. National Intelligence Estimate)는 이에 대해 다음과 같이 지적하고 있다. "인터넷 시대에 과격화 과정은 더 빨리, 더 포괄적으로, 그리고 더 큰 익명성으로 진행되고 있다. 이에 따라 조직의 구성원과 지지자들에 대한 정보가 거의 없는 잘 알려지지 않은 단체들에 의한 기습공격의 가능성이 더욱 커지고 있다."[42]

2007년 중반 경 이슬람 웹사이트들의 활동범위는 더욱 넓어지고 있었다. "미디어 지하드(Media jihad)는 이라크가 어디에 있는지도 모르는 멍청하고 나약한 미국인들의 시각"에 영향을 주기 위해 다양한 온라인포럼 사이트를 열고 있었다. 공격을 당하는 미군 부대, 고문과 같은 미군 병사들의 부당한 행위, 그리고 이라크 전쟁 참전을 비판하는 미군 가족들의 불만을 강조하는 동영상을 보여줌으로써 이들 사이트들은 '나약한' 미국인들의 마음을 목표로 하고 있었다. 이들 이슬람주의 웹포럼들은 또 전쟁에 대한 낮은 지지도를 지적하는 여론조사 결과, 실전에서 제대로 작동하지 않고 있는 무기체계 등 부정적인 서방의 뉴스분석들을 게재하곤 했다.43)

이처럼 전쟁을 직접적으로 언급하는 것은 빙산의 일각에 불과하다. 이슬람주의 웹사이트들은 청년 무슬림들의 지지를 끌어내기 위해 이들의 마음을 자극하는 이념적 그리고 문화적 사안에 더 집중적인 노력을 기울이고 있다. 미국이 주도하는 테러와의 전쟁이 장기화할 것이라는 가정 하에, 인터넷 지하드주의자들은 차기 투쟁의 세대를 양성하는 것이 서방에 승리하는데 있어 더욱 중대하다는 것을 잘 알고 있다. 이러한 계획적인 메시지에 대해 부적절하게 대응한다면 상당히 심각한 위험을 초래할 수 있을 것이다. 잘못된 주장이라고 할지라도 이것이 자유롭게 유포될 경우 지적 공백 상태에서는 나름대로 영향력을 가질 수밖에 없다. 따라서 이러한 위험성을 명확히 인식하고 적절하게 대응하는 것은 서방과 이슬람세계의 갈등이 필연적이지 않다고 믿는 온건한 무슬림과 비무슬림들의 의무다. 이와 같은 대응을 하는데 있어서도 뉴미디어는 필수불가결한 수단이다.

6

민주주의를 위한 사이버 투쟁

20세기 말 그리고 21세기 초 민주화에 대한 염원은 여러 멋진 장면을 연출했다. 예를 든다면 톈안먼(天安門) 광장에서 탱크 앞을 가로막고 서있는 한 남자, 베를린 장벽 붕괴를 축하하는 인파, 불공정 선거에 항의해 베오그라드와 키예프 거리로 나온 수 만 명의 시위대, 최초로 여성참정권이 인정된 이후 투표하러 가는 쿠웨이트 여성들의 밝은 모습 등이다. 민주주의도 점진적으로 발전하고 있다. 정부는 더욱 투명해지고, 국민의 뜻을 반영하고 있다. 선거가 정부의 일방적인 결정을 대체하고 있다. 토론은 비밀장소에서가 아니라 공개적으로 행해지기 시작했다. 이런 크고 작은 승리의 소식이 언론을 통해 지구를 가로 지르며 퍼져나가면서 전 세계에 파급효과를 일으켰다. 민주화를 요구하던 다른 지역의 사람들도 용기를 얻게 되었다. 이들은 텔레비전과 컴퓨터 화면을 통해 뉴스를 모으고 이메일, 웹사이트, 문자 메시지 등의 다양한 수단을 이용해 자신들의 활동을 체계화했다.

이 모든 것의 중심에는 전례 없던 속도와 파급력을 가진 통신이 있다. 이를 통해 정보가 쉽게 유포되고, 사람이 모일 수 있다. 민주주의 시스템의 한 부분으로서 뉴미디어는 지배하는 자와 지배받는 자 사이의 균형을 재구성하고 있다. 알터만(Jon Alterman)은 이에 대해 다음과 같이 말했다. "정부는 과거에 누렸던 특정 정보에 대한 사실상의 독점권을 상실했다. 국내정치에 대한 정부의 통제 능력도 약화되었다. 공보부처, 검열, 그리고 선전과 같은 정부의 전통적인 정보 통제수단은 쇠퇴하고 있다. 이로 인해 정부는 이 같은 변화한 환경을 극복하기 위해 새로운 정보전략과 수단을 고안해야만 한다."[1]

칼라실(Shanthi Kalathil)과 보아스(Taylor Boas)는 '인터넷이 여러 아랍국가에서도 자유화를 위한 여러 잠재력을 보완하여 이끌어 낼 것'이라고 예측했다. "점차 많은 사람들이 관광과 여행을 통해 외부 세계와 더욱 폭넓게 접촉하고, 각국의 산업은 세계 경제에 보다 깊숙이 통합되고, 현대적 외모와 사고를 가진 젊은 세대가 급속히 증가하고 있다." 그러나 칼라실과 보아스는 "독재국가가 인터넷 시대에 결코 뒤처지지 않고 있다"고 지적했다. "사실 독재 정권 하에서 국가는 인터넷 발전 계획을 입안하는데 주도적인 역할을 했다. 또 사회, 경제, 그리고 정치 행위자들이 인터넷을 사용하는 방식을 규정한 것도 국가였다. e-정부를 설치하고 인터넷 기간산업을 설립하는 등의 전향적인 정책을 통해, 독재정권들은 국가가 정한 목표와 우선순위에 적합한 방향으로 인터넷 발전을 이끌고 있다." 칼라실과 보아스는 쿠바의 예를 들었다. "쿠바 당국은 국가 내의 인터넷 보급을 신중하게 계획하고 추진해 왔다. 인터넷 발전 및 보급 속도를 적절히 조절하고, 인터넷 접속을 허용하는 범위를 선택적으로 제한해 왔다. 쿠바 당국은 대대적이고 집중적인 검열 메커니즘을 통해 인터넷을 통제하지는 않고 있다. 다만 잠재적인 반정부 세력에게 인터넷 접속 자체를 거부하고 있다."[2]

권위주의적 통신 관리시스템을 현실적인 잣대로 평가하는 것이 중요하다. 왜냐하면 '기술이 민주주의를 가져온다'라는 비현실적인 공식에 쉽게 빠져드는 것을 막아줄 수 있기 때문이다. 민주주의에는 항상 투쟁이 뒤따른다. 심지어 자유로운 국가의 정부라 할지라도 민주주의의 지나친 확산을 저지할 수도 있다. 기술 혁신의 영향을 제한하는 방안이 마련될 수도 있다. 언론자유 감시단체인 '국경없는 기자회(Reporters Without Borders)'는 어떻게 정부가 인터넷 자유를 제한하고 있는지에 대한 연례보고서를 발행한다. 2006년 연례보고서에는 인터넷 자유를 억압하고 있는 나라로 미국과 유럽연합(EU)을 포함한 24개국의 명단이 올라 있다. 이들 나라의 위반 사항은 다양하다. 미국은 인터넷 사용자의 사적 자유를 거의 보장해 주지 않고 있다. 미얀마의 경우에는 웹상의 이메일을 금지하고 있고 인터넷카페 회원들의 활동을 감시한다. 보고서에 언급된 또 다른 억압적 수단에는 모든 온라인 간행물을 등록하도록 규정하는 법이 있고, 블로거들에 대한 위협도 있다. 그리고 가장 일반적인 방법으로 정치적 그리고 문화적으로 용인할 수 없는 웹 콘텐츠에 대해 정부가 접속을 원천적으로 봉쇄하는 것이 있다.[3]

인터넷을 기초로 하는 새로운 통신과학기술은 상당히 매력적이다. 정치적 목적으로 온라인 커뮤니케이션을 제한하려는 많은 정부들도 온라인 전체를 폐쇄하려고 하지는 않고 있다. 칼라실은 각국 정부의 이러한 딜레마를 다음과 같이 설명한다. "비록 불온 사이트에 대한 검열과 정부의 홍보를 위한 여러 프로그램이 필요한 상황이지만, 많은 정부가 추구하고 있는 e-정부 프로젝트는 확실히 시민의 삶의 질을 높여주고 정부의 투명성을 끌어올린다. 왜냐하면 e-정부의 출범은 관료 제도를 새롭게 변화시키고, 교육과 보건 정보를 제공하고, 관공서와 일반 국민의 직접적인 소통을 증가 시켜주기 때문이다. 이러한 과학 기술의 명백한 효과를 이해하는 것은 인터넷을 효율적으로 이용해 닫힌 사회에서 정치적 자유화를 증진시키고 통치방식을 개선하는데 결정적인 역할을 한다." 칼라실은 "만약 자금이 부족한 독재국가가 세계 경제의 도움을 받고자 한다면, 인터넷 영역에 활발히 진행되고 있는 민간투자와 시장 중심의 경제개발을 허용해야 한다는 압력을 받게 될 것이다."4)

국경없는 기자회는 정부를 비판하는 블로거들을 탄압하는 대표적인 예로 싱가포르를 지목했다. 그러나 싱가포르는 세계에서 가장 정교한 온라인 e-정부 시스템을 갖고 있는 국가 중 하나다. 싱가포르 정부는 아래 4가지 분야에 관한 고객중심의 통합 정보를 제공하고 있다.

- ○ 싱가포르 국가와 정부에 대한 업데이트 자료를 제공하는 정부 분야,
- ○ 싱가포르 시민과 영주권자들을 위한 정보와 서비스를 제공하는 e시민(eCitizen) 분야,
- ○ 비즈니스 서비스에 대한 접근을 제공하는 비즈니스 분야,
- ○ 싱가포르 관광, 이주, 취업, 유학 등에 대해 외국인 방문자 정보를 제공하는 비거주자 분야.

이들 인터넷 사이트들은 상당히 포괄적이어서 일상생활에 아주 긴요한 일부가 되었다. e시민 사이트는 주택과 의료서비스를 찾고, 아이를 입양하고, 범죄를 신고하고, 심지어 결혼 상대자를 구할 때도 유익한 정보를 제공해준다. "당신이 '할 수 있는 것' 이상의 서비스를 친근하게 제공"한다고 이 사이트는 강조한다.5)

시민들에게 제공되는 이 같은 혜택에도 불구하고 칼라실은 다음과 같이 주장한다. "만약 폐쇄된 사회에서 인터넷이 갑자기 허용될 경우, 인터넷은 본질적으로 자유화의 수단이기 보다는 오히려 반대 성향의 조류를 일으킬 가능성이 높다. 따라서 정책 입안자들은 권위주의적 국가에서 개방의 분위기를 조성할 수도 있는 구체적 행동과 인터넷 정책을 파악하고 추진해야 한다."6) 이러한 제안은 정책 수립에 반영될 가치가 있다. 그러나 이것이 뉴미디어를 이용한 진정한 민주주의 개혁 노력을 저해할 정도로 지나치게 강조되어서는 안 된다.

정부는 정권을 강화하기 위해 정교한 온라인 환경을 구축하는 반면, 국민들은 휴대전화 문자 메시지를 이용하여 정보를 전달하고 시위대를

조직 할지도 모른다. 2002년 한국에서는 대통령 선거일에 80만 명의 유권자에게 보내진 이메일과 문자메시지가 아마도 노무현 후보가 당선된 대통령 선거결과에 영향을 미쳤을 것이다. 2004년에도 중국에서도 12,000명의 노동자들이 휴대전화 문자 메시지를 이용해 공장주를 상대로 파업을 벌였다. 통제가 상대적으로 용이한 인터넷과는 달리 조직적으로 이용되는 휴대전화는 정부의 감시를 뛰어넘고 있다. 정부는 국민들이 휴대 전화 메시지를 자유롭게 보내고 반체제적 정치적 도구로서 특별한 가치를 가질 수 있도록 허용할 수밖에 없는 상황에 처해 있다.[7]

민주화의 여정은 결코 평탄하지 않다. 때문에 미디어는 민주화로의 여정을 보다 쉽게 만들어 줄 수 있다. 물론 정보통신기술이 만병통치약이 될 수는 없다. 그러나 분명히 국내, 지역 그리고 세계의 개혁에 점차 중대한 추진력이 될 수 있다. 뉴미디어의 한 단면이지만, 특히 인터넷은 어떻게 보면 당연한 것이겠지만 사회를 크게 변모시킬 것이다. 사실 인터넷이 가진 사회를 변화시키는 위력은 1950년대와 1960년대 텔레비전이 누렸던 영향력보다 더 크다고 할 수 있다. 그리고 쌍방향 통신 등 인터넷이 가진 다양한 기능을 고려해 볼 때, 그 위력을 평가하는 것 자체가 복잡하다. 인터넷과 더불어 휴대전화, 위성TV, 그리고 다른 ICT장치들이 가진 정치적 영향력과 사회 연계능력은 앞으로 다가올 미래에 여러 정치 및 사회 행위자들의 상상력을 자극 할 수 있다.

중국: 거대 실험실

중국의 근대화에 관한 많은 통계를 살펴보면, 통신에 대한 수치는 경이롭다. 2002년부터 2006년까지 4년에 걸쳐 인터넷 접속이 가능한 컴퓨터의 수는 2배 이상 증가해 4,600만 대에 이르렀다. 인터넷 사용자의 수는 2006년 말 1억 3,700만 명에서 2007년 말에는 2억 1,000만 명으로 늘었다. 이 항목에서 중국은 미국 다음으로 높은 수치를 기록하고 있다. 2002

년에 광대역 통신을 이용하는 중국의 인터넷 사용자는 7퍼센트에 불과하였으나 2007년 말에 접어들면서 75퍼센트를 넘어섰다. 인터넷 검색엔진(Search engines)은 매일 3억 6,000만 건의 요청을 처리하고 있고, 8,700만 명의 사람들이 컴퓨터 간 메신저(computer-to-computer messaging)를 사용하고 있다. 블로그의 수는 거의 0에서 대략 1,500만 내지 3,000만 개 정도로 증가했다. 그리고 같은 기간 동안에 휴대 전화 등록수는 다른 어떤 나라보다 많은 4억 건으로 2배가 늘었다.[8]

이 같은 첨단기술 사용자들에게 서비스와 콘텐츠를 제공하기 위한 새로운 경제 분야가 발달했다. 가장 유명한 넷 포털(Net Portal)인 시나(Sina)는 2004년 9,500만 명의 등록 회원들에게 한국의 온라인 도박 사이트와 야후의 경매 사이트에 대한 링크서비스를 제공했다. 이를 통해 시나는 1억 1,400만 달러의 매출과 3,100만 달러의 수익을 기록했다. 또 다른 포털인 소후(Sohu)는 인터넷 콘텐츠를 회원들의 휴대전화로 보내주는 서비스를 통해 막대한 수익을 올렸다. 중국의 떠오르는 온라인 기업 중 하나인 샨다(Shanda)는 온라인 게임 사업에 집중하여 2005년 경, 1,900만개의 유료계정을 보유하고 있는 것으로 알려졌다. 그리고 게임, 만화 그리고 샨다는 또 운세를 휴대전화 고객에게 제공하는 링크톤(Linktone) 서비스도 운영하고 있다.[9]

이러한 기술적 진보는 세계 경제 및 정치 대국 중 하나인 중국의 발전과 잘 조화를 이룬다. 중동의 많은 나라들처럼 이 분야에서 뒤처진 국가는 낮은 수준의 세계적 영향력을 가질 수밖에 없다. 이상적이긴 하지만 많은 사람들이 정보를 수집하고 소통할 있는 다양한 수단을 가질 때 민주주의는 역동성을 가질 수 있다. 그러나 상당수 정부들은 이러한 과정을 방해하려고 노력하곤 한다. 많은 노력을 투입해 일부 정부들이 일시적이나마 정보통신기술을 근간으로 하는 민주화를 무산시켜 왔다. 이 같은 반민주주의를 전술을 채택하고 있는 많은 국가들 중에서, 중국은 안타깝게도 포괄적인 뉴미디어 통제를 행하면서도 강건한 국가성장을 이루어 내고 있는 사례다.

중국정부의 정보통제 움직임은 뉴미디어의 중국 내 역할에 대한 국제 사회의 낙관적인 예측에 일부 자극을 받은 것이다. 국제사회는 뉴미디어 가 중국 내 자유로운 반정부 의사표현 그리고 빠른 민주주의 확산을 가져 올 것이라고 예측해 왔다. 그러나 이러한 판단은 중국의 정치 현실을 제대 로 반영하지 못한 것으로 드러났다. 중국의 대다수 집권세력은 자신들이 규정하고 통제할 수 있는 방향이 아니라면 민주화를 원하지 않고 있다.

이런 중국정부의 전술은 혼합된 결과를 낳아왔다. 2000년 클린턴 (Bill Clinton) 대통령은 중국의 인터넷 사용 규제에 대해 "마치 젤리과자 (Jell-O)를 벽에 못으로 박으려 하는 것과 같다"고 말했다. 그러나 2002 년 국방 및 안보연구기관인 미국의 랜드(RAND) 연구소 보고서는 다음 과 같이 언급했다. "중국정부는 성공적으로 인터넷을 기반으로 한 반정부 세력의 움직임을 억제하고 있다. 엄격한 정부 규제, 용의자 감시, 체포, 장 비의 몰수, 그리고 밀고자 고용 등의 전통적 '레닌주의 기법(Leninist techniques)'의 사용을 통해서다. 또한, 중국정부는 정치적 목적으로 인 터넷을 이용하고 있다는 증거도 있다. 반체제인사들의 극단적인 면을 인 터넷에 유포하거나 그들의 이메일에 수천 통의 가짜 메시지를 보내 마비 시키는 공격을 감행하고 있다."10)

중국정부의 검열 대상 중에는 온라인 뉴스 토론그룹들이 있다. 이들 그룹은 사회적, 정치적 주요 사안들에 대한 유명한 전문가들의 의견을 게재해 공개토론의 장을 제공했으며, 정부의 영향을 받고 있는 미디어가 거의 다루지 않거나 소홀하게 다루는 여러 문제들에 대해 대중들이 직접 의견을 게재할 수 있도록 장려했다. 뉴스에 대한 통제받지 않는 토론은 의사표현의 자유이며 가장 기초적인 민주적 활동이다. 그러나 중국정부 의 기준에서 본다면 위험한 것이고 중단되어야 할 것을 의미한다. 특히 대부분 이들 그룹들이 그랬던 것처럼 거대한 지지층을 확보하게 된다면 더욱 그럴 것이다. 2004년 2월 중국정부는 이를 막기 위한 법을 제정했다. 이 법에 따라 정부의 허가를 받지 않는 독립적인 뉴스 보도, 경제문제와 같은 민감한 사안에 대한 토론, 그리고 공산당을 비판하는 웹포스팅(Web posting)이 금지되었다. 정치적 의견을 피력하고 있는 사이트를 검색하면 다음과 같은 메시지가 뜬다. "이 페이지를 찾을 수 없습니다." 그리고 정치적 의견을 올리려고 하면 다음과 같은 경고문이 뜬다. "이 웹사이트에는 현재 사전 검열 시스템이 작동되고 있습니다. 당신의 메시지는 다른 사용자들이 보기 전에 운영자에 의해 검토될 것입니다."[11]

온라인 토론에 영향을 주기 위해 취한 추가적인 조치는 정부의 감독 하에 있는 감시자들이 주제를 제시하는 것이다. 2006년 상하이사범대학(Shanghai Normal University)에서는 500명의 학생들이 "문명화한 인터넷의 바람을 불게 하자(Let the Winds of a Civilized Internet Blow)"라는 프로젝트에 참여했었다. '사회주의 윤리(socialist morality)' 캠페인의 일환이었다. 공식적 역할에 대해서는 밝혀지지 않고 있지만, 이들 감시자들은 온라인 토론의 주제나 의견을 정부가 승인한 방향으로 이끌어 나가고 있다.[12]

인터넷을 통제하기 위한 중국 공안의 노력은 일관성을 보이지 못해왔다. 왜냐하면 무엇에 우선순위를 두어야 할지에 혼란이 있었다. 초창기 중국 공안은 『뉴욕타임스(New York Times)』, BBC 등과 같은 국제 뉴스의 온라인 접근을 차단했었다. 그러나 이 조치는 큰 효과를 거두지 못했다. 중국의 인터넷 사용자들이 다른 사이트에 접속해 같은 정보를 얻을 수 있었기 때문이었다. 이후 중국정부는 온라인 정보검색에 필수적 요소인 구글(Google)과 같은 검색엔진에 접근하는 것을 주기적으로 금지하기 시작했다. 이는 중국정부가 대중들의 입에 오르내리는 것을 꺼려하는 사안들 즉, 종교단체 파룬궁(Falun Gong), 티베트의 지도자 달라이라마(the Dalai Lama) 등과 관련한 뉴스로부터 사람들을 멀어지게 하는 데 좋은 방법인 것처럼 보였다. 2007년 초 후진타오(胡錦濤) 주석은 정치국(Politburo) 연구모임에서 "우리가 인터넷에 대항할 수 있고 없고는 사회주의 문화, 정보의 보안, 그리고 국가의 안정에 영향을 미치는 문제다"고 말한 것으로 알려지고 있다. 그는 또 웹 이용의 발전이 저해되어서는 안 된다면서도 '건전한 온라인 문화를 길러내는' 방향으로 발전시켜 나가야 한다고 강조했다.[13]

중국의 인터넷 정보 흐름의 약 3/4은 국영 통신회사인 차이나텔레콤(China Telecom)이 운영하고 있는 차이나넷(ChinaNet)을 통해 이뤄진다. 그리고 중국의 모든 네트워크 접속은 이메일과 웹 검색이 감시되는 정부의 게이트웨이를 거쳐야 한다. 이는 정부가 차이나넷과 글로벌 웹 간의 연결을 쉽게 통제할 수 있도록 한다. 철도의 스위치와 같은 역할을 하는 루터(routers)는 특정 사이트로부터 데이터를 전송 받는 것을 차단하도록 프로그래밍 될 수 있다. 필터는 '반체제', '독립 대만' 등과 같은 특정 검색어를 걸러내고, 검색자체를 정부가 승인한 사이트로 이어지게 만든다. 또 이 컴퓨터 기반 검열뿐만 아니라 중국정부는 3만 명이 넘는 사람들을 고용해 웹사이트를 감시하고 정치적으로 '용인할 수 없는' 콘텐츠를 찾아낸다.[14]

중국 관료체제의 거대함을 고려해 볼 때 중국정부가 이러한 검열 메커니즘을 동원하는 것은 그리 어렵지 않을 것이다. 적어도 컴퓨터 마법사 도구가 정부의 검열을 피할 수 있을 방법을 찾을 때까지는 그렇다. 그러나 중국정부가 직면한 문제는 국제사회의 부정적인 반응이었다. 온라인으로 사업을 수행해야 하는 중국 내 외국 업체들이 정부의 인터넷 통제로 어려움을 겪으면서다. 이들 업체의 대다수 외국인 지사장들은 인터넷 접속을 당연한 권리의 문제라고 생각한다. 따라서 이들은 자신들이 고용한 현지 직원들도 인터넷 검색을 할 수 있고 다른 온라인 작업에서도 자유롭게 컴퓨터를 사용할 수 있을 것이라 기대하고 있다. 21세기 비즈니스를 위해 인터넷이 필수적이기에 중국정부도 현재 이와 같은 인터넷 장벽이 지속된다면 세계 시장에서 중국의 입지가 자연스럽게 줄어들 것이라는 점을 잘 알게 되었다.

중국은 국제사회의 주류가 되기를 원한다. 북한처럼 자신들의 사상을 지키려고만 하는 고립된 체제가 되는 것은 원치 않는다. 투자를 막고 국제비즈니스 공동체를 적대시하는 사안에 대해 전혀 개의치 않는 북한처럼 되는 것을 원하지 않는다. 따라서 중국정부의 의사결정이 민주주의를 추구하려는 것은 아닐지라도, 인터넷 접속을 엄격하게 통제하는 것이 세계경제의 현실과 맞지 않는다는 인식에 영향을 받고 있다. 자카리아(Fareed Zakaria)는 "현대화를 추구하는 다른 독재자들처럼 중국의 공산당 엘리트들도 경제 자유화와 정치적 통제를 적절히 조화하는 균형적인 정책을 추진할 수 있다고 믿고 있다"고 말했다. 자카리아는 또 중국 공산당의 역할 모델은 "경제와 사회를 현대화하면서도 정치는 자신의 통제 하에 둔 인물, 즉 모든 독재자들의 꿈을 성취한 사람인 싱가포르의 전 수상 리콴유(Lee Kuan Yew)라고 지적했다."15) 하지만 현대화를 달성하면서도 민주주의의 여러 측면을 늦추는 것을 달성한 리콴유는 상당히 이례적인 사례일 뿐이다. 중국은 싱가포르보다 상당히 더 원대한 야심을 가진 나라다. 강력한 세계적 변화의 물결에 저항하려고만 한다면 지속적으로 국제사회의 관심과 비난을 받을 수밖에 없다.

하버드대학 버크만 인터넷 및 사회센터(Berkman Center for Internet and Society)의 보고서에 따르면, 중국의 인터넷 필터링 시스템은 "세계에 있는 필터링 종류 중에서 가장 정교한 것이다." 당신이 중국의 인터넷 이용자라고 가정해 보자. '민주주의' 등 중국정부를 자극하는 단어가 들어간 메시지를 사이트에 게제하려 한다면 다음과 같은 경고를 받을 것이다. "이 메시지는 금지된 표현을 포함하고 있습니다. 삭제해 주십

시오." 이런 방식으로 정보의 흐름을 통제하는데 있어서, 중국 당국은 직접 이 작업을 수행할 필요가 없었다. 대신 미국 등에 있는 강력한 협력자를 이용해 왔다. 마이크로소프트는 블로그 툴인 엠에스엔스페이스(MSN Space)를 수정해 중국정부에 협력하고 있다. 야후는 정치적으로 민감한 결과물을 제외시키기 위해 중국 내 검색기능을 제한하고 있다. 시스코 시스템(Cisco Systems)은 특정 웹사이트와 웹페이지에 대한 온라인 접속을 차단할 수 있는 장치를 중국에 판매해 왔다.16)

이 같은 협력을 제공하고 있는 중국계가 아닌 기업들은 민주주의의 가치와 사업의 이익 사이에서 줄타기를 하고 있는 것이다. 중국 내에서의 사업에 대한 비판이 일자 야후는 "우리의 중국 내 적극적인 사업 지속이 궁극적으로는 중국의 현대화에 기여할 것이라는 믿음과 법적 한계 사이에서 균형을 추구하고 있다"고 답했다. 구글도 중국정부의 요구사항에 맞춰 검색기능을 조정했다. 구글의 한 최고 경영진은 이런 사업전략에 대해 다음과 같이 변명했다. "중국에 진출하기 위해서는 두 가지 특별한 사안에 대한 균형이 필요하다는 것을 우리는 잘 알고 있다. 그 하나는 소비자의 요구이고, 다른 하나는 특정 국가의 정치적 환경과 정부의 규제 틀 내에서 활동하는 것이다. 이는 우리가 세계 다른 어느 곳에서도 적용하고 있는 원칙이다." (사실 국제 온라인 비즈니스에서 국내법을 우선적으로 따르는 것은 관행으로 여겨지고 있다. 2000년 이후 야후와 이베이(eBay)는 나치의 기록 등 다른 혐오 물건의 판매를 금지하는 독일과 기타 국가의 법을 따르고 있다.)17)

그러나 이러한 '균형'이 항상 지켜지는 것은 아니다. 일부 미디어 기업들은 중국 내 비즈니스에서 있어 가치보다는 사업적 이익에 더 큰 비중을 두고 있다. 미디어 재벌 머독(Rupert Murdoch)의 뉴스코퍼레이션(News Corporation) 산하의 스타TV(Star TV)는 BBC의 북아시아 편성 방송을 편집해 내보내고 있다. 또 다른 뉴스코퍼레이션 산하의 하퍼콜린스(HarperCollins)는 홍콩 영국 정부의 마지막 총독이었고 중국 공산당 지도부의 공적(公敵)이었던 패튼(Chris Patten)의 출판계약을 철회했다. 머독의 이 같은 '후퇴'는 주목할 만한 것이었다. 1993년 머독은 위성 TV가 '전 세계 독재정권들에 확실한 위협'이 될 것이라고 공언했었다. 이 책을 위해 자료를 수집하던 2005년경까지도 머독의 말과 행동은 여전히 달랐다. 중국의 거대한 미디어 시장이 제공하는 막대한 이익을 선점하기 위해 뉴스코퍼레이션은 중국의 국영방송사인 CCTV와 여러 협력사업을 펼쳐나갔다.18)

중국정부와 협력하는 것은 통신기술 및 미디어 업체들을 위험하고 미끄러운 경사판에 올려놓는 것이다. 2005년에 중국 언론인 쉬 타오(師濤)는 '정부 기밀을 외국에 유포했다'는 혐의로 10년형을 선고 받았다. 1989년 톈안먼 광장 학살 15주년을 기념하는 어떤 행사에 대해서도 기사를 작성하지 말라는 경고를 보낸 편집인에 대한 그의 메모를 이메일로 보낸 것이 쉬가 행한 '범죄행위'였다. 검찰은 쉬의 이메일과 전화번호에 남겨진 정보를 증거로 제시했다. 문제는 야후의 직원이 이들 정보의 세부사항을 정부에 제공한 것이다. 쉬의 재판이 끝난 지 몇 개월도 채 되지 않아, 야후는 10억 달러를 투자해 중국의 최대 전자상거래 회사인 알리바바닷컴(Alibaba.com)의 지분 40퍼센트를 인수했다. 이는 중국 인터넷 시장에서 단일규모로 가장 큰 외국인 투자였다. 만약 중국정부의 야후에 대한 배려가 없었다면 절대로 승인될 수 없었던 거래였다.19)

어떠한 국적의 기업이 참여하더라도 언론의 자유를 제한하려는 중국 정부와 공모를 하는 것은 악취를 풍길 수밖에 없다. 위의 여러 사례를 볼 때, 새로운 정보통신기술이 민주주의의 진행을 가속화한다는 가설은 환상에 지나지 않을 수도 있다. 보다 정확하고 왜곡되지 않은 뉴스를 대중에게 제공하는 것, 즉 민주화를 돕는 중요하고 기본적인 이 단계에서부터 적지 않은 문제점이 발생해 왔다.

2002년 중증급성호흡기증후군(사스: SARS)이 심각한 상황일 때 중국이 취한 태도가 대표적인 예다. 중국정부는 이 바이러스에 대한 정보를 통제하려고 시도함으로써 스스로를 옭아 맨 결과를 가져왔다. 2003년 2월 초 900명의 광저우 사람들이 사스에 걸렸다. 그들 중 45퍼센트는 보건 담당 공무원들이었다. 광저우 지역 공산당 간부들은 이 병에 대한 보도를 지속적으로 막았다. 일반인들은 2월 8일 "치명적 인플루엔자가 광저우에 있다"라는 짤막한 휴대전화 메시지를 통해 질병 발생을 알게 되었다. 이후 3일 동안 이 메시지는 1억 2,600만으로 늘어났고, 인터넷 대화방과 이메일 메시지도 이 소식은 전했다. 2월 11일 『광저우 데일리(Guangzhou Daily)』는 주지사의 허가를 얻어 사스에 대한 보도를 시작했다. 305명이 감염되었고, 이중 5명이 사망했다는 내용이었다.

그러나 뉴스 매체들이 이 질병에 대한 이야기 전체를 보도할 수 있었다는 것을 의미하지는 않았다. 3월 15일 세계보건기구(WHO: World Health Organization)가 이 바이러스에 대한 첫 번째 국제적 경보를 발표했을 때, 중국 공보성은 자국 뉴스미디어에 보도금지령을 내렸다. 그럼에도 불구하고 이 소식은 중국 대중들에게 빠르게 퍼져나갔다. 상대적으로 검열이 적어 중국인들에게 가장 인기 있는 소통수단인 휴대폰 문자메시지를 통해서였다. (2003년 1/4분기에 중국인들은 265억 건의 문자를 주고받았다. 2007년 경 문자 메시지를 이용하는 중국인의 수는 1억 7,000만 명에 달했다).

중국 보건성 장관이 WHO의 사스 관련 여행경보에 대해 한 기자회견에서 "사스는 통제 상태에 있다"고 말하자, 이에 분개한 베이징의 한 외과 의사는 중국의 두 개 TV채널에 이메일을 보냈다. 그는 이미 베이징에만 100명의 사스 환자가 발생했고 이 중 6명이 사망했다고 밝혔다. 그러나 두 채널 모두 이 제보를 보도하지 않았다. 반면 『타임』지는 이 제보에 관심을 갖고 웹사이트에 기사를 실었다. 이를 본 여러 중국 독자들이 『타임』지와 다른 서방언론의 기사들을 번역해 중국 전역에 이메일로 보냈다. 한 중국의 관리는 『워싱턴 포스트(*Washington Post*)』와 다음과 같이 인터뷰했다. "우리는 서방의 웹사이트에서 정보를 얻었다. 그 사이트는 우리 정부의 정보가 거짓이라고 밝혔다. 사무실로 달려가 가장 먼저 한 것은 인터넷에 들어가 정부가 발표한 것을 읽고, 그러고 나서 외국의 미디어가 어떻게 보도하고 있는지를 읽었다. 정부 당국이 이런 상황을 만들어 왔다. '만약 정부가 진실을 이야기 하지 않는다면 사람들은 외국인들을 믿기 시작할 것이다' 때문에 중국정부도 변해야 했다."[20]

그 변화는 일어났다. 하지만 속도는 상당히 느리다. 중국의 새 주석 후진타오와 총리 원자바오(溫家寶)는 더 많은 정보를 국민에게 공개하라고 공무원들을 압박했다. 두 지도자는 정치국 회의에서 사스 전염병의 심각성에 대해 거짓 없이 밝히고 질병의 확산을 막기 위한 대대적인 정부 차원의 조치를 취할 것으로 요구했다. 최고위부의 이런 명령은 중국의 신문과 방송을 통해 즉시 보도되었다. 며칠 후 보건성 장관과 베이징 시장은 사안의 은폐하고 축소했다는 이유로 해임되었다.

중국의 지도자들은 이 사건을 통해 정보의 흐름을 제지할 수 없다는 것을 통감했을 것이다. 소수의 국영신문과 방송 책임자들에게 대중에게 전달할 수 있는 것과 없는 것을 지시하는 것을 통해 뉴스 콘텐츠를 더 이상 완전히 통제할 수 없다는 점이다. 중국 내의 문자 메시지 그리고 비록 제한되어있다 할지라도 국제뉴스에 대한 인터넷상 접근의 결합은 정보의 전달이 차단될 수 없다는 것을 의미한다. 그럼에도 불구하고 중국 관리들은 개방을 수용하기 힘들어했다. 후진타오 주석이 사스에 대한 진실을 보도하라고 명령한 지 한 달 뒤, 중국 당국은 휴대 문자로 '근거 없는 소문'을 퍼뜨렸다는 혐의로 100명 이상을 체포했다. 많은 소문이 사실에 근거한 것이었지만 이는 체포 여부를 결정하는 중요한 사안이 아니었다.[21]

뉴미디어에 대한 억압은 사스위기 이후에도 계속되었다. 2003년 12월

헤이룽장 성(省)에서 농부 부부의 짐수레가 한 여성의 BMW차에 흠집을 냈던 사건이 있었다. 그러자 BMW 소유 여성은 농부와 그의 아내 그리고 다른 농부들에게 호통을 쳤고, 그들을 향해 차를 돌진시켰다. 농부의 아내가 죽고 12명이 다쳤다. 그러나 엄하기로 유명한 중국의 법원은 '우발적 교통사고' 혐의만을 적용해 그녀에게 집행유예를 선고했다. 그녀가 강력한 정치적 인맥을 가지고 있다는 소문이 나돌기 시작했다. 곧 이 이야기는 인터넷 뉴스 토론 사이트에서 열띤 논쟁의 주제가 되었다. 시나닷컴(Sina.com)에는 이 사건에 대해 20만 건의 이메일이 도착했고, 이 중 90퍼센트는 형량이 너무 가볍다는 의견을 피력했다. 헤이룽장 성(省) 주지사는 자신이 BMW 운전자와 아무런 관련이 없다고 공식적으로 밝혀야 했고, 다른 관리들은 사건을 다시 재조사하겠다고 발표할 수밖에 없었다. 그러나 정부는 보도기관들에 이 주제를 다루지 말 것을 지시했고, 뜨거운 논쟁이 진행되던 인터넷 채팅방 사이트들을 폐쇄했다. 재조사가 진행되었지만, 일심 판결은 그대로 확정되었다.22)

국제 경제에 영향을 주었던 사스와는 다르게, 위와 같은 국내적 사건은 중국정부에 직접적인 타격을 주지 않았다. 뉴미디어가 지금처럼 확산하기 이전에는, 정부가 BMW 운전자를 어떤 방식으로 처리하던 세상에 거의 알려지지 않았을 것이다. 일반 사람들은 이런 사건의 존재조차 몰랐거나 정부가 알려주는 것만을 알 수 있었을 것이다. 그러나 이러한 폐쇄적인 체제는 이제 열릴 수밖에 없는 상황에 처했다. 혹은 최소한 일부 정보제공자들이 닫힌 문 안에서 벌어지는 사안을 파악해 대중에게 알릴 수 있는 여러 가지 방법을 고안하고 있다.

중국정부의 걱정은 어느 정도 정당화될 수도 있다. 왜냐하면 '온라인 정의'가 아주 쉽게 '온라인 불의'로 변모될 수 있기 때문이다. BMW 사건에 대한 법정의 판결을 공격하는 많은 이메일들은 사실상 소문을 근거로 하고 있었다. 그리고 그 소문은 자유롭게 대중들 사이에서 떠돌았다. 중국정부의 대다수 관료들은 이런 종류의 대중적 논쟁을 대응하는데 필요한 융통성을 갖지 못하고 있었다.

또 다른 사례로 2005년 12월 한 온라인 문학 토론에 수천 개의 포스팅이 올라왔다. 그 주제는 '리우 헤젠(Liu Hezhen)양을 기리며'라는 수필이었다. 1926년에 저명한 작가 루쉰(魯迅)이 자신의 학생 중 한명이 베이징의 중국 관저 앞에서 시위운동을 하던 중 살해당한 후 쓴 수필이다. 다음과 같은 내용이 들어있다. "유혈참사를 통한 인류의 투쟁역사는 석탄의 형성과 유사하다. 엄청난 양의 나무가 적은 양의 석탄을 생성하는데 필요하다. 평화적인 청원은 어떤 목적도 달성해 내지 못한다. 그러나 피가 뿌려졌기 때문에 그 사건은 자연적으로 더 많은 것을 느끼게 해준다."

거의 80년 전에 출판된 한 작품이 이처럼 진지한 토론을 야기했다는 것 자체가 좀 이상해 보일 수도 있다. 그러나 조금만 더 깊숙이 들여다보면 베이징에서 발생한 그 오래된 사건은 2005년 발생한 한 사건을 상기시켜주는 역할을 했다. 온라인 토론이 일어나기 수일 전 둥저우(登州)에서 중국 공안은 토지 몰수에 항의하던 농부들에게 총을 쏘았다. 20여명이 목숨을 잃은 것으로 알려졌다. 중국정부는 주요 미디어에 이 사건에 대해 보도하지 말 것을 명령했다. 그리고 인터넷 사이트에서 이 사건에 대해 언급하는 내용을 검열하라고 지시했다. '둥저우' 키워드는 검색 엔진에서 금지되었다.

이 사건에 대한 토론마저 억누르려는 중국정부의 시도에도 불구하고 한 자유게시판 사이트에는 이 총격사건에 대한 분노와 슬픔을 담은 3만개 이상의 메시지가 올라왔다. 이 사이트의 운영자들은 며칠 후에 이 메시지들을 삭제했다. 이 사이트의 관리자는 메시지를 올린 사람들에게 게재물 삭제에 대한 사과의 글을 올리면서 '담당 당국'에 이와 같은 항의의 뜻을 전달할 것이라고 약속했다.

이 같은 장애물들에 부딪히면서 인터넷 사용자들은 정부의 규제를 피하기 위한 창의적인 방법을 고안할 수 있을 정도로 능숙해지고 있었다. 루쉰의 수필에 대한 토론이 그 방법이었다. 토론 참가자 중 한 명은 정부 당국이 이 사이트에서 일어나고 있는 것에 대해 잘 알고 있을 것이라며 "그래도 루쉰에 대해 얘기하는 것은 범죄가 아니며, 저항의 한 형태일 뿐"이라고 강조했다. 이후 저명한 반체제 인사 80명이 둥저우 총격사건을 비난하는 공개서한을 중국의 최대 블로그 사이트인 보키(Bokee)에 게재했다. 물론 이 서한은 12시간 만에 지워졌다. 그러자 이들 인사들은 '둥저우 살인사건에 대한 성명서'라는 서한의 제목과 자신들의 이름만을 게재했다. 제목만을 보고서도 사람들이 다른 웹사이트들을 통해 서한의 내용을 찾아낼 것이라고 가정한 것이다. 보키 관리자들도 정부의 검열방침을 그대로 따른다는 이미지가 확산돼 고객들이 등을 돌릴 수 있다는 우려에서 이 축소된 버전의 공개서한을 지우지 않고 그대로 남겨 두었다.

중국정부의 감시자들은 대형 웹사이트들에 초점을 맞추고 있었다. 그래서 둥저우 사건에 대한 저항은 소규모 사이트들에 집중적으로 게재되었다. 그나마 얼마동안은 접근이 가능했기 때문이다. 그러나 이들 사이트들에 접속량이 폭증하게 된 것에 놀란 검열당국은 바로 조치를 취해 접속을 막았다.[23]

이러한 사례들은 중국정부가 얼마나 뉴스 보도를 통제하려고 하는지와 많은 중국 일반인들이 얼마나 정보를 찾기 위해 노력하는지를 잘 반영하고 있다. 비록 엄청난 수의 감시자와 검열관이 배치하더라도, 중국정부가 모든 틈을 막을 수 없게 되어갈 것이다. 더불어 진실을 밝히려는 확고한 의지를 가진 시민들이 이용하고 있는 첨단기술에 완벽하게 대응할 수는 없게 될 것이다. 한 쪽 또는 다른 쪽이 '승리'할 것이라고 말하는 것은 지극히 단순한 그리고 의미 없는 논리다. 양측 간의 줄다리기는 끝없이 지속될 것이다.

이런 갈등이 지속되면서, 양 측의 통신기술 전문가들은 상대에게 적용할 기법을 지속적으로 향상시킨다. 미국에 본부를 두고 있는 민간업체 세이프웹(SafeWeb)은 '트라이앵글보이(Triangle Boy)'라는 프록시 서버 소프트웨어를 개발했다 (사실 이 업체는 CIA의 자금지원을 받았다). 이 소프트웨어는 2001년 경 중국 검열당국이 즉시 찾아낼 수 없는 프록시 서버를 중국인들에게 제공했다. 중국 인터넷 사용자들은 트라이앵글보이 서버들의 최신 웹사이트 주소 목록을 매일 이메일로 받았고, 이를 통해 중국정부가 차단한 사이트들에 접속 할 수 있었다. 이 소프트웨어는 개인의 컴퓨터와 개인이 접속한 웹사이트들 간에 전송된 데이터를 암호화한다. 사실상 이것은 방화벽과 다른 차단 체계를 허물어 버린다.24)

최근 들어 프록시 사이트에 대한 이용은 점차 더 일반화하고 있다. 검열대상에 올라 있는 미국의 소리(Voice of America)의 사이트인 보아뉴스닷컴(voanews.com)은 중국정부가 접속 금지 목록에 올리지 않은 웹 주소를 가진 프록시 서버를 만들었다. 그리고 나서 중국의 웹 사용자들에게 검열되지 않은 주소에 알리는 대량 이메일을 발송했다. 중국의 인터넷 이용자들은 이들 사이트들에 우선 접속한 후 다른 웹사이트로 나아갈 수 있다. 보통 며칠 내에 중국 당국이 이들 새로운 사이트들을 적발하고는 있지만, 이 기간 동안 또 다른 프록시 사이트들이 개설된다. 이런 과정이 계속 반복되는 것이다.25)

이런 술래잡기가 계속되고 많은 인터넷 사이트에 대한 접속이 문제점으로 남아있는 상황에서 더 치열한 경쟁이 블로거와 정부 검열당국 간 진행되고 있다. 리 쉰드(Li Xinde)라는 블로거는 정부의 부패를 추적해 그 결과보고서를 한 웹사이트에 올렸다. 그는 "마오쩌둥(毛澤東)이 참새전술이라고 불렀던 방식에 의존했다"며 "당신은 작지만 독립적이기 때문에 많은 곳을 돌아볼 수 있고, 공격할 때와 도망갈 때를 선택할 수 있다"고 강조했다. 그의 보고서에는 40만 달러를 횡령한 것으로 고발된 지닝

(Jining) 부시장, 가족계획 담당 공무원에 의한 한 젊은 여성의 납치사건, 경찰관과 금전문제로 다퉈온 한 사업가의 의문의 죽음 등의 이야기가 담겨있다. 리 쉰드는 독지가들과 그의 블로그를 기사작성에 이용하는 기자들이 제공하는 기부금으로 어렵게 살아가고 있다.26)

    2006년 3월 베이징에 거주하는 언론인 왕 시아오펭(Wang Xiaofeng) 그리고 광저우의 유안 레이(Yuan Lei)의 블로그가 폐쇄명령을 받았다. 그들의 풍자적 논평은 수많은 독자들로부터 호평을 받았다. 왕(Wang)의 사이트는 조회 수가 1,000만이 넘었다. 사이트가 폐쇄될 당시 한 메시지만이 그의 사이트에 남아 있었다. "모두가 아는 불가피한 이유 때문에, 이제 이 블로그는 잠정적으로 폐쇄됩니다."27)

    이런 상황이 국가의 승리는 의미하지는 않는다. 개인 블로그는 쉽게 폐쇄될 지도 모른다. 그러나 정부 당국이 수천 명의 블로거들을 투옥하지 않는다면, 공격적인 블로그들은 새로운 이름으로 혹은 위장한 이름으로 다시 등장하게 될 것이다. 결국 수천 개의 새로운 블로그가 매일 개설되면서, 대규모 인력을 자랑하는 중국의 규제 당국도 수적으로 압도당하고 있다. 그래서 정부는 블로그를 관장하는 업체들에게 금지단어 목록을 제공하고 이와 관련한 조치를 취하도록 압력을 행사하고 있다.

    중국 당국의 지침이 명확하지 않은 경우도 있다. 이럴 경우 업체들은 정부가 의도했던 것보다 더 엄격한 검열을 수행하곤 한다. 특히 거대한 영업이익이 달려있는 업체들의 경우 더욱 그렇다. 블로그 사이트로 유명한 마이크로소프트의 엠에스엔페이스(MSN Space)는 2005년 12월 언론인 자오 징(Zhao Jing)의 블로그를 폐쇄했다. 자오 징은 '마이클 안티(Michael Anti)'라는 온라인 이름을 사용하면서 베이징 진보적 신문의 편집인들 해고 등과 같은 민감한 사안에 대해 글을 써왔다.28) 자오는 한 때 다른 블로거들에게 마이크로소프트가 정부에 의해 압력을 받을지라도 자신의 블로그를 폐쇄하는 조치를 취해 330만 블로그가 등재되어 있는 중국 전체 블로그 서비스를 포기하는 우를 범하지는 않을 것이라고 자신 있게 말한 바 있었다. 2004년 말 자신의 블로그를 개설할 때 그는 "대부분 블로그가 오락성 일기 양식을 가지고 있지만, 나는 무언가 다른 것을 하고 싶다"며, "신문이나 잡지에 출판될 수 있을 정도의 수준을 가진 칼럼을 게재하겠다"고 밝혔다. 이를 반영하듯 그는 강한 인상을 주는 기사제목, 자극적인 사진들 그리고 독자들의 관심을 끌기 위한 구글 광고를 블로그에 올렸다. 그리고 그는 이라크전쟁, 대만의 민주화 등 논쟁의 여지가 있는 다양한 주제들을 다뤘다.

반면 마이크로소프트는 당시 조심스럽게 중국 블로그 시장에서 확고한 자리를 잡기 위한 준비를 하고 있었다. 전 국가주석 장쩌민(江澤民)의 아들이 운영하는 국영 투자사와의제휴 관계도 가지고 있었다. 비록 엠에스엔스페이스(MSN Space)가 블로그의 이름에 '자유', '민주화' 등의 단어를 사용하는 것을 막았음에도 불구하고, 마이크로소프트의 소프트웨어는 블로거들에게 큰 인기를 얻었다. 자오가 이 엠에스엔스페이스 (MSN Space)를 이용하기 시작하면서, 그의 글을 읽기 위해 방문하는 사람들의 수는 두 배로 늘어 매일 1만 5,000명에 달했다.

자오의 논평이 지나치게 신랄해지자, 중국정부는 마이크로소프트에 불만을 제기했다. 정부 당국은 블로거들이 '정치적, 경제적, 군사적 또는 외교적 뉴스'에 대해 글을 작성하는 것이 금지되어 있다며 자오의 블로그를 폐쇄하라고 요구했다. 자신의 블로그가 결국 폐쇄된 후, 『워싱턴포스트』와 『뉴욕타임스』의 중국 지국에서 연구원으로 일했었던 자오는 중국정부가 막으려 시도했던 한 외국 사이트를 이용해 계속해서 글을 올렸다.[29] 자오는 여전히 자신의 독자들을 위해 글을 쓰면서 사이버 공간 내에 있었다. 물론 독자들이 그의 글을 찾으려는 노력을 기울여야 했지만 말이다.

몇 차례에 걸쳐 『뉴욕타임스』 칼럼니스트 크리스토프(Nicholas Kristof)

는 중국의 검열을 시험해 보았다. 2005년 그는 중국어 채팅방에서 "대만 해협의 건너편에 사는 중국인들은 자신들의 지도자를 직접 선출하는데, 왜 우리는 우리의 지도자를 선택할 수 없을까?"라는 글을 올렸다. 그의 글은 감시자가 보고 지울 때까지 10분도 채 걸리지 않았다. 크리스토프는 보다 미묘한 논평을 게재해 보았다. "공산당의 위대한 지도력 하에서 중국은 크게 변모해 왔다. 만약 공산당이 20년 내에 정당정치를 도입한다면, 이는 우리 모두에게 긍정적인 이익을 가져다 줄 것이다." 이 글은 명백히 다당제 시스템을 지지하는 것이다. 그러나 검열 당국은 이 글을 지우지 않았다. '공산당의 위대한 지도력'이라는 표현을 감히 지울 사람이 없었던 것이다. 1년 후 크리스토프는 두 중국 업체가 운영하는 사이트에 중국어 블로그를 개설했다. 이 블로그에 그는 상당히 자극적인 글들을 올렸다. 국가기밀을 누설한 혐의로 투옥된 『뉴욕타임스』 동료인 자오 얀(趙岩) 사건을 비난했고, 후진타오 주석의 자산을 공개할 것을 요구했고, "왜 파룬궁에 대해 이야기 하지 못하는가?"라는 의문을 제기했고, 1989년 6월 4일 텐안먼 광장에서 어떻게 중국 군대가 시위대를 향해 발포했는지에 대해 묘사했다. '파룬'과 '6월 4일' 중국어 글자만이 별표로 대체되었고, 나머지 글들은 모두 온전히 블로그에 남았다.

크리스토프가 게재한 글이 오랫동안 남았다는 것 자체가 중국정부의 새로운 개방의지를 의미하는 것은 아니다. 크리스토프가 언급한 바와 같이 "인터넷은 국가안보기구가 통제하기에는 너무나 방대하고 복잡하기 때문에 웹은 더 자유로운 국가에서 뉴미디어가 보여주고 있는 감시자의 역할을 제3세계에서도 담당하기 시작하고 있다." 언론의 자유를 주창해 온 블로거 리 쉰드(Li Xinde)는 크리스토프에게 다음과 같이 말했다. "그들(중국 당국)은 여전히 사이트를 폐쇄하고 있지만, 완전히 따라잡지는 못하고 있다. 흐르는 황하를 멈추게 할 수 없는 것처럼 블로거들을 완전히 막을 수는 없다."30)

그렇다고 해서 중국정부가 블로거들을 막는 시도를 그만둘 가능성은 크지 않다. 2006년 1월 구글은 구글닷씨엔(Google.cn)이라는 중국 버전의 검색 엔진을 개발해 발표했다. 그리고 중국정부가 꺼려하는 내용을 차단하려는 중국 당국의 지침에 따르기로 합의했다. 구글은 빠르게 성장하고 있는 시장에서 높은 점유율을 얻기 원한다. 수억에 달하는 잠정 고객들이 기다리는 곳이 중국이기 때문이다. 구글의 경영진 검열 준수 협정을 고통스러운 결정이었다고 언급하면서도, 중국 시장으로의 진입을 꾀하는 외국 업체들에게는 이런 협정이 관행이라고 정당화했다. "구글은 혁신적인 문화를 통해 중국의 인상적인 발전 속도에 의미 있고 긍정적인 방향으로 기여할 것으로 우리는 확신한다."[31]

그럴지도 모른다. 그러나 구글이 합의한 내용은 점점 정교해지고 범위가 넓어지는 중국의 뉴미디어 규제조치를 일방적으로 따르고 있다. 2005년 9월 중국정부가 발표한 '인터넷뉴스정보서비스 운영지침'이다. 영국, 캐나다 그리고 미국의 4개 대학이 공동 설립한 오픈넷 이니셔티브(OpenNet Initiative)에 따르면, 2005년 시행된 운영지침에는 세 가지 중대한 변화가 있다.

첫째, 불법시민단체들이 조직하는 불법 집회 및 관련 활동을 선동하는 글이 게재되는 금지 뉴스 웹사이트 목록이 추가되었다. 둘째, 비정부단체의 의견이나 분석이 담긴 게재물의 유포 금지다. 셋째, 뉴스를 게재하는 개인이나 소규모 단체들의 자격 요건이 크게 강화되었다. 금지 게재물 목록의 추가는 인터넷을 통한 정치적 조직과 동원을 저지하려는 중국정부의 의도를 담고 있다. 반체제적 운동을 철저히 억제하려는 중국정부의 원칙이 반영된 것이다. 따라서 시위를 조직하기 위해 휴대전화 문자서비스를 사용한다면 이는 위에 언급한 새로운 규정을 위반하는 것은 물론 국익을 해치는 행위, 인민의 결속을 파괴하는 행위, 국가정책에 반하는 행위 등 다른 기존의 금지행동 규정을 어기는 것이 된다. 반정부 운동을 위한 인터넷의 사용에 대한 합법성 여부를 논하기보다는, 위의 새로운 규정들은 인터넷을 통한 표현의 자유에 대한 정부의 통제를 강화하고, 소위 '반체제적' 목적으로 인터넷을 사용하려는 사람들에 대한 강력한 경고의 기능을 수행한다.32)

이러한 규제조치의 시행은 중국 경제에 미칠 영향 때문에 국제사회의 여론을 다소나마 의식하는 중국 당국의 입장과 일치하지는 않는다고 할 수 있다. 중국 당국은 뉴미디어에 대한 통제를 유지하는 한편, 보다 온건한 권위주의체제 이미지를 전 세계에 부각시키려 노력하고 있었다. 그러나 이런 노력을 기울이면서도 중국정부는 종종 뉴스 공급매체를 폐쇄하는 조치를 취하고 있었다. 2006년 1월 중국 당국은 국영 『중국청년일보(China Youth Daily)』의 주간섹션인 동결점(Freezing Point)의 출판을 중단했다. 동결점의 기사들이 당의 정치노선에 도전했다는 이유에서였다. 당시 일부 기사는 중학교 역사교과서를 비판했다. 그리고 나서 정부는 중국 뉴스 미디어에 이 폐간 소식에 대한 보도를 금지했고, 웹사이트들에서도 이에 대한 어떠한 논의가 진행되지 않도록 조치했다. 동결점의 편집장이 자신의 블로그에 폐간조치에 대한 글을 올렸지만, 검열당국은 즉시 블로그 페이지를 삭제했다.

그러나 이 사건은 여기서 끝나지 않았다. 24명 이상 되는 자유 당원, 학자, 작가들이 항의의 글을 올렸고, 정부의 조치에 대한 반발이 사이버 뉴스 사이트들을 통해 빠르게 퍼져나갔다. 동결점이 폐간 된지 한 달 만에 정부는 다시 이 섹션의 출판 재개를 허용했다. 그러나 두 명의 고위 편집인들은 출판에 더 이상 참여할 수 없었고, 재간된 직후 역사교과서에 대해 비판한 작가를 신랄하게 공격하는 기사가 게재되었다.33)

이러한 소모전은 아마도 끊임없이 계속될 것이다. 검열당국은 지속적으로 증가하는 정보의 흐름을 통제하기 위한 새로운 조치를 내놓고 있고, 반면 뉴스 공급자들도 더 많은 방법을 고안하여 정보를 유포하고 있기 때문이다. 중국정치의 미래와 관련한 보다 중대한 사안들이 이러한 경쟁에 영향을 받고 있다. 표현의 자유는 필연적으로 정치행위의 자유를 가져오기 마련이다. 이것이 바로 중국정부가 정말로 두려워하는 것이다.

인터넷을 통한 정치행위는 가끔 끓어오른다. 지난 10여 년 동안 인터넷은 중국 사이버민족주의(cybernationalism)의 장이었다. 쉬우(Xu Wu)에 따르면 "중국의 사이버민족주의자들은 인터넷을 민족주의적 대의를 증진시키기 위한 소통의 장, 조직의 기반, 그리고 실행의 채널로 활용해 왔다." 2003년 초 이래 이 운동은 반(反)일본 활동을 강조해 왔다. 2003년 유엔 안전보장이사회 상임이사국으로 진출하기 위한 일본의 움직임에 대해 이를 저지하기 위한 온라인 캠페인에 4,000만 명 이상이 서명했다. 2005년 중국의 주요 도시들에서 발생한 대규모 반일 시위들도 주로 인터넷과 휴대폰으로 조직되었다. 시위대의 예상 진행방향이 온라인에 올랐고, 이메일과 문자 메시지로 전달되었다. 상하이의 시위 중 발생한 폭력 장면 동영상들도 정규 보도매체에서는 금지되었지만 인터넷에는 유포되었다. 심지어 중국정부 또한 이 시위에 간접적으로 개입하고 있었다. 상하이 경찰당국은 시위 전날 밤 휴대폰 사용자들에게 다음과 같은 단체문자를 보냈다. "법을 준수하고 질서를 유지하는 올바른 방법으로 시민 여러분의 애국적 열정을 표출하시길 바랍니다." 이 문자의 내용은 경고인지 독려인지는 명확하지 않았다. 하지만 중앙정부는 후에 웹사이트들이 지나친 반일 콘텐츠를 담지 않도록 통제 조치를 지시했다.[34]

중국의 민주주의 전망을 논할 때, "중국정부는 완전히 반민주적이고 압제적이다" 혹은 "중국 대중은 모두 진보적이고 서구적 민주주의를 원하고 있다"라는 지나치게 일반화한 명제에 의존하지 않는 것이 중요하다. 아마도 중국 밖에 있는 사람들이 중국인들의 민주주의적인 본능을 과대평가하고 있는 것 같다. 자카리아(Fareed Zakaria)는 이런 현상에 대해 다음과 같이 언급했다. "중국 내 반체제 운동에 대해 이야기 할 때, 더 민주화할수록 더 많은 자유가 생길 것으로 믿기 쉽다. 그러나 당분간

그 반대 현상이 더 강할 것이다. 여러 주요 사안들에 있어 중국정부는 국민들보다 더 자유주의적이고 개방적이다. … 법과 질서유지에서 대만, 일본 그리고 미국에 대한 태도에까지 다양한 사안들에서 중국정부는 중국 국민들 보다 덜 감정적이고, 덜 민족적이고, 덜 공격적이고, 덜 편협하다."35)

결론적으로 수천 년을 이어온 전통과 날이 갈수록 진보하는 기술이 엉키고 조화하면서 '새로운 중국'이 형성되고 있다. 오늘날 가능해진 제한적이지만 포괄적인 '표현의 자유'는 중국의 전통적 정치문화에서 이례적인 것이다. 때문에 뉴미디어의 영향력에 대해 중국의 지도부는 상당히 경계하고 있다. 경제성장에 발맞춰 그리고 뉴미디어의 부분적인 역할에 힘입어 정치적 변화가 중국에서 지속될 것이다. 그러나 중국정부는 이러한 변화를 상당히 조심스럽게 그리고 점진적으로 허용해나갈 것이다.

다른 지역의 변화 그리고 정체

중국보다 더 억압적인 정부들도 많다. 이들은 다양한 경로로 자신들의 국가에 유입되고 정보의 흐름을 막기 위해 상당한 노력을 기울이고 있다.

노르웨이에 본부를 두고 있는 위성TV인 '미얀마 민주화의 소리(DVB: the Democratic Voice of Burma)'는 군사정권 지도부에 저항하고 있는 노벨평화상 수상자 아웅산 수지(Aung San Suu Kyi) 여사를 지지한다. 그녀가 수도 양곤에서 가택연금 상황에 처해있는 동안에도 이 방송은 지속적으로 그녀의 동향에 대한 뉴스를 전하고 있다. 미얀마의 취재를 위해 DVB는 비밀 리포터들을 고용해 촬영을 하고 그 테이프를 인근 국가로 밀반출한다.36) 그곳에서 테이프는 편집본부가 있는 오슬로로 보내진다. 유럽에 살고 있는 미얀마 학생들은 DVB의 라디오 버전을 이미 1992년에 시작했다. 미얀마의 군사도당이 야권의 승리한 선거결과를 무효화한 사건 직후였다. 한동안 미얀마정부는 라디오 방송전파를 방해했다. 하지만 이후 어느 정도 허용하기 시작했다. 방송국 편집장은 그 이유를 다음과 같이 설명했다. "정부 관계자들도 실질적인 정보를 얻기 원했다. 자국에 비판적인 내용에 대해서도 듣길 원했다. 친정부적인 보도에만 의존할 수는 없다고 판단한 그들은 실질적인 정보를 얻기 위해 그리고 민중의 정서를 파악하기 위해 우리 라디오를 들을 수밖에 없다."37)

미얀마에서 위성 안테나 설치는 인가가 있을 때만 합법적이다. DVB를 시청하는 것도 공식적으로 금지되어 있다. 그러나 사람들은 여전히 DVB를 본다. 은밀하게 위성 방송을 수신 받는 것 외에도, 아직은 4,700만 인구 중에서 단지 6만 4,000명에 불과하지만 인터넷 접속이 가능한 미얀마 사람들은 DVB 온라인(www.dvd.no)과 burmanet.org을 통해 뉴스를 접한다. 물론 정부도 이러한 사이트들에 대한 접속을 차단할 수 있다. 2006년 8월 burmanet이 다룬 이야기들 중에는 군사정부가 구글 메일과 메신저 서비스를 차단하기로 결정한 것에 대한 보도도 있었다.

뉴미디어를 통제하려는 노력은 놀라운 일이 아니다. 국경없는 기자회는 미얀마의 상황에 대해 다음과 같이 언급한다.

> 미얀마는 검열의 천국이다. 언론조사등록국(Press Scrutiny and Registration Division) 직원들은 항상 가위를 손에 든 것처럼 모든 기사, 사설, 카툰, 광고, 삽화 등을 출판되기 전에 검열하고 자른다. 2005년 이들은 심지어 미얀마 신문들의 부고까지 들여다보기 시작했다. 유엔에 관련한 모든 것도 잘라버렸다. 유엔이 정부 전복을 꾀하고 있다는 것이었다. 더 심각한 것은 검열당국이 조류독감에 대한 뉴스조차도 검열한다는 것이다. … 미얀마에서는 어떤 기자도 단지 승인되지 않는 팩스, 비디오카메라, 모뎀, 또는 금지 출판물을 갖고 있다는 이유만으로 7년 징역형을 선고받을 수 있다.38)

미얀마는 쿠바, 리비아, 투르크메니스탄, 북한 등과 함께 세계에서 가장 언론의 자유가 없는 국가로 분류된다. 그러나 위성과 인터넷 즉, 우주와 사이버공간을 통해 전해지는 정보는 이 나라로 스며든다. 이런 정보가 미얀마의 정치적 폐쇄성에 영향을 줄 지 여부는 별개의 문제다. 정보에 대한 접근마저 차단하는 등 정부가 언론의 자유에 대해 통제권을 행사하더라도 뉴스미디어는 어느 정도 정치적 파장을 가져올 수 있다. 그러나 한 국가의 지도부를 전복시킬 수 있을 정도의 영향력은 아니다.

상당히 자유로운 한국에서 있었던 2002년 대통령선거 결과를 보았을 때, 미얀마의 군부 통치자들은 자신들의 미디어 통제가 상당히 현명한 것이라고 생각했을 것이다. 한국에서는 인구의 70퍼센트가 광대역 인터넷을 일상적으로 사용한다. 한국인들은 전통적인 페이퍼 신문들보다 인터넷 뉴스에 점차 더욱 의존하고 있다. 선거 캠페인에서는 더욱 그렇다. 온라인 뉴스매체들 중에서 '오마이뉴스(Ohmynews)'가 가장 대표적이다. 이 매체는 선거일 전후 매일 2,000만 건의 페이지뷰를 기록했다. 참고로 한국의 인구는 4,900만 명이다.

오마이뉴스는 2002년 두 명의 여학생이 미군 탱크에 압사한 사건을 대대적으로 다루면서 기성 정치체제에 도전하려는 의지를 보여주었다. 오마이뉴스의 보도는 다른 주류 언론사들도 이 사건에 대해 더욱 철저히 보도하게 하는 역할을 함으로써 상당한 신뢰를 얻게 되었다. 오마이뉴스의 보도가 없었다면, 아마 보수적인 다른 언론들도 이 사건에 큰 비중을 두지 않았을 것이다. 이 보도 직후 한국에서의 미군 주둔을 반대하는 대규모 시위가 이어졌다.[39]

이 모든 상황의 가장 큰 수혜자는 개혁파 대통령 후보 노무현이었다. 그는 2002년 12월 대통령 선거에서 예상외의 승리를 거두었다. 오마이뉴스는 정치현상(現狀)에 대한 불만을 계속 표출했다. 이와 함께 다른 전통적인 선거운동 변수가 결합하면서 노무현 후보가 보수파 대통령 후보에 신승을 거둘 수 있었다.

다른 뉴스 매체가 철저히 다루지 않는 이야기들에 초점을 맞추면서 그리고 '시민 기자' 제도를 실행하면서, 오마이뉴스는 미디어 환경을 바꾸었고 기존 정치질서에 반기를 드는 유사한 세력들에게 힘을 실어주었다. 이런 현상이 어디에서든 일어날 수 있는 것은 아니다. 중대한 뉴스가 확산되는 것을 신속하게 막아버리는 즉, 근본적인 언론의 자유가 없는 곳에서는 사실상 불가능한 일이다. 한국과 미얀마와 같은 나라들 간 차이는 상당히 크다고 할 수 있다.

그러나 언론의 자유가 한국에서처럼 확립되어있지 않더라도 뉴미디어는 보다 개방적인 그리고 투명한 정치과정이 진행되도록 압박할 수 있다. 이러한 현상을 조지아(Georgia)에서 볼 수 있었다. 평화적인 '장미혁명'이 구소련체제 공화국이었던 이 나라에 어느 정도의 민주화를 가능하게 해주었다. 2003년 11월 대통령선거 투표가 끝난 날 밤, 조지아의 루스타비-2(Rustavi-2) TV는 공식적인 투표결과를 자막으로 방영했다. 이 방송의 자막에 따르면 셰바르드나제(Eduard Shevardnadze) 대통령이 이끄는 집권당이 이기고 있었다. 그러나 서방에서 지원하고 있던 독립적인 선거감시단이 행한 출구조사는 야권의 명백한 승리를 보여주고 있었다. 때문에 루스타비 TV는 선거결과와 더불어 부정선거를 비난하기 위해 수도 트빌리시에 운집하는 시위 군중들의 움직임도 보도할 수밖에 없었다. 이런 분위기 속에서 야권 지도자들은 장미꽃을 흔들며 의회에 진입할 수 있었고, 결국 셰바르드나제는 권력을 포기했다.40)

이런 과정은 '소프트 파워(soft power)'의 속성을 잘 말해준다. 조지아 언론의 노력과 더불어 미국, 유럽 정부들 그리고 비정부기구(NGO)들의 강제적인 물리력이 아닌 독려와 재정적 지원이 조지아 개혁주의자들을 도왔다. 조지아의 사카쉬빌리(Mikheil Saakashvili) 대통령은 2005년 다음과 같이 말했다. "변화를 지원하는 수단에는 병력을 파견하는 것 외에도 더 포괄적인 방법들이 존재한다. 인터넷, TV, NGO 등이 있다. 특히 미국은 보다 자유로운 조지아의 뉴스 매체 환경을 위해 지원을 아끼지 않음으로써 우리에게 큰 도움을 주었다. 그것은 5,000명의 해병대보다 더 강력했다."41)

비폭력 혁명을 위한 필수적인 요소 중 하나는 독립적 미디어를 지탱할 수 있는 시민 사회의 존재다. 이를 통해 대중에게 정보를 전달하고 변화를 원하는 사람들을 동원할 수 있다. 더불어 미디어 매체들에 대한 재정지원을 통한 외부의 개입도 투입된 돈의 가치를 한다. 1999년 세르비아의 경우가 그렇다. 미국은 세르비아인 한명 당 1 달러를 지원했다 (당시 세르비아 인구는 900만이 조금 넘었다). 유럽도 적지 않은 재원을 이용해 지원에 나섰다. 세르비아 내 실질적 활동은 B-92 라디오의 국장이었던 마틱(Veran Matic)과 같은 반체제 인사들이 담당했다. 이들 반체제 인사들과 서방의 지원 담당자들 간의 협력이 밀로셰비치(Slobodan Milosevic) 정권의 몰락에 있어 세르비아 미디어의 독립적인 역할을 강화시켰다.

조지아 선거와 유사한 사례는 2004년 우크라이나의 오렌지 혁명이다. 특히 인터넷 신문 프라브다 우크라이나(Pravda Ukraine)와 케이블 TV 방송국 채널 5(Channel 5)의 역할이 지대했다.42) 카라트니치(Adrian Dartnycky)의 분석에 따르면, 우크라이나의 인터넷 뉴스 사이트들은 기존 정부가 얼마나 부패했는지를 대중들에게 알리기 위해 많은 노력을 기울였다. 간혹 고위 관료들이 어떻게 선거를 조작했는지를 보여주는 육성 음성 자료들을 인터넷을 통해 유포했다. 2004년 11월 선거일에 즈음해서 우크라이나의 4,800만 인구 중 600만 명이 인터넷에 접속할 수 있었다. 이 온라인 접속 인구의 상당수는 수도 키예프와 다른 주요 도시에 살고 있었다. 이곳들에서 항의가 가장 극심했다.43)

이러한 사례들은 정치 변화에 있어서 뉴미디어의 역할을 잘 설명해준다. 뉴미디어 효과의 범위는 상황에 따라 다를 수 있다. 즉, 미디어 영향력은 행동하려는 대중의 의지와 같은 다른 요인들에 의존한다. 그럼에도 불구하고 앞에서 소개된 역사적 사건들은 인터넷이 보다 확산되면서 미디어의 영향력이 증대될 것이라고 기대해 온 사람들을 고무시키고 있다.

그러나 전 세계의 권위주의 정부들은 개혁의 파도에 휩쓸리지 않고 있다. 현실의 정치는 우리가 기대하는 방식을 따르지 않는다. 권력을 잡은 자들은 지속적으로 뉴미디어의 정치적 영향력을 제한하려고 시도하고 있다. 예를 들어 베트남정부는 민주주의와 반체제 인사들과 연관된 인터넷 사이트들의 접속을 막는데 여념이 없다. 인터넷 연구 조사기관인 '오픈넷 이니셔티브(OpenNet Initiative)'는 2006년 다음과 같이 베트남 상황을 설명했다. "베트남은 경제발전과 기타 혜택을 제공하기 위해 인터넷에 투자를 하는 동시에, 공산국가체제를 불안정하게 할 수 있는 콘텐츠에 대한 접근을 제한하기 위해 고투하고 있다. … 여러 온라인 수단들 중에서도 특히 국가는 사이버 카페의 사용을 감시하고, 시민들이 온라인으로 접근할 수 있는 정보를 통제하기 위해 인터넷 콘텐츠 정보 제거 기능을 동원하고 있다."44) 민주화에 관한 정보를 수집하고 유포하기 위해 인터넷을 이용하는 사람들이 투옥되어 왔다. 이처럼 베트남정부는 인터넷에 대한 통제를 지속적으로 강화해 왔다.

중국 모델이라고 불릴 수 있는 이런 방식의 채택은 권위주의 국가들에서는 상당히 일반화 되어 있다. 그러나 뉴미디어의 통제는 실제 혹은 잠정적 민주주의 체제에서도 동원되고 있다. 200명 이상의 사상자를 낸 2006년 7월 뭄바이 폭탄테러 사건 직후 인도의 통신국(Department of Telecommunications)은 극단주의적 종교와 정치 콘텐츠를 담고 있는 블로그 17개에 대한 폐쇄 명령을 내렸다. 그러나 중국이나 다른 국가들처럼 숙련된 인터넷 통제 기술이 없는 인도 당국의 조치는 목표로 한 블로그들 외에도 지오시티(Geocities)나 타이프패드(Typepad)와 같은 다른 인기 있는 일반 사이트들도 폐쇄되는 사태가 발생했다. 고객들로부터 엄청난 항의가 이어지고 말았다.45)

한편 인도는 지속적으로 온라인 인프라를 구축하고 있다. 7억에 달하는 농민에게까지 인터넷의 혜택을 제공한다는 목표를 가지고 있다. 마을마다 최소 한 대의 개인 컴퓨터와 전력공급 장치를 보유하기 시작했다. 전력공급 장치는 자주 발생하는 정전사태에서도 작동할 수 있도록 자동차 배터리에 연결할 수 있는 태양광 전지판이 부착되어 있다. 대부분의 인터넷 접속 장비가 다루기 어렵고 고가라는 점에서, 이런 마을들을 위한 최선의 선택은 무선광역통신 기능을 가진 와이맥스(Wimax) 기술을 이용하는 것이다.46)

인도의 사례는 비교적 진보적인 정부가 시행하고 있는 뉴미디어에 대한 차별화한 접근법이라고 할 수 있다. 인도 정부는 첨단 기술 인프라를 확대해 더욱 많은 시민들이 정보통신에 대한 향상된 접근으로 많은 혜택을 받는 것이 바람직하다고 판단하고 있다. 그러나 뉴미디어가 야기할 수 있는 정치적 파급효과에 대해서는 경계하고 있다. 그럼에도 불구하고 시간이 지남에 따라 개방을 돕는 첨단 기술이 통제기술을 앞지를 것이기 때문에 인도 정부의 뉴미디어 콘텐츠 통제 노력은 점차 비효율적인 것이 될 것이다.

이런 단계에 이르기 전까지 각국 정부는 전통적인 혹은 새로운 미디어를 계속 검열할 것이다. 그러나 대중에게 정보를 전달하려는 결연한 시도들과 부닥치게 될 것이다. 때때로 구식 방법이 동원될 수도 있다. 2005년 네팔에서 있었던 일이다. 정부가 독립적인 라디오 방송국들의 뉴스 보도를 금지하자 한 기자가 매일 밤 3층 건물 옥상에 올라가 확성기를 들고 뉴스를 사람들에게 읽어 주었다. 매일 약 300명의 사람들이 그의 육성 뉴스를 듣기 위해 그곳에 모여들었다. 여전히 컴퓨터와 인터넷 카페의 수가 부족한 나라에서는 이런 방식이 정부의 규제조치에 대한 실질적일뿐만 아니라 상징적인 대응이다 (당시 네팔 경찰은 개입할 수 없었다. 왜냐하면 그 기자의 행위는 불법화한 뉴스 보도가 아니라 합법적인 집회성격

을 가지고 있었기 때문이다).47)

중국이나 다른 정부들은 싱가포르와 말레이시아를 주시하고 있다. 왜냐하면 이 두 국가가 정부의 정치적 통제를 축소하지 않으면서도 정보통신기술의 포괄적인 발전을 이루어내고 있기 때문이다. 두 국가의 통제 방식은 누가 발언을 할 수 있는지를 결정할 수 있는 허가제도에 기반을 두고 있었다. 두 나라 정부는 또 국가의 여러 이해관계에 있어 균형을 맞추려고 노력해 왔다. 싱가포르의 언론인 조지(Cherian George)는 이에 대해 다음과 같이 언급했다. "인터넷의 경제적 가치에 대한 인식은 관계 당국의 정책 결정에 상당한 영향을 주었다. 때문에 과거 미디어 정책의 주요 고려사항이었던 정치적 통제 목적이 점차 약화되고 있다. … 인터넷을 통한 경제 발전의 꿈을 단념하기보다는 정치적 통제의 강도를 이제껏 해왔던 것보다 어느 정도 약화시키는 것이 더 효과적이라고 두 국가는 판단하고 있다. 따라서 이런 정책기조가 다양한 미디어의 부상에 대응하는데 유지되고 있다."

그러나 전통적인 허가제도에 적용되지 않는 인터넷 콘텐츠가 점차 늘어나 정부의 인내심을 자극하게 되었을 때, 이들 국가의 정부는 개방과 언론의 자유를 수용하려 하지 않았다. 조지는 이에 대해 다음과 같이 설명했다.

> 전통적으로 두 정권은 부분적으로만 억압적인 방식을 통해 통제력을 유지해 왔다. 대부분의 경우에 있어서는 이념적 접근 방법을 통해 주도권을 이어나갔다. 두 정부가 선호하는 방식은 반체제 의견에 대한 일상적인 억압이 아니라, 상식적인 가치에 근거해 정권에 협력하게 만드는 사상적 지배였다. 미디어 출구를 조절하는 기존의 허가제 방식을 통해 민감한 사안들이 대중에 회자되는 것을 원천적으로 제한하는 것이 이런 전략의 중요한 열쇠다. 이런 통제방식을 인터넷에 적용하는 것이 실패할 경우 그리고 불가피하게 억압적인 방법을 택하게 될 경우, 이념적 헤게

모니를 이용한 이들 정부의 방식은 상당한 정치적 부담을 가질 수밖에 없다.48)

미국에 대한 9/11 공격 이후 말레이시아와 싱가포르정부는 이슬람 무장단체들의 공격 가능성을 빌미로 상당수 야권세력을 탄압했다. 정부의 통제 하에 있는 주류 미디어 매체들은 구금된 인사들의 인권문제에 대해 거의 관심을 보이지 않았다. 그러나 조지(George)는 다른 언론들의 움직임에 대해 다음과 같이 기술했다. "이들 두 국가 내 온라인으로 활동하는 대안 미디어 매체들은 정부의 체포작전이 실시된 직후부터 이 사안에 대한 지속적인 보도를 내놓고 있었다. 테러의 위협이 안중에 없었던 것은 아니었지만, 이들 미디어 매체는 인권 단체들 그리고 야권 정치인들의 관점을 집중 보도했다. 혹은 질서 유지를 위한 국가의 노력에 있어서도 자유와 정의는 포기될 사안이 아니라는 점을 강조하는 사설들을 게재했다."

싱가포르의 뉴미디어 기관 중 싱크센터(ThinkCentre.org)가 있다. 조지(George)는 "싱크센터의 웹사이트는 전통적인 오프라인 정치 활동가들에 보조적인 역할을 제공하면서 발전했다"며 "이 사이트의 창립자들은 가장 고전적인 민주적 참여활동인 정치적 출판물 제작과 대중 집회 조직에 관여하고 있었다"고 설명했다. 이들 창립자들은 여론을 정치변화 쪽으로 더욱 효과적으로 유도하기 위해 웹사이트를 시작했다. 싱크센터 웹사이트는 일종의 정치적 벤처사업이라고 할 수 있다. 조지는 "적지 않은 사람들이 객관적이고 이해에 치우치지 않는 보도를 신봉하고 있기 때문에 이들 행동주의 언론을 꺼려하고 있다"며 상당히 모험적인 도전이었다고 이 웹사이트의 출범을 평가했다.49) 싱크센터와 같은 기관을 유혹하는 뉴미디어의 이런 특성들로 인해, 언론과 정치행위의 전통적인 경계선이 자주 무너지게 될 것이다.

언론의 입장에서 볼 때 싱가포르 사례는 정부 당국의 통제를 쉽게 피할 수 있는 온라인 매체의 보도가 상대적으로 보다 큰 자유를 누리고 있다는 점을 말해주고 있다. 따라서 온라인 매체는 뉴스의 수집과 전달에 있어 더욱 공격적으로 변모할 가능성이 있다. 물론 항상 그런 것은 아니지만 이러한 사례들은 과거의 전통적이고 상투적인 언론과는 달리 뉴미디어가 보다 역동적이고 의미 있는 언론을 만들어낼 것이라고 희망하고 있는 사람들에게는 상당히 고무적인 현상일 것이다.

언론과 언론을 가장한 선전은 별개의 것이다. 전 세계로부터 유입되는 뉴스를 일반적으로 제한 없이 허용하고 있는 정부들조차 분명히 적대감을 조장하려는 목적을 가진 인터넷 및 위성 TV 콘텐츠의 영향에 주의를 기울이고 있다. 2004년 프랑스 공영방송감독 관련 당국은 히즈볼라와 연계된 알-마나르(al-Manar) TV의 송출 허가를 내주었다. 인가를 받기 위해 알-마나르는 '인종, 성별, 종교 또는 국적에 따른 증오, 폭력, 혹은 차별을 조장하지 않을 것'이라는 조항에 동의해야 했다. 그러나 1주일도 채 되지 않아 알-마나르 방송은 이스라엘이 에이즈(AIDS) 바이러스와 다른 질병을 아랍국가에 퍼트렸었다는 기사, 그리고 유대인과 이스라엘을 파멸시키기 위해 성전을 촉구하는 기사도 게재했다.

프랑스의 인허가 법률에 의거, 당국은 즉각적으로 이 위성채널을 폐쇄할 수 없었다. 이 채널이 인가 당시 행한 서약을 어겼고 프랑스의 반(反)증오법을 위반했다는 혐의에 대해 프랑스 법원이 프랑스 위성송출 운용사인 유텔샛(Eutelsat)에게 알-마나르 방송의 송출을 중단하라는 판결을 내려야 했다. 결국 1년 여 후에 프랑스 법원은 이 채널에 대한 폐쇄 판결을 내렸다. 이 판결을 근거로 유럽연합(EU)은 2005년 3월 모든 유럽 국가의 위성들에서 알-마나르의 전파이용을 금지했다.[50]

알-마나르 등 다른 정보 공급업체들의 활동을 전적으로 봉쇄하는 것은 인터넷 접속을 제한하지 않는다면 혹은 이 매체를 완전히 물리적으로 문 닫게 하지 않는다면 거의 불가능하다. 하지만 프랑스나 다른 민주 국가들이 이 같은 강력한 조치를 원하지 않고 있다. 알-마나르는 웹상에서 계속 존재했다. 특히 2006년 이스라엘-히즈불라 전쟁 기간 내내 계속 반서방 및 반이스라엘 방송을 내보냈다. 이스라엘의 공습을 당했으면서도 말이다. 전체 인구 중 60만이 유대인인 반면 600만 무슬림이 살고 있다는 점에서, 프랑스가 알-마나르와 같은 방송이 야기할 수 있는 문제들에 예민할 수밖에 없다는 것은 이해할 만하다. 그러나 새로운 기술의 현실 하에서 프랑스정부는 알-마나르 방송이 프랑스 청취자에게 전해지는 것을 부분적으로만 막는데 성공할 수밖에 없었다. 때문에 정책 입안자들은 반드시 아직도 가용한 히즈불라 메시지의 효과에 대응하는데 만전을 기해야 한다.

중차대한 정치적 사안을 보도하는 것 외에도 알-마나르와 같은 뉴미디어는 과학기술 선진국들을 따라잡으려는 나라들에 있어 새로운 정책 분야의 핵심에 위치하고 있다. 러시아의 푸틴(Vladimir Putin) 대통령은 e-러시아 계획을 승인했다. 연구능력을 향상시키고, 생산성을 늘리고, 정부의 투명성을 개선할 수 있는 초고속 인터넷 인프라를 구축하는 프로젝트다. 이 사업은 러시아에게 쉽지 않은 과제다. 2001년의 조사통계를 보면 러시아 학교 중 단지 2퍼센트만이 인터넷 접속을 할 수 있었고, 러시아는 IT장비를 생산할 수 있는 국내 업체도 보유하지 못하고 있었다. 더불어 자유로운 정보의 흐름에 대해 전통적으로 경직적인 자세를 보인 러시아 정부에게 있어 e-러시아 프로젝트의 실행은 전자통신을 감시하기 위한 새로운 노력이 수반되어야 하는 일이었다. 오래된 관행은 쉽게 사라지지 않는다. 즉, 한 러시아 IT 공무원은 정부 관료들이 새로운 정보기술을 국민에게 더 많은 정보를 제공하는 수단이라기보다는 시민들에 대한 더 많은 정보를 수집하는 수단으로 보았다고 당시 상황을 설명했다.[51]

더욱 넓은 정보격차가 상당수 아프리카 지역에 있다. 예를 들면 짐바브웨 내 가용 인터넷의 수가 절대적으로 부족하다는 사실 때문에 정부의 방해 속에서도 뉴스를 전하려는 망명 언론인들의 노력은 큰 성과를 거두지 못하고 있다. 극소수만이 가정에서 인터넷에 접속할 수 있고, 온라인으로 정보를 얻고자 하는 사람은 인터넷 카페를 이용해야만 한다. 짐바브웨 정부는 2006년 중반까지도 인터넷 사이트를 차단하지는 않았다. 그러나 이메일 검열은 고려하고 있었고, 미국에서 '미국의 소리(Voice of America)' 스튜디오를 이용해 방송을 송출하던 스튜디오 7(Studio 7)의 전파를 방해하고 있었다. 그러나 짐바브웨에서 활동하는 언론인들은 정부로부터 취재와 보도허가를 받아야만 했고, 무가베(Mugabe)행정부를 지지하지 않은 이들은 자주 체포를 당하거나 고초를 겪었다.52)

다행히 보다 긍정적인 현상들도 있다. 부룬디와 부르키나파소에서 실행되고 있는 프로젝트들이다. 인터넷을 통해 에이즈(AIDS) 치료 프로그램을 하고 있다. 의료기록 문서를 보존하고 예방법과 치료 기술을 인터넷을 통해 전파하고 있다. 남아프리카에서는 한 벤처 회사가 마을 채소 농장의 수확량을 증가시키기 위해 농촌 여성들에게 물대기 방법을 가르치고 있다. 남아프리카에는 재미있는 사례도 있다. 어떤 사람이 독사에게 물렸는데 이웃의 도움으로 목숨을 구했다. 그 이웃 사람은 인터넷을 통해 필수적인 응급 구조 조치를 익혔던 것이었다.53) 이러한 일화들은 뉴미디어의 광범위하고 실질적인 효과를 보여주는 사례일 수도 있지만, 그렇지 않을 수도 있다. 디지털정보 격차가 확실하게 좁혀지기 위해서는 많은 시간이 흘러야 할 것이다. 아프리카가 내걸고 있는 1차적인 목표는 2012년까지 정부의 관공서, 병원, 그리고 학교에 인터넷 접속을 실현하는 것이다.

한편 새로운 통신기술이 민주화에 어떤 영향을 줄 수 있을까에 대한 논란은 계속될 것이다. 저렴한 컴퓨터와 휴대전화를 이용한 인터넷의 광범위한 보급이 건설적인 정치적 활동을 이끌 수 있는 지적 해방을 가져올 수 있을까? 아니면 권력을 잡고 있는 이들이 계속해서 주도권을 쥐고, 온라인 담론을 통제하고 개혁노력을 좌절시킬 수 있을까? 민주주의로 가는 길은 예측할 수 없을 것이다. 때로는 평탄한 길이 나올 수도 있지만 굴곡이 심하고 언덕도 많을 것이다. 물론 러시아, 나이지리아 등 일부 국가들에서는 정부의 통제방식이 바뀔 경우 보다 자유로운 표현과 토론이 분출될 수도 있겠지만 말이다.

경제 또한 큰 역할을 할 것이다. 미디어 산업의 선두주자들도 고귀한 민주주의 가치와 재정적 현실을 조화시켜야 하기 때문이다. 뉴스와 기타 정보를 제공하는 것도 근본적으로 사업이다. 적지 않은 투자비용이 필요하다. 사담 후세인정권이 붕괴한 직후 이라크에는 수백 개의 신문사가 생겨났다. 하지만 이중 상당수가 유지할 자금이 없다는 단순한 이유 때문에 사라질 수밖에 없었다. 알-자지라는 초국가 글로벌 방송이 자유와 민주주의를 진작시킬 것이라고 믿는 사람들에게는 등불과 같은 존재다. 그러나 모든 방송국들이 (알-자지라처럼) 부채를 갚아줄 수 있는 왕족의 후원을 받지는 못할 것이다. 구글과 시스코 시스템과 같은 다국적 기업도 정치적으로 올바른 사업 태도와 금전적으로 충분한 수익 사이에서 균형을 추구하기 위해 지속적으로 어려운 결정에 직면할 것이다. 개혁을 거부하는 정부들에 대해 다양한 NGO들도 게임에 참여해, 압력을 행사할 수 있는 의제를 부각시키기 위해 노력할 것이다.

○ ☙ ○

1960년대 미국의 각 가정에 TV가 보급되기 시작하면서, 미국의 정치는 크게 변모했다. 대통령 선거에서 승리하기 위해서 후보자는 방송 카메라 앞에서 좋은 인상을 부각시켜야 했다. 정치인을 평가하는데 있어 유권자들이 새로운 기준에 의존하기 시작했기 때문이다. 정치는 새로운 기술의 요구와 가능성에 발을 맞춰 발전했다.

2008년 미국 대선 캠페인에서 후보자들은 블로거들의 환심을 사려고 노력했다. 웹을 이용한 선거운동도 필수 사항이었다. 후원금을 모으고 지지자를 동원하는데 있어 인터넷은 최상의 장(場)이었다. 다시 한 번 정치인들은 뉴미디어라는 새로운 변화의 요구에 적응할 수밖에 없었다.

개별적인 국가의 정치적 체제에 따라 상당한 차이는 있겠지만, 이러한 변화는 상당히 빠른 속도로 지구 전체에서 발생할 것이다. 다양한 방식으로 그리고 다양한 수준으로 오늘날의 그리고 미래의 뉴미디어는 전 세계에 걸쳐 국내 및 국제 정치체제와 개인의 삶을 지속적으로 변모시킬 것이다. 이런 것들이 알-자지라 효과의 광범위한 측면들이다. 새로운 정보통신기술이 정착하면서, 미디어의 진보에 있어 가장 중요한 시험들이 중동에서 발생할 것이다.

7
중동을 바꾸는 힘

민주화가 지속되기 위해서는 거대한 정치 세계의 구성요소들이 조화를 이뤄야 한다. 미디어 효과는 이들 요소의 일부일 뿐이다. 미디어가 변화를 강요할 수는 없다. 단지 변화를 북돋우고 도울 뿐이다. 미디어 파워에도 한계가 있다.

하지만 미디어의 역할이 과소평가되어서는 안 된다. 알-자지라 방송의 알-알리(Mohammed Jassim Al Ali) 전(前) 사장은 이렇게 말했다. "통신 혁명 덕분에 현재 중동에는 민주주의의 바람이 불고 있다. 당신은 더 이상 국민들에게 정보를 숨길 수 없으며, 오직 진실만을 말해주어야 한다. 그렇게 하지 않으면 국민들은 당신을 따르지도 지지하지도 않을 것이며 복종하지도 않을 것이다."[1] 정치구도의 변화를 요구하는 여러 경고음이 들리는 상황을 고려해볼 때 알-알리 사장의 주장은 틀리지 않다. 민주주의를 갈망하는 크고 작은 움직임들이 중동 곳곳에서 느껴지고 있다. 과거에는 좀처럼 볼 수 없었던 현상이다. 정보에 대한 한층 높아진 접근성이 이러한 변화에 중요한 변수로 작용했다.

다양한 행위자들이 이러한 정치 변화에 중요한 역할을 담당해왔다. 그러나 알-자지라만큼 두드러진 역할을 해낸 것은 없다.

알-자지라의 선도적 역할

2005년에 가진 한 인터뷰에서 알-자지라의 칸파르(Wadah Khanfar) 국장은 이 방송에 대해 다음과 같이 설명했다. "아랍세계에서도 모든 사람들이 변화, 개혁, 정치변동, 그리고 민주주의에 대해 이야기하고 있다. 현실은 변하고 있고, 뉴스를 장식하는 것도 변하고 있다. … 이 지역에서 벌어지는 모든 논의는 우리의 화면에 등장하고 있다." 알-자지라의 이와 같은 활동이 실제로 큰 파급효과를 야기했다. 미국평화연구소(Institute of Peace)가 발간한 보고서도 유사한 지적을 내놓았다. "알-자지라와 다른 위성채널은 아랍 사람들에게 자신들의 의견을 마음껏 표현하고 공사(公事)를 토론하는 장을 제공한다. 이들 위성채널은 아랍인들을 서로 더욱 가깝게 만들어준다. 이를 통해 아랍인들은 또 뉴스 내용에 대해 서로 격론을 펼치고 혹은 그들의 정부를 비판하고, 심지어는 금기를 깨뜨리기도 한다."2)

뉴스 미디어는 행동주의를 활성화시키며, 개혁노력에 일관성을 더해주는 지적 기반을 구축하는데 도움을 준다. 그러나 정치변화에 이르는 길은 아주 멀고 가파를 것이다. 알-자지라에 관한 책을 집필한 마일즈(Hugh Miles)는 뉴스 미디어와 정치변화의 관계를 다음과 같이 설명한다. "낙관론자들은 위성 TV가 진보를 막아온 아랍의 전통적인 장애를 일거에 제거하고 겉보기에도 까다로운 제반 문제를 해결할 것이라고 주장해 왔다. 또 그 결과로 '이슬람 개혁(Islamic Glasnost)'이 뒤따를 것이라고 예측해 왔다. 하지만 위성 TV가 아랍사회를 자동적으로 민주화시킬 것이라고 믿는 것은 현재 아랍세계의 비민주적 상황이 정보부족에 기인하는 것이라고 가정하는 것과 같다. 물론 이는 사실이 아니다. 몇몇의 극단적인 독재국가를 제외하고는 의지만 있으면 라디오를 통해 뉴스를 접하는 것이 가능했다. 그렇다고 이것이 제대로 된 민주주의를 가져오지는 않았다." 마일즈는 또 "아랍 위성방송 시청자들이 어떤 사안에 대해 자신들의 마음을 바꾸게 하는 무언가를 봤다고 할지라도, 그 이슈와 관련된 무언가를 할 수 있는 적절한 정치 시스템이 존재하지 않는다"고 덧붙였다.3)

마일즈의 이런 관점은 타당한 것이다. 개혁의 전망에 대해 평가할 때, 기대치는 현실적이어야 한다. 공정선거, 정부의 투명성 등 민주주의의 기본적인 요소가 확실히 확립되어 있지 않다면, 알-자지라와 다른 언론기관의 영향력도 제한될 수밖에 없다. 하지만 시청자의 수는 그 자체로 중요하다는 것을 염두에 두어야 한다. 다양한 정보를 쉽게 그리고 원할 때마다 접할 수 있는 사람들의 숫자가 갖는 중요성을 과소평가해서는 안 될 것이다. 비판적 시각을 가진 다수의 사람들이 더 많은 정보를 획득할 수 있는 수단을 가질 때, 정치 개혁은 보다 쉽게 일어날 수 있다. 통치자들에 대한 민중의 압력이 시간이 지날수록 거세질 것이다. 결국 시대를 역행하는 독재자들만이 이 같은 대중의 바람을 완전히 무시할 것이다.

알-자지라는 1996년에 창립되었다. 카타르의 지도자 하마드 빈 칼리파(Hamad bin Khalifa)가 사우디아라비아에서 수년간 운영되다 폐쇄된 BBC 아랍어 방송의 직원들을 채용하고, 카타르에 범아랍 방송 출범을 위해 1억 4,000만 달러를 투자하면서다 (BBC 아랍어 방송은 2008년 재출범했다). 몇 년이 지나지 않아 알-자지라는 주요 사건들에 대한 아랍의 시각을 제공하는 최고의 TV로 자리매김했다. 알-자지라의 뉴스는 전 세계 보도기관의 주목을 끌었다. 1998년 사담 후세인이 대량살상무기 사찰단의 활동을 중단시켰다는 이유로 미국과 영국이 이라크에 폭격을 가했을 때, 알-자지라는 현장에 있었다. 2000년 팔레스타인에서 인티파다(intifada, 봉기)가 일어났을 때도 알-자지라의 현장 취재는 아랍 전역 시청자들의 이목을 사로잡았다. 그리고 미국이 아프가니스탄을 공격했을 때인 2001년, 탈레반 정권은 서방 언론인들에게 출국을 명령한 반면 알-자지라 기자들에게는 체류를 허용했다. 2003년 이라크전쟁이 시작될 즈음 알-자지라의 성공으로 인해 알-아라비아(al Arabiya), 아부다비 TV (Abu Dhabi TV) 등 다른 중동의 경쟁사들도 생생한 취재에 열을 올리고 있었다. 처음으로 아랍의 시청자들은 큰 사건이 일어났을 때 BBC, CNN 등 서방 방송사들에 의존할 필요가 없었다. 아랍의 시각으로 만들어지고 제공되는 뉴스를 쉽게 접할 수 있게 되었다.

알-자지라의 강점 중 하나는 과거에 무미건조하고 체제 순응적이었던 것으로 간주되어 왔던 아랍의 뉴스 보도 관행에 생동감 있고 자극적인 토론을 도입해왔다는 점이다. 이 방송의 독창적인 보도방식과 역동적인 토크쇼는 뉴스 시청자의 폭을 넓혔고 아랍 대중문화에서 정치적 담론의 성격을 바꿔놓았다. 더 많은 사람들이 뉴스에 집중하고 뉴스에 대해 논하는 것은 민주화 과정의 중요한 단면이다. 궁극적으로 서구의 저명한 중동학자 루이스(Bernard Lewis)가 언급한 것처럼 TV는 "중동 사람들에게 과거에 볼 수 없었던 생생하고 활기찬 대중적 토론과 논쟁이라는 광경을 가져다주고 있다."4)

알-자지라의 프로그래밍 스타일과 내용은 시청자들이 보도에 등장하는 사안들에 대해 더욱 관심을 갖도록 이끈다. 이는 알-자지라가 많은 경쟁사들보다 더 신뢰받고 있다는 것을 말해 준다. 서양의 일부 비평가들은 이 채널의 객관성에 대해 종종 의혹을 제기한다. 그러나 이러한 비판은 알-자지라의 강점을 제대로 평가하지 못한 것이다. 대다수의 알-자지라 시청자들은 서구인들이 규정하는 기준에 의거해 보도 방향을 평가하기 보다는 신뢰성이 뉴스 매체의 가장 중요한 본질이라고 간주하고 있다. 그리고 이런 시청자들은 아랍인들에 의해 아랍인들을 위해 독자적으로 취재된 뉴스 그리고 아랍인들의 시각으로 사건을 바라보는 뉴스를 원하고 있다. 위성 TV 채널이 빠르게 확산하는 현 시대에, 국가의 통제를 받는 뉴스 보도 그리고 서구가 제공하는 뉴스 보도는 아랍세계에서 경쟁력을 잃어가고 있다. 알-자지라만큼 신뢰받을 수 없기 때문이다. 더욱이 알-자지라 방송의 뉴스 보도 방식은 이 채널이 취재하는 사안과 사건에 뜨거운 관심을 가지는 시청자들의 열정을 정확히 반영하고 있다.

역동적인 뉴스 보도 방식과 확대된 정보의 흐름은 정치에 영향을 줄 수 있다. 린치(Marc Lynch)는 "정치적 저항과 투쟁에 대한 뉴스 보도는 정치 활동가를 고무시키고 힘의 균형을 깨트리면서 아랍세계에 새로운 가능성의 영역을 열어젖히고 있다"고 말했다. 알-자지라의 뉴스 보도와 토크쇼는 정치에 대한 대중의 인식을 바꿔왔다. 이는 아랍인들을 현재 발생하고 있는 상황에 더 많은 관심을 갖게 하고 현안에 대해 더욱 관여하도록 용기를 주고 있다. 이런 변화에 대해 린치는 다음과 같이 기술했다.

"토크쇼는 현재 아랍 정권들의 정치적 정통성에 도전하고 있다. 사회적, 경제적 그리고 정치적 사안들에 대한 가차 없는 비판은 모든 아랍인들이 현 아랍 정치질서의 분명한 실패를 보게끔 노출시키고 있다. 아랍 지도자들의 정책 실패가 맹렬히 공격당하고, 서방의 침탈에 대해 무기력한 아랍 정치가 조소당하고, 아랍인들이 '세상의 농담'으로 여겨지고, 부정선거와 정실주의가 조롱당하는 프로그램들이 반복되면서 토크쇼의 영향력이 축적되고 있다. 이로 인해 아랍인들은 점차 조속한 변화를 촉구하고 있고, 변명으로 일관하는 위정자들에 도전하고 있다."

알-자지라의 토크쇼가 구체적인 정치변혁을 야기하지 않을 수도 있다. 그러나 린치는 "토크쇼가 저항을 정당화하고 체제의 약점을 노출시킴으로써 변혁의 기반을 구축하고 있다"고 설명했다.[5]

2005년 알-자지라의 이집트 관련보도는 이 채널이 어떻게 정부의 정치적 통제를 침해하는지 잘 말해준다. 무바라크(Hosni Mubarak) 대통령은 첫 번째로 복수 후보가 출마한 선거에서 승리한 날인 9월 선거일, 이집트 국영 TV는 카이로에서 발생한 반(反)무마라크 시위 그리고 무바라크의 장기집권을 지속을 위한 부정선거를 보이콧하자는 야당들의 움직임에 대해 전혀 언급하지 않았다. 그러나 알-자지라는 저명한 정치

평론가이자 무바라크 대통령의 정적인 하이칼(Mohammed Hassanein Heikal)과의 인터뷰를 방영했다. 이집트 채널들에는 출연이 금지된 하이칼은 알-자지라에 등장해 민주적 개혁을 이행하겠다는 무바라크의 약속에 강한 회의감을 표명했다.

2개월 후 치러진 의회선거에서도 이집트 국영방송들은 투표일 폭력 사태에 대해 보도하지 않았다. 반면 알-자지라는 경찰관들이 지켜보고 있는 가운데 칼을 휘두르는 폭력배들과 피를 흘리는 유권자들의 모습을 보도했다. 알-자지라는 또 재판관들이 기자회견을 열어 투표가 부정으로 얼룩졌고 경찰이 투표하려는 사람들을 위협했다며 정부를 비난하는 장면을 방송에 내보냈다. 알-멘샤위(Mustafa el-Menshawy)는 알-자지라의 보도가 "국영 방송들을 통해 부정선거 사실을 부정하거나 무시하려는 당국의 시도를 무력화시켰다"고 기술했다. 칼럼니스트 살라마(Salama Ahmed Salama)도 "알-자지라는 이집트 사회에 변혁을 가져왔다"며 "알-자지라의 보도가 없었더라면 우리는 이런 부정행위에 대해 전혀 알 수 없었을 것"이라고 강조했다.6)

알-자지라와 다른 경쟁사들이 이런 사안들에 대해 보도할 때 "이런 상황이 과거에는 추상적인 형태로만 존재해왔던 아랍의 대중 담론을 확립시키고 있다"고 린치는 언급했다. 개별 아랍국가의 사건들에 대한 알-자지라의 보도는 보통 아랍 전체를 연계하는 큰 틀의 맥락 내에서 이뤄진다. 개별 국가에 집중하는 보도기관들이 종종 간과하는 보도방식이다. 이러한 큰 틀의 지역적 접근은 알-자지라 시청자들에게 어떻게 중동과 다른 지역을 연계해 봐야하는 지에 대한 시각을 형성시켜 준다. 린치는 "2002년 이후 이 지역의 반미감정 고조는 팔레스타인인이나 이라크의 참혹한 상황뿐만 아니라 이런 개별적 사안들의 공통분모로서 미국을 연계시킨 결과"라고 설명했다.7) 이러한 보도는 또 중동의 민심과 여론을 전 세계에 알리는 역할도 하고 있다. 이브라힘(Youssef Ibrahim)은 아랍 위성 미디어가 "서방 언론에 대응하는 기반이자 효과적인 수단이 되어왔고, 이를 통해 아랍인들은 이제 미국의 최고 지도부에 입장을 전달하는 채널을 갖게 되었다"고 지적했다.8)

아랍세계 외부의 정부들은 이제 아랍 채널들이 보도하고 있는 내용들을 무시할 경우 상당한 우를 범하는 것이 될 것이다. 아랍 미디어 뉴스와 토크쇼의 논조와 구체적인 콘텐츠는 이 지역의 사건뿐만 아니라 아랍 내 보다 큰 틀의 정치적 견해를 전달하는 수단이 되고 있다.

보다 넓은 맥락에서 루이스(Bernard Lewis)는 매스미디어의 역할에 대해 다음과 같이 지적했다. "중동의 무슬림들은 현재 상황이 얼마나 심각하게 잘못 돌아가고 있는지를 뼈저리게 느끼고 있다. 과거에 무슬림들은 그들의 세계와 그 나머지 세계 사이의 차이점을 정확히 인식하지 못하고 있었다. 이미 상당히 발전한 서구는 물론이고 일본에 이어 중국, 인도, 한국 등 동남아시아 국가들에 비해서도 자신들이 얼마나 뒤쳐져 있는지에 대해 중동인들은 그동안 잘 모르고 있었다. 이들 국가들에 비해 삶의 수준, 경제발전, 그리고 보다 포괄적으로 인적 및 문화적 발전에 있어 중동의 후진성이 잘 드러나지 않아왔다."9)

변화무쌍한 지역에서 이런 미디어 효과가 상호작용할 때 그 잠재적 영향력은 상당히 증대된다. 현재 카이로에서 워싱턴까지 중동과 서방의 정부 관리들은 대중의 불만과 폭력행위의 주요 원인을 파악하려고 노력하기 보다는 자신들의 정치적 문제들을 알-자지라와 다른 독립적 미디어들의 탓으로 돌리고 있다. 이러한 손가락질은 예상대로 비효율적이었지만, 정책입안자들은 위성 TV의 역할에 대한 의미심장한 분석을 지속적으로 회피하고 있다. 오히려 알-자지라와 공존하는 방법을 찾기보다는 몇몇 정부들은 알-자지라와 대적하기를 선호하고 있다. 예를 들어 알-자지라와 경쟁하도록 미국정부가 자금을 지원해 설립한 위성채널 알-후르라(al-Hurra)의 경우도 미미한 성과만을 거두고 있다.

알-자지라의 장기적 영향력은 이 매체의 보도가 어떻게 사회적 그리고 정치적 변화의 큰 맥락에 맞춰나가는지에 달려있을 것이다. 자야니(Mohamed Zayani)는 이에 대해 다음과 같이 기술했다.

"뉴미디어의 역할에 대한 지나치게 긍정적인 평가에 대해 주의를 기울여야 한다. 물론 뉴미디어는 정치사회적 변혁의 기능과 민주화 잠재력을 가지고 있다. 또 아랍권의 다양한 사회계층의 정치 참여도 확대할 수 있다. 그러나 사회와 정치 조직을 완전히 바꿀 것이라고 예단해서는 안 된다. 미디어 영역이 실제의 변화를 단독적으로 주도할 것으로 기대해서는 안 된다. 민주주의는 미디어로부터만 나올 수는 없다. 정치 체제와 제도도 변화하고, 진화하고, 적응해야 한다. … 우리는 위성 TV가 사회를 극적으로 변화시킬 수 있거나 사회체제를 혁명적으로 변혁할 수 있을 것이라는 환상에 빠져서는 안 될 것이다."10)

비슷한 맥락에서 린치(Lynch)는 다음과 같이 언급했다. "일부 열렬한 비판자들이 언급하는 '알-자지라 민주공화국'은 실제로 존재하지 않는다. 알-자지라가 자체적으로 민주주의를 만들어낼 수 없고, 아랍 지도자들에게 그들의 통치방식을 바꾸도록 강요할 수도 없다. TV 토크쇼도 정치적 조직과 제도 수립을 위한 실질적인 노력을 대체할 수는 없다."11)

이 문제를 다른 각도로 보면서 저명한 중동의 정치학자 판디(Mamoun Fandi)는 위성 TV의 확산이 가상 정치를 구현할 수 있다고 지적했다. 운동장에서 펼쳐지는 경기처럼 시민들이 참여하기보다는 지켜보는 가상 정치다. 판디는 또 "아랍세계의 정부들은 미디어가 실제 정치를 대체하는 이런 트렌드를 독려하고 있다"고 언급했다.12) 이러한 전망은 상당히 비관적일 수 있다. 현실에서보다는 가상의 세계에서 뉴미디어의 역할이 나타나고 있다는 점이다. 이라크, 팔레스타인 등 여러 아랍지역에서 사실상 처음으로 치러지는 자유선거는 심각한 소요사태를 가져올 것이라고 예상됐지만, 큰 문제없이 무난히 진행되었다. 뉴미디어가 현실정치에 중대한 역할을 하지 못한 사례다. 중동을 포함해 전 세계 어느 곳에서라도 사람들은 위성 TV를 보면서, 어떤 일이 발생하는 지를 지켜보고, 그들 자신이 추구하는 정치적 노선과 유사한 상황이 발생할 경우 환호를 보낸다. 지켜보고 심적으로 동조하는 일만 하고 있는 것이다.

약간의 긍정적인 현상도 중동지역에서 간혹 나타나고 있다. 2004년 아랍인간개발보고서(Arab Human Development Report)는 다음과 같이 지적했다. "거대한 장애가 아랍국가들의 사회와 정치 현실에 놓여 있다. 그리고 이는 거부할 수 없는 현실이다. 그러나 이 어려운 여정 끝에는 고귀한 목표가 있다. 이를 추구하는 사람들은 어려움과 고통을 감내할 준비가 되어 있다."13)

민주화의 역동성

장기적으로 인터넷은 개혁의 추진력에 있어서 위성 TV보다 훨씬 강력할 것으로 보인다. 물론 현재 중동 내 제한적인 인터넷 보급을 고려해 볼 때 상당한 시간이 걸릴 것이지만 말이다. 그럼에도 불구하고 인터넷 사용이 점차 이 지역 내 확산하면서, 월드와이드웹(World Wide Web)의 정치적 역동성은 사람들이 자신의 국가와 나머지 세계를 보는 시각을 바꿀 것이다. 과거에는 접할 수 없었던 뉴스매체와 다른 미디어 정보가 흘러들어올 것이고, 쌍방향 특성을 가진 인터넷은 정치변화로의 지평을 여는 지적 해방을 촉진시킬 것이다.

국제정치에서 인터넷은 점차 중요한 자리를 차지해 가고 있다. 그러나 그 지속적인 영향력이 어느 정도가 될 지 아직은 미지수다. 칼라실(Shanti Kalathil)과 보아스(Taylor C. Boas)는 인터넷이 '단지 도구일 뿐'이라며 "정치적, 경제적, 사회적 행위자에 의한 인터넷의 구체적인 사용이 면밀히 평가되고 고려되어야 한다"고 강조했다.14) 쿱찬(Charles Kupchan)도 "경제적 상호의존에서와 마찬가지로 정보혁명의 국제적 효과도 기술이 적용되는 보다 넓은 정치적 맥락에 따라 달라진다"고 지적했다.15) 다시 말해서 민주주의의 옹호자들도 인터넷을 만병통치약으로 봐서는 안 된다는 것이다. 인터넷은 분명히 개혁을 위한 가치 있는 도구다. 그러나 체계적인 변화를 위해 인터넷을 이용하겠다는 의지를 가진 사람들이 있어야 한다. 다른 어떤 정치적 작업과 마찬가지로 참여자들의 능력과 결단, 가용한 자원 및 재원, 대내적 정치적 환경, 그리고 때때로 행운 혹은 불운이 모든 민주화 노력에 영향을 줄 것이다.

인터넷은 정치적 압력을 행사할 수 있다. 그 본질 자체가 민주적이고 대중의 참여를 조장하기 때문이다. 모든 사람이 아직 이런 특성을 이해하는 것은 아니지만, 대다수 국가의 정치현장에서 과거에는 볼 수 없었던 규모와 대담함으로 발생하고 있는 정치적 토론의 열기에서 인터넷의 잠재력이 나타나고 있다. 변화를 주창하는 사람들은 이제 경찰국가에서도 대중시위에 연루될 위험을 무릅쓰지 않아도 된다. 또한 사람들은 과거 소련연방에서 사미즈다트(samizdat, 자가 출판이라는 뜻으로 허가를 받지 않은 불법출판물을 의미하기도 함 – 역자 주)를 배포하는 것과 같은 느리고 규모도 작은 정보 전파 방식에 의존할 필요도 없다. 대신 2005년 말 시리아에 갑자기 등장한 것과 같은 가상의 정치적 실재가 있을 수 있다. 이그나티우스(David Ignatius)에 당시 시리아의 상황을 다음과 같이 묘사했다. "다마스쿠스 전역에 산재한 인터넷 카페들은 사람들이 소식과 소문을 지속적으로 공유하는 것을 도왔다. 보안군은 이들 반정부 인사들을 체포하지 못했을 뿐만 아니라 사람들이 이야기하는 것을 막을 수도 없었다."16) 이런 사람들 간의 이야기는 인터넷 카페의 테이블에서 뿐만 아니라 인터넷 상에서도 이어지고 있다.

그럼에도 불구하고 인터넷이 아랍 정치세계에서 얼마나 큰 효과를 거둘 수 있을지는 미지수다. 아랍국가들이 이 기술을 이용하는데 있어서 전 세계 다른 지역의 국가들보다 한참 뒤쳐져있기 때문이다. 유엔에 따르면 2003년 인구 1,000명당 컴퓨터 보유대수에 있어서 세계 평균이 78대였지만, 아랍지역은 18대였다. 2007년 말 통계에서는 중동 인구의 21퍼센트가 인터넷에 접속할 수 있었다 (물론 공동으로 사용하는 인터넷을 포함해서다). 큰 발전을 이룩했지만 그래도 다른 지역보다는 아직 뒤쳐져있었다고 할 수 있다. 예를 들어 당시 유럽의 인터넷 사용자의 수는 전체 인구의 48퍼센트였고 북미 지역은 71퍼센트에 달했다.[17]

일단 접속이 가능하기만 하면, 미디어를 통한 정보의 손쉬운 수집과 확산이 정보 민주주의로 불릴 만큼 가능해진다. 그러나 이런 자유는 모두에게 주어지는 것이기 때문에 의도가 어찌됐던 간에 제5장에서 언급된 테러리스트들의 인터넷 이용 사례처럼 남용될 수 있다. 뉴스 매체들은 때때로 부지불식간에 테러리스트들과 공모자가 될 수 있다. 테러리스트들의 주장을 보도하는 것은 웹캐스트, 비디오테이프 등 테러단체의 메시지 원본보다 더 많은 시청자들에게 전달될 수 있다. 이것은 주류 미디어들이 어느 정도까지 정보를 전달해야 하는지에 관한 논란을 야기한다. 따라서 유럽연합은 미디어 매체들에게 취재 및 보도강령을 만들고 준수하도록 촉구해 왔다. 이들 매체들이 테러리스트들의 사실상 선전수단이 되지 않도록 하기 위해서다.[18]

상당한 정치적 잠재력을 가진 인터넷의 또 다른 사용은 블로그다. 블로그들은 과거에는 들을 수 없었던 목소리들을 확대재생산하고 있다. 또 서로 대화할 가치가 있는 무언가를 가지고 있다고 판단되는 사람들과 수평적으로 소통을 확대한다는 점에서 블로그는 민주주의의 가치인 동등함의 정도를 증대시킨다. 블로그 세계는 이미 사람들로 북적거리고, 앞으로는 더욱 그럴 것이다. 블로그 검색엔진인 테크노라티(Technorati)에는 2008년 봄 약 1억 1,300만의 블로그를 등재되어 있었다. 테크노라티에는 17만 5,000개의 블로그가 매일 생성되고 있고, 블로거들은 매일 160만 건의 게재물을 업데이트한다. 이는 1초에 18건을 의미한다.[19]

엄청난 정보의 양에도 불구하고 블로거들은 서로를 찾고 방문객과 교류하는 것에 능통하다. 특히 정부가 정치적 조직화를 억압하려고 노력해왔던 국가들에서 블로그 활동은 개혁을 위한 압력을 조율하는데 의미 있는 역할을 할 것으로 예상된다. 2005년 레바논과 인근 국가들에서는 하리리(Rafik Hariri) 총리 암살의 책임과 여파를 놓고 블로거들은 열띤 토론을 펼쳤다. 이러한 움직임을 억누르려는 정부의 바람과는 상관없이 인터넷 접속을 할 수 있는 사람들 누구나 참여할 수 있었던 토론이었다.

정치적 블로그 활동의 또 다른 사례는 2002년에 있었다. 국가연금기금과 관련한 부패 스캔들에 대한 틀에 박힌 취재에 만족하지 못하던 바레인 국민은 '바레인 블로그사이트(Bahraini Blogsite)' 혹은 '마흐무드의 소굴(Mahmood's Den)' 블로그에 올라온 거침없는 분석을 읽을 수 있었다.20) 바레인의 많은 마을들에는 주민들을 위한 웹사이트와 채팅방이 있다. 이를 통해 칼리파(Khalifa) 통치가문에 대한 토론이 길거리에서 행해지는 것보다 덜 통제받고 이뤄진다. 2005년 말 바레인온라인닷컴 (Bahrainonline.org)은 정치 뉴스에 흥미를 가지고 있는 사람들이 필수적으로 찾는 사이트였었다. 그러나 이러한 상황은 오래가지 못했다. 자극적인 내용에 긴장한 정부는 이 사이트의 핵심 관리자들을 체포해 수 주 동안 투옥시켰다.21)

정치에 대한 토론은 마을의 커피숍에서 세계적 현상으로 확장하고 있다. 인터넷은 웹상의 발언과 발상을 고무시킨다. 이는 서로 마음이 통하는 활동가들이 서로를 찾고 다양한 협력관계를 구축할 수 있다는 점에서 일종의 네트워킹이다. 때로는 신빙성이 있고 때로는 신뢰하기 어려운 다양한 정보가 빠르고 넓게 확산될 수 있다. 이런 현상이 가지는 장기적인 정치적 영향력이 정확히 평가될 때까지는 상당한 시간이 걸릴 수도 있다. 그러나 만약 블로거들의 토론이 정치지도자들의 활동영역을 넓히는데 기여한다면, 이는 매스미디어가 민주화를 자극하는 또 다른 방식이 될 것이다.

○ 🖑 ○

인터넷의 사용이 증가 추세에 있는 가운데, 휴대전화 문자메시지는 훨씬 더 일반적인 소통의 수단으로 활동가들을 동원하는데 상당히 유용한 것으로 드러나고 있다. 문자메시지는 시위의 조직과 정치적 정보의 유포를 용이하게 한다. 특히 정당 활동이 제한적일 때, 문자메시지는 당원과 동조자들에게 중요한 소식을 전할 수 있다. 쿠웨이트에서 2005년 투표권을 요구하기 위해 시위를 조직하던 여성 지도자들은 문자메시지를 통해 대학에 있는 젊은 여성들을 모집할 수 있었다. (2005년 5월 쿠웨이트 여성들은 투표권을 부여 받았고 의회와 지방 의회 선거에 후보자가 될 수 있었다.) 2005년 3월 레바논에서도 이메일과 함께 문자메시지는 반(反)시리아 시위대를 구성하는데 이용되었다.22)

바레인 국가민주주의연구소(National Democratic Institute)에서 연구하는 굴라이드(Fawzi Guleid)는 "휴대전화가 사람들에게 공개적으로 언급할 수 없는 사안에 대해서도 문자로 소통할 수 있도록 돕고 있기 때문에" 문자메시지가 표현의 자유를 촉진시킨다고 말했다. 그러나 문자메시지가 소문과 익명의 공격을 확산시킬 수 있다는 점도 잊지 말아야 한다. 쿠웨이트의 여성 권리 운동가 중 대표적인 인물인 다슈티(Rola Dashti)는 그녀에 대한 다량의 악의적 문자메시지에 피해를 입었다. 그녀가 레바논과 이란의 피를 받은 인물이라고 비판하는 그리고 미국 대사관에서 활동자금을 지원받고 있다고 주장하는 메시지들이었다. 그녀는 '이런 현상은 내가 그들을 불안하게 만들고 있다는 증거'라며 "이런 상황에 익숙해지는 수밖에 없다"고 당당하게 말했다.23)

이처럼 부정적인 측면도 있지만 앞에 언급한 여러 사례들은 뉴미디어 수단의 중장기적인 잠재적 가치를 잘 설명해주고 있다. 뉴미디어는 더 많은 사람들을 정치에 관여하도록 만든다는 점에서 민주화를 앞당기는 효과를 가질 수 있다. 그러나 다른 모든 사안들처럼 잠재력과 현실 사이에는 분명히 갭(gap)이 존재한다.

중동지역에서 정권을 장악하고 있는 이들 간에는 상당히 비타협적인 태도가 존재한다. 세계의 다른 지역에서도 마찬가지겠지만, 변화는 아주 느리게 점진적으로 진행된다. 개혁가들은 많은 좌절을 겪을 준비가 되어 있어야 한다. 다슈티는 21세기 새로운 부류의 정치 활동가들 중 한 사례일 뿐이다. 자신의 경력과 대의를 발전시키기 위해 뉴미디어를 이용하고 있지만, 동시는 그녀는 같은 뉴미디어에 의해 맞닥뜨릴 수 있는 정치적 공격에 맞서 자신을 보호하는 것을 배워야 함을 느꼈을 것이다. 쿠웨이트에서든 혹은 미국에서든 정치적 캠페인에 뉴미디어를 이용하는 것은 동시에 새로운 차원의 공격정치가 가져올 피해를 상쇄할 수 있는 방어기술을 철저히 익히는 것을 필요로 한다.[24]

미디어의 영향력에 대한 더 긍정적인 평가가 알터만(Jon Alterman)에 제기되었다. "읽고 쓰는 능력과 인터넷의 대역폭이 모두 극적으로 확대되면서, 대중은 때로 규제받지 않는 다양한 의견에 노출되어 있다. 세속적인 혹은 종교적인, 국수주의적인 혹은 글로벌적인, 물질적인 혹은 정신적인 상반된 의견들도 동시에 존재한다. 이런 새로운 패러다임 하에서 정보는 공급주도형이 아니라 수요주도형으로 전환되고 있고, 가용한 시각의 영역은 과거 어느 때보다 훨씬 넓어지고 있다." 알터만에 따르면 더 많은 정보가 더 폭넓게 통용되는 현상의 한 결과는 "정치적 자발성의 확대다. 아랍 정치는 연대, 분노, 슬픔, 혹은 기쁨을 표출하는 잘 조화된 시위로 종종 특징지어진다. 그러나 미래에 이런 시위를 조직할 수 있는 정권의 능력은 상당히 약화될 것이다."[25]

따라서 현재와 미래에 있어 뉴미디어의 효과는 포괄적인 정치적 맥락에서 평가되어야 한다. 민주화의 열망이 지속되면서, 변할 것 같지 않았던 중동의 정치도 고통을 수반하면서 점차 진보하고 있다. 다양한 형태의 매스미디어가 중요한 변수로 작용하면서다. 미디어 도구는 레바논, 이집트, 쿠웨이트 등 중동 여러 국가의 정치적 시위에 이용되고 있다. 다국적 위성 TV도 중동에서 중요한 도구가 되고 있다. 초국가적 혹은 글로벌 언론사의 경우 한 국가 내에서 활동하는 중동 언론사가 직면해야 하는 검열과 규제를 어느 정도 피할 수 있기 때문이다.

2005년 레바논의 '백향목 혁명(Cedar Revolution)'은 매스미디어가 어떻게 국가적 혹은 초국가적 두 수준에서 작동하는지를 잘 보여줬다. 알-자지라, 알-아라비아 등 지역적/국제적 보도기관이 내놓은 뉴스는 레바논 미디어매체를 억누르고 있는 정치적 압력을 덜 의식하면서 레바논 시청자들에게 정보를 제공할 수 있었다. 저항의 규모와 활력을 보여주면서 이들 방송의 보도는 시위에 불을 붙였고 시리아가 결국 레바논에서 철수하는데 결정적인 압력을 행사했다. 국외에 본부를 두고 있는 이런 뉴스매체들은 국내의 정치적 압력에 영향을 받을 가능성이 높은 매체들보다 더 신뢰받을 가능성이 크다.

국가적과 초국가적 간의 경계가 항상 명확히 드러나는 것은 아니다. 초국가적 미디어가 꼭 외부의 언론일 필요는 없다. 위성을 통해 시청할 수 있는 일부 레바논 TV 채널들도 하리리 총리 암살이후 집중적으로 이 사안에 대해 취재 및 보도했다. 또한 인터넷을 통해 중동 그리고 국제 시청자를 갖게 된 라디오 방송국과 인쇄매체들도 유사한 역할을 했다. 다른 여느 국가들에서처럼 레바논에서도 토착 뉴스 콘텐츠는 미디어 기관을 소유하고 운영하는 세력의 정치적, 종파적 그리고 경제적 이익에 영향을 받기 쉽다. 뉴스 소비자들은 그들이 받아들이는 정보를 평가할 때 그리고 그들이 어떤 정보에 의존할 지를 결정할 때 이 점을 반드시 고려해야 한다.

뉴스의 유통량은 점차 확대되고 있다. TV 보도와 더불어 블로깅베이루트닷컴(bloggingbeirut.com)은 베이루트 시내에서 수십만 명의 사람들이 행한 백향목 혁명의 시위들을 실시간으로 중계했다. 이는 다시 한 번 정치적 동원의 수단으로써 인터넷의 가치를 보여준 것이었다. 인터넷은 전통적인 뉴스 공급자들이 하지 못했던 정보를 제공할 뿐만 아니라 사람들이 앞으로 일어날 시류에 관심을 갖고 거리로 끌어낼 수 있다.

레바논의 상황은 중장기적으로 중동지역 내 정치역학에도 영향을 주었다. 그곳의 뉴스 보도가 중동 전 지역의 시청자들에게 전달되었기 때문이다. 레바논의 변화를 지켜보면서 자신들의 국가에서도 유사한 시도를 하도록 말이다. 이런 영향력을 파악한 듯 이후 몇 개월간 이어진 중동지역의 시위는 레바논의 사례처럼 TV 친화적인 전술을 이용했다. 레바논에서처럼 요르단에서도 시위대는 많은 수의 국기를 뉴스매체 카메라 앞에 배치했다. 이런 방식은 시위를 단순한 국가분열을 위한 파벌적 투쟁으로 치부하려는 정부의 시도를 차단하는데 기여했다.26) 정치 활동가들이 미디어에 익숙해지면서 이런 카메라 플레이는 점차 더 정교해질 것이다. (이런 파급 효과가 전례 없었던 것은 아니다. 1989년 6월 톈안먼 광장 사건취재는 전 세계의 반응을 이끌어냈다. 특히 동구유럽에서는 더욱 그랬다. 5개월 후 베를린을 중심으로 민주화혁명의 물결이 일어나기 시작했다.)

2005년 레바논 사태는 또한 미디어가 어떻게 정치적 신뢰구축을 위한 경쟁에 영향을 주는지 보여주었다. 하리리의 암살 사건 직후 베이루트에서 시위가 시작되었을 때, 알-아사드(Bashar al-Assad) 시리아 대통령은 자국의 의회에 행한 연설에서 시위 참여자 수가 과장되었다고 말했다. 시위 군중의 수가 실제로 많지 않았으나 뉴스 카메라들이 줌렌즈로 클로즈업하면서 작은 것을 크게 만들었다고 그는 강조했다. 알-아사드의 이 같은 논평은 TV를 통해 시리아는 물론 레바논까지 전해졌다. 그리고 이 연설 직후 레바논의 여러 시위에서는 "줌아웃(Zoom out)!" 그리고 "줌아웃하고 숫자를 세라(Zoom out and count)!"라는 아랍어와 영어 구호들이 등장했다. 실제로 카메라들이 와이드샷(wide shot)을 위해 줌아웃을 했을 때, 시위대의 규모는 더욱 커 보였다. (레바논 전체 인구가 370만이었지만) 약 100만 명의 시위대가 순교자광장(Martyr's Square)에 집결했고, 전 세계가 이를 지켜볼 수 있었다.27)

레바논 내에는 당시 정치변혁을 보도한 다양한 TV매체들이 있었다. 하리리 총리가 소유한 퓨쳐 TV(Future TV)는 다른 여러 채널들과 함께 암살당한 총리에 경의를 표하면서 강력한 민주주의적 입장을 취했다. 반면 친시리아 성향의 국민방송네트워크(National Broadcasting Network), 히즈불라가 통제하는 알-마나르 등은 베이루트의 대규모 반시리아 시위 장면을 현장에서 내보내기보다는 스튜디오 내에서의 보도와 토론에 집중하면서 사태 보도를 축소하는 경향을 보여주었다. 그러나 시리아를 지지하는 집회들은 이 두 방송국으로부터 큰 관심을 끌었다. 한편 레바논 의회가 당시 위기에 휩싸이게 되었을 때, 국내 및 국제 위성채널들은 의회의 신랄한 토의를 집중보도했고 결국 총리의 사임방송을 생중계로 내보냈다.28)

2005년의 뉴스 취재와 보도가 레바논 정치를 완전히 바꾸어놓지는 못했다. 종파주의는 사라지지 않았고, 언론인들은 계속해서 자신들을 목표로 하는 자동차 폭탄 등 폭력을 두려워해야 했다. 레바논 정치의 미래는 계속 불확실성에 쌓여있었다. 그러나 2005년 레바논 상황이 가져온 긍정적인 결과도 있다. 미약하지만 그리고 원상태로 돌아갈 수도 있지만 레바논의 민주주의는 분명 진보했다. 전통적 뉴스 보도와 더불어 블로그, 휴대전화 문자 등 뉴미디어 수단이 대중과 가까워졌다. 레바논은 물론 아랍세계 전체의 온라인 커뮤니티와 위성 TV 시청자들은 확고한 의지를 가진 국민이 무엇을 성취할 수 있는지를 보았다.

레바논 국민이 쟁취한 승리의 달콤함은 오래가지 않았다. 이듬해인

2006년 레바논은 다시 갈등으로 뒤엉켰다. 특히 이스라엘과 히즈불라 간 전쟁으로 이 나라는 다시 전화에 휩싸였다.

○ ☙ ○

뉴미디어를 이용하는 활동가들이 개혁이 절실히 필요한 체제에 도전하는데 있어서, 이집트는 분명한 '승자'가 없는 또 다른 사례다. 언론인이자 슈라 의회(Shura Council, 이집트의 상원) 의원인 하릅(Osama el-Ghazali Harb)은 2005년에 작성한 한 기사에서 뉴미디어와 정치변화의 관계를 다음과 같이 설명했다. "신문이든, 라디오든, TV든 소위 공식 혹은 국영 미디어라고 불리는 것들은 21세기의 새로운 변화의 흐름을 수용할 능력을 보여주지 못하고 있고, 오히려 현재의 정치적 상황하고는 완전히 동떨어진 구태의연한 언어와 태도로 대중에게 계속 다가가고 있다." 하릅은 미디어의 현황을 다음과 같이 설명했다.

> 시위, 파업, 파벌 갈등 등 어떤 종류의 저항도 무시하고 인정하지 않고, 그 '부정적인' 영향을 최소화한다는 전제를 깔고 있는 것이 국영 미디어의 전략이었다. 그러나 정보혁명은 이런 전략을 쓸모없는 것으로 만들었다. 어떤 국가도 이러한 국제 미디어의 흐름을 바꿀 수 없다. 대다수 사람들이 초국가적 미디어 회사들이 운영하는 신문, 라디오, 그리고 위성채널에서 뉴스와 논평을 받아들이기 시작했다. 결과적으로 국영 미디어는 정부의 선전수단으로 전락하고 있다. 일부 사람들은 아직도 힘겹게 접하고 있지만 위성TV가 이집트 사회 내 모든 계층에 와 닿고 있음을 그리고 인터넷이 가공할만한 미디어 잠재력을 가지고 있음을 우리는 확실히 느끼고 있다. 국영 미디어의 근시안적인 정책이 이제 명확히 그리고 아주 빠르게 드러나고 있는 것이다.[29]

하릅의 이 같은 좌절감은 1998년 노벨문학상 수상자인 마흐푸즈(Naguib Mahfouz)의 다음과 같은 2004년 발언에도 잘 반영되어 있다.

"사람들이 종종 내게 와서 그들이 이것저것을 위성채널에서 봤다고 말한다. 내가 그들에게 국내 채널이 그 사안에 어떻게 보도했냐고 물으면, 그들은 국영 TV에서는 보도되지 않은 내용들이라고 말한다. 이런 사실에 나는 상당히 혼란스럽다. 이런 상황이 계속될 수는 없다. 이집트 지상파는 우리와 관련된 뉴스를 다른 어떤 위성 TV보다 더 빠르게 우리에게 알려주어야 한다. 이집트 시청자들은 이미 오래전부터 상당히 성숙해 있다. 문제는 이 사실을 아직 우리 보도기관들이 정확히 파악하지 못하고 있다는 점이다. 그리고 국영방송들이 입맛에 맞지 않는다고 정보를 공개하는 것을 꺼려하기 때문에, 정확한 뉴스가 아닌 소문이 무성해지고 있는 것이다.30)

보도가 된다고 해도 상당한 편집이 가해진다. 지나친 편집의 대표적인 사례는 2005년 라이스(Condoleeza Rice) 미 국무장관이 카이로에서 행한 연설에 관한 보도다. 당시 라이스 장관은 보다 신속한 정치 개혁을 이집트 정부에 촉구했다. 정부 기관지 알-아흐람(al-Ahram)은 1면에 무바라크 대통령이 다수후보가 출마가능한 대통령 선거를 허용함으로써 "변화의 문을 열었다"라는 라이스 장관의 발언을 대서특필했다. 하지만 신문은 다음과 같은 라이스 장관의 뒷말을 의도적으로 언급하지 않았다. "그러나 이제부터 이집트정부는 국민들을 신뢰해야 한다. 남녀를 불구하고 민주주의를 평화적으로 주창하는 사람들이 폭력으로부터 자유롭지 않을 때 우리 모두는 이집트 정치개혁의 미래를 우려하고 있다." 이집트 언론인 카심(Hisham Kassem)은 이 에피소드에 대해 "바로 이것이 이집트 정권이 얼마나 사실을 왜곡하고 있는지를 잘 말해준다"며 "(라이스 장관의 발언은) 모든 위성방송들이 편집 없이 그대로 다 다루었다"고 말했다.31)

당시 길거리의 시위는 점차 빈도와 규모면에서 고조되고 있었다. 시위 동원에 인터넷이 이용되었고, 그 조직능력은 기존의 야당들을 압도했다. 2005년 5월 무바라크 대통령의 국민민주당(National Democratic Party)의 통제를 받는 괴한들이 시위대를 공격한 직후, 이에 반발해 블로그 네트워크의 활동은 더욱 강화되었다. 다음 시위에 대한 공지가 이를 통해 유포됐고, 민주주의 주창자들은 이곳을 통해 자신들의 의견을 표출하는 동시 다른 동조자들과의 소통을 확대시켜 나갔다. 한 블로거는 "미래의 세대들은 우리가 침묵했다고 비난하지는 못할 것"이라는 정치적 논평을 자신의 사이트에 올렸다.32)

시위운동을 조직하는데 있어서 블로그는 뉴미디어의 한 수단일 뿐이었다. 일종의 블로그 센터인 '이집션 블로그(Egyptian Blogs)'를 운영하는 압둘 파타흐(Alaa Abd el-Fattah)는 "블로그, 포럼, 독립적 뉴스페이지, 정치단체들의 공식 홈페이지 등이 모두 모여 하나의 반정부 플랫폼을 구축했다는 것은 상당히 흥미로운 사실"이라고 지적했다. 정부는 이와 같은 블로그 등 웹 기반 활동들에 경각심을 갖고, 2005년 5월 압둘 파타흐와 다른 블로거들에 대한 대대적인 체포 작전에 돌입했다. 이들이 당시 야권 연대그룹인 키파야(kifaha, 아랍어로 '충분하다'라는 의미로 정부의 장기집권에 반대하던 운동 – 역자 주)를 지지했다는 이유에서였다. 이에 대해 전 세계의 블로거들은 이들에 대한 체포를 국제적 사안으로 부각시키고 이집트 당국을 압박하기 위해 '프리 알라(Free Alaa)'라는 블로그를 만들었다. 그러나 이집트정부는 이런 국제적 요구를 묵살했다.33)

2007년에는 온라인에서 카림 아미르(Karim Amer)라는 예명을 쓰던 술라이만(Abdelkarim Nabil Suleiman)이 4년형을 선고받았다. '종교 비방' 그리고 '무바라크 대통령 모욕'이라는 죄목이었다. 관영 신문인 알-아흐람을 포함한 많은 언론기관이 법원의 판결을 비난했다. 이런 반응은 어느 정도의 언론의 자유가 존재하고 있음을 말해주지만, 동시에 중동지역에서 일반적으로 나타나고 있는 관제 사법기관의 관행도 잘 보여준다.

2005년 대통령 선거에서 2위를 차지한 알-가드당(al-Ghad Party, 가드는 아랍어로 '미래' 혹은 '내일'이라는 뜻 – 역자 주)의 지도자 누르(Ayman Nour)도 한동안 투옥되었다. 무바라크정권의 비판세력은 그의 투옥을 정치적 보복이라고 규정하고, 조속한 석방을 촉구했다. 누르의 지지자들은 이집트 주류 언론기관의 조명을 거의 받지 못했다. 그러자 그들은 웹상에서 누르 석방 캠페인을 펼쳐나갔다. 유럽의회와 미 의회 의원들의 온라인 서명도 받아냈다. 엘라프닷컴(elaph.com), 미들이스트트랜스패런트닷컴(middleeasttransparent.com) 등 다른 개혁주의 성향의 웹사이트들에도 누르 사건은 상당 기간 주요 사안으로 자리잡고 있었다. 무바라크정부에게는 상당히 신경 쓰이는 대목이었다.

그러나 이런 사건들이 이집트정부에 자극을 주었지만 변화를 가져올 만큼 강력하지는 못했다. 이 외에 다른 진보주의적 목소리가 지속적으로 이집트에서 들렸지만, 중대한 결과를 도출하지는 못했다. 저명한 이집트 언론인 살라마(Salama Salama)는 한때 이집트 공보부의 폐지를 주장했었다. 그는 그 이유를 다음과 같이 설명했다. "우리는 대중의 관심을 반영하고, 표현의 자유를 확대하고, 무지와 광신적 행위에 맞서 싸우고, 민주주의와 인권을 촉진하는 미디어를 원한다. 이런 본질적인 변화에 우리는 준비되어 있다."34) 하지만 일부 언론인과 정치 활동가들은 준비되어 있을지 모르나, 정부는 그렇지 않았다.

뉴미디어 외에도 긍정적인 역할을 해온 전통적인 인쇄매체들도 이집트에 존재한다. 영자 주간잡지 『카이로 타임스(Cairo Times)』, 『알-마스리 알-야움(al-Masri al-Yaum)』('이집트 오늘'이라는 의미 – 역자 주), 나시르주의(Nasserist, 제2대 대통령 나시르의 범아랍민족주의 – 역자 주) 성향의 『알-아라비 알-나시리(al-Arabi al-Nasseri)』('아랍 나시르주의'라는 의미 – 역자 주) 등과 같은 일간지들은 정부 관료와 정책에 때론 상당히 비판적이다. 이들 매체들의 효과도 점차 증대되고 있다. 아마도 보다 실질적인 개혁의 기초가 될 것이다. 그러나 현재로서는 실제의 권력이 정부에 남아있다.

○ ✿ ○

무바라크정권이 중동지역 내 민주주의에 역행하는 유일한 체제는 결코 아니다. 이란 등 다른 중동국가들에서도 미디어는 대중과 상당히 떨어져 있다. 국가는 미디어의 자유로운 활동을 막고 있고, 개혁을 요구하기 위해 새로운 통신기술을 사용하려는 자들을 투옥하고 있다.

1970년대 망명 생활을 하면서 아야툴라 호메이니(Ayatollah Ruhollah Khomeini)는 카세트테이프를 이란 내로 반입해 자신의 지지기반을 유지했다. 이란으로 들여온 카세트테이프들은 지지자들에 의해 전국으로 유포되었다. 이런 방식을 통해 그는 샤(shah, 이란 국왕 – 역자 주)를 친서방적이고 부패한 세속주의 정권으로 비난하고, 자신이 건설하기로 약속한 영광스런 이슬람국가에 대해 설명했다.

다음 세대에서는 호메이니의 육성테이프가 팩스 그리고 복사기로 대체되었다. 이어 위성 TV가 등장했고, 현재는 인터넷을 기반으로 하는 미디어가 자리 잡았다. 대체 미디어는 이란에서 필수적이다. 1995년 언론법에 근거해 이란 정부는 그동안 45개의 일간지를 포함해 100여개가 넘는 언론매체를 폐쇄해 왔다. 주류 인쇄매체와 방송은 현재 정부를 자극하는 일을 최대한 피하려고 노력하고 있다. 이란의 법조인 이바디(Shirin Ebadi) 여사가 2003년 노벨평화상을 수상했을 때, 정부의 통제를 받고 있던 미디어들은 몇 시간 동안 관련 기사를 내보내지 않았다. 그리고 몇 시간 후에 15초가량의 짧은 발표를 보도했다. 물론 그녀의 인권운동 관련 업적에 대해서는 전혀 언급하지 않았다.[35]

그러나 블로거들은 달랐다. 노벨평화상위원회가 이바디 여사의 이름을 발표한 지 몇 분도 지나지 않아 축하 메시지들을 올렸다. 이란에서 블로그는 가장 중요한 뉴미디어 현상 중 하나다. 2007년 중반을 기준으로 페르시아블로그(Persiablog)는 약 78만의 블로그를 담고 있었다. 테크노라티(Technorati)에 따르면 페르시아어는 전 세계 블로그 언어 중 10위권 안에 위치해 있다. 페르시아어 블로그를 총칭하는 용어인 웹블로기스탄(Weblogistan)의 선구자들 중 한 명이 바로 데라크샨(Hossein Derakhshan)이다. 정부가 자신이 일하던 신문사를 폐쇄하자 캐나다로 이주한 언론인이다. 2001년 데라크샨은 블로그를 개설하는 방법을 페르시아어로 설명하는 안내서를 게재했다. 정부의 탄압으로 일자리를 잃은 다른 언론인들도 웹으로 모여들었고, 이들은 즉시 블로그를 시작했다. 민주주의를 주창하는 신문들의 편집인과 출판인을 역임한 사프사리(Bijan Safsari)도 정부의 폐쇄조치 이후 블로그를 개설하고 다음과 같은 글을 올렸다. "우리 사회가 정당한 자유소통의 수단을 박탈당할 때, 우리 신문들이 하나씩 폐간조치를 당할 때, 작가들과 언론인들이 감옥의 모퉁이에서 붐빌 때, 언론의 자유를 보장해주고 그 책임을 담당할 수 있는 유일한 곳은 블로그영역(blogoshphere)이다." 국경없는 기자회도 "독립언론들이 매일 생존을 위해 싸워야 하는 나라에서는 온라인 출판과 웹블로그가 당국의 철퇴를 피할 수 있는 마지막 수단"이라고 지적했다. 36)

결국 각국 정부도 블로그에 주의를 기울이기 시작한다. 블로그에 상당한 수의 대중이 몰리면서다. 그리고 운영자들에 대한 체포가 진행된다. 2004년 테헤란 검찰은 20개 이상의 블로그에 폐쇄명령을 내렸다. 이들에 대한 혐의는 "국가지도자 모독, 적대세력과의 공조, 이슬람국가에 반하는 선전물 제작 및 배포, 국가안보에 반하는 국민 선동" 등을 포함하고 있었다. 37) 기소된 블로거들 중 일부는 장기 징역형을 선고받았다. 일부는 이란을 떠났다. 다른 블로거들이 이 같은 탄압에 저항하자, 경찰은 이들마저도 체포했다. 이란을 방문했을 때 데라크샨도 구금되었었다. 그의 블로그 활동에 대해 사죄한다는 문서에 서명을 하고서야 캐나다로 돌아갈 수 있었다.

이 같은 정부의 억압조치도 모든 블로거의 활동을 중단시키지는 못하고 있다. 정치인들조차 인터넷에 눈을 돌리고, 웹사이트를 개설하고 있다. 전직 부통령, 한때 호메이니의 후계자로 불렸던 성직자, 그리고 현재 미국에 살고 있는 전 국왕의 아들도 사이트를 운영하고 있다. 아흐마디네자드(Mahmoud Ahmadinejad) 대통령도 자신의 블로그와 웹사이트를 가지고 있다. (그의 블로그는 페르시아어, 아랍어, 영어 그리고 프랑스어 4개 언어로 운영되고 있다.)

개인 블로거들을 목표로 하는 것 외에도 이란정부는 인터넷 필터를 이용하는 중국의 모델을 벤치마킹해 왔다. 인터넷서비스 공급자들에게 필터링시스템을 설치하도록 요구하고 개인 이용자들도 비이슬람적인 사이트에 접속하지 않는데 동의하는 것을 의무로 하는 방식이다. 즉, 이란 블로거들은 문화부 사이트에 자신의 사이트를 등록해야 한다. 그렇지 않을 경우 그들의 블로그는 필터링을 당하거나 폐쇄된다. 이란 정부의 또 다른 방식으로 '건전한' 블로그를 양성하고 있다. 이란 정부는 이슬람혁명과 쿠란의 정신을 설명하는데 있어서 최고의 블로그 경진대회를 지원해 왔다.[38]

이란 인구의 70퍼센트는 30세 미만의 청소년층이다. 여기에 식자율이 80퍼센트에 달한다. 블로그에 대한 관심이 높을 수밖에 없다. 더불어 구태의연한 정치적인 사안들보다는 사회적 그리고 문화적 문제에 높은 관심이 집중되고 있다. 『우리는 이란이다』라는 책을 집필한 익명의 저자 알라비(Nasrin Alavi)는 블로그 영역에 대한 설문조사를 실시했다. 그 결과 저자는 이란의 이슬람혁명 정부에 분노한 젊은 층이 블로그 세계를 장악하고 있음을 발견했다. 현재 망명 생활을 하고 있는 언론인 베흐누드(Masoud Behnoud)는 언론인들이 '인터넷혁명'을 공모하기 위해 지하활동을 하고 있는 반면 "지상에서는 반체제 청년층이 운영하는 인터넷 사이트와 웹블로그가 독자적으로 공공미디어네트워크의 역할을 담당하면서 보수파 성직자들에 저항하는 사명을 수행하고 있다"고 주장했다. 베흐누드는 또 자신의 블로그에 다음과 같이 썼다. "젊은 이란인들의 웹사이트와 블로그를 매일 열어볼 때마다, 새로운 기백이 나의 정신을 감싼다. 우리의 젊은이들이 이제 자신들의 믿음을 표출할 수 있는 창구를 가지고 있다는 것이 얼마나 감사한가라고 내 자신에게 말한다. … 이들은 자유의 가치를 정확히 알고 있으며, 이와 광신주의를 명확히 구분하고 있다. 이들의 블로그들은 우리의 젊은이들, 즉 이란의 미래세대가 가지고 있는 때 묻지 않은 그리고 솔직한 세계관을 반영하고 있다."39)

알라비도 웹블로기스탄이 주로 가상의 세계에서 펼쳐지고 있는 이란 지식인 삶의 터전이라는 점을 발견했다. 알라비는 2003년 유럽의회가 인권과 민주주의 고양에 이바지한 인물에게 수여하는 사하로프(Sakharov)상을 수상한 간지(Akbar Ganji)를 예로 들었다. 간지는 옥중에서 정교분리를 주요 내용으로 하는 '공화주의(Republicanism)' 성명서를 작성해 많은 사람들로부터 이슬람세계의 하벨(Vaclav Havel, 체코의 극작가이자 인권운동가이며 공산독재체제를 무너뜨리고 대통령이 됨 – 역자주)로 불리는 인물이다. 이 성명서는 이란 당국에 의해 배포가 금지되었지만, 인터넷상에 나돌았고 블로거들의 대표적인 토론 자료가 되었다. 같은 맥락에서 데라크샨은 이란인들이 두 종류의 삶을 살고 있다고 다음과 같이 지적했다. "리모콘의 버튼 하나로 국영 TV와 서방의 위성 TV 사이를 옮겨 다닐 수 있는 것처럼, 이란인들은 자신들의 일상에서도 두 가지 삶을 번갈아 살고 있다. 이런 인위적인 삶은 자발적인 것이 아니다. 위로부터 강요된 것이기에 따를 수밖에 없다. 실제로 대다수 이란인들은 개인적 그리고 공적, 두 가지 삶을 영위하고 있다. 웹블로그 커뮤니티만이 이란인들에게 진정한 자신 그자체가 될 수 있도록 허용하는 공간이다. 이 커뮤니티는 위선에 맞서 싸우고 있다. 또 이란의 미래를 위해 훌륭한 일을 하고 있는 것이다."40)

'희망'이라는 아이디를 사용하고 있는 한 이란 블로거는 다음과 같은 글을 올렸다. "테러는 언어로 시작된다는 점을 잊지 말아야 한다. … 단어를 검열하는 것은 우리의 정체성을 검열하는 것의 시작이다. 이는 또 궁극적으로 우리를 억압하는 수단이 될 것이다."41)

○ ⚲ ○

이란 밖에서도 움직임이 활발하다. 어느 정도의 중동 내 개방성을 유지하겠다는 일념에서 아킬(Pierre Akel)은 중동투명성(Middle East Transparent) 기구를 설립했다. 이 단체의 웹사이트 미들이스트트랜스패런트닷컴은 2006년 중반 기준 매일 5만 건 이상의 접속을 기록했다. 파리에 본부를 두고 있는 이 사이트는 아랍어, 영어, 그리고 프랑스어로 운영되고 있고, 중동 내 자유주의자들이 내놓는 뉴스에 대한 논평 포럼을 제공하고 있다. 아킬은 자신의 사이트를 포함한 중동 내 뉴미디어 동향에 대해 다음과 같이 말했다. "서방 이상으로 아랍세계에서도 블로그 혁명이라고 불리는 움직임이 일어나고 있다. 아랍문화는 지난 50년 동안 완전히 억눌려왔다. … 아무리 최고의 작가라 할지라도 독자수가 1억 5,000만이 넘는 아랍세계에서는 고작 3,000권의 책을 출판할 수 있다. 이도 대부분 자신이 상당한 비용을 부담해야만 가능하다. 이는 말도 안 되는 상황이다. 더욱이 글을 쓰면 작가들은 여러 단계의 검열에 직면할 수밖에 없다."42)

표현의 자유와 정부의 억압 사이에 존재하는 이런 근본적인 갈등은 중동뿐만 아니라 전 세계에서 나타나고 있다. 그러나 중동지역에서는 이런 상황이 예외적인 것이 아니라 일상적인 것이다. (중동지역에서 이스라엘이 가장 자유로운 언론과 표현의 자유를 보장하고 있다. 그러나 '이스라엘 모델'을 따르자고 하는 것은 아랍세계에서 개혁을 위한 좋은 구호는 절대 아니다.) 물론 변화가 일어나기도 한다. 그러나 이런 경우도 대부분 한 보 진전에 두 보 후퇴의 양상을 보여준다. 변화가 쉽지 않다는 점을 잘 말해주는 대표적인 사례를 시리아에서 찾을 수 있다.

시리아의 작가 알-카심(Anwar al Qassem)은 시리아 국영 TV가 "보지 말고, 듣지 말고, 말하지 말라"라는 원칙에 의거해 운영되고 있다고 평가했다. 베이루트에서 하리리 레바논 총리가 암살되었을 당시, 시리아 국영방송은 시리아가 암살에 개입되어 있다는 국제사회의 비난을 거의 보도하지 않았다. 더불어 국경너머 레바논에서 거세게 일던 반(反)시리아 시위에 대해서도 축소 보도했다. 그러나 이런 접근이 시리아 국민의 정보접근을 효과적으로 막지는 못했다. 이미 많은 시리아 사람들은 레바논 위성 TV를 어렵지 않게 시청하고 있었다. 대부분 레바논 방송은 시리아의 아사드 정권을 강력히 비난하고 있었다.

이런 상황과는 달리 시리아 정부는 다른 곳에서 변화를 시도했다. 시리아 미디어의 중요한 부분, 즉 오락프로그램은 상당히 성공적이었다. 국영 제작회사들은 우선방영권의 대가로 민간 영화 및 드라마 감독들에게 국가 소유의 촬영시설을 이용하도록 허용해 왔다. 정부가 추진한 대표적인 프로젝트가 다마스쿠스 인근의 시리아미디어시티(Syria Media City) 건설이었다. 이후 이곳은 민간이 소유한 시리아 위성 TV 채널들과 FM 라디오 방송국들의 활동무대가 되어왔다. TV 스크린에서도 변화가 발생하고 있다. 알-자지라 방송과 경쟁하기 위해 시리아 TV 앵커들도 몸 가꾸기에 열중하라는 지시가 있었다. TV 앵커의 체중은 신장의 끝부분 두 자리 수를 초과해서는 안 된다는 원칙이었다. 즉, 앵커의 키가 160cm라면 체중은 60kg이 넘지 말아야 한다.[43]

날씬한 뉴스앵커가 뉴스콘텐츠에는 큰 영향을 주지는 못할 것이다. 그러나 시리아 국영미디어의 일부 관계자들은 정보시장에서도 경쟁이 존재한다는 점을 파악하고는 있다. 반면 시리아 정부는 장기적 인터넷 정책에 있어서는 아직 무엇을 어떻게 해야 할지 결정하지 못하고 있다. 비판적인 웹사이트와 블로그들이 때로는 허용되기도 하고, 때로는 폐쇄되기도 한다. 다마스쿠스의 인터넷 카페에서 사람들은 휴먼라이츠워치(Human Rights Watch)의 시리아 관련 리포트를 볼 수 있다. 이곳에서는 또 정부에 비판적인 뉴스와 블로그에도 접속할 수 있다. 압둘 누르(Ayman Abdel Nour)는 자신의 사이트 '올포시리아(All4Syria)'에 1만 6,000명에 달하는 회원을 가지고 있다고 주장한다. 그는 현 대통령인 바샤르 알-아사드(Bashar al-Assad)의 어릴 적 친구다. 따라서 정부로부터 다소나마 좋은 대접을 받아왔다. 물론 그의 사이트도 때때로 폐쇄되곤 한다. 이럴 때마다 그는 이메일을 통해 자신의 글을 유포하고 있다.

반면 다른 블로거들은 압둘 누르와 같은 대접을 받지 못하고 있다. 일부 블로거들은 민주주의를 주창하는 메시지를 게재한 직후 투옥되곤 했다. 압둘 하미드(Ammar Abdel Hamid)는 미국에 망명해『이단자의 블로그』라는 책을 집필했다. 그는 블로그와 다른 뉴미디어의 중요성은 대중운동을 조직하는데 있는 것이 아니라 "엘리트들을 보다 잘 연결하고, 엘리트들간 네트워크를 구축하고, 그들 간 더 많은 아이디어를 공유하고 생산토록 하는데 있다"고 지적했다. 결과적으로 블로거들은 시위, 경찰의 가혹행위 등과 같은 사안들에 대한 정보를 게재하면서 "엘리트와 풀뿌리 대중 간의 간격을 좁힐 것"이라고 그는 덧붙였다.

2006년 아사드 대통령에 대해 쓴 압둘 하미드의 글을 보면 그가 왜 시리아에서 거주할 수 없는지를 잘 알 수 있다. "멍청한 우리 대통령의 최근 발표들을 보면, 시리아가 더욱 국제사회에서 고립되고 있는 것이 명확해진다. 국제사회의 고립 속에서 고통을 받을 당사자는 이 나라의 부패한 관료들이 아니라 바로 국민이다."44)

○ ☙ ○

　중동지역 각국의 미디어 상황은 장기적 정치 환경과 단기적 위급사태에 따라 상당히 다르게 나타나고 있다. 아직도 폭력사태가 진정되지는 않고 있지만 사담 후세인 이후의 이라크에서는 민주주의와 유사한 정치체제를 구축하려는 노력의 일환으로 자유로운 언론 및 정보 환경이 점진적으로 자리 잡고 있다. 바그다드 인근과 주변 80km까지 전파를 송출하고 있던 디즐라 라디오(Radio Dijla)는 이라크의 첫 독립적 토크쇼 전문 방송이었다. 2006년 초, 이 방송의 국장은 라디오 프로그램들은 하루에 1,000건 이상의 전화를 받고 있고, 웹사이트는 한 달에 100만 건 이상의 접속을 기록하고 있으며, 광고를 통해 충분한 운영자금이 마련되고 있다고 말했다. 방송의 창립자 알-리카비(Ahmad al-Rikabi)는 성공의 비결에 대해 다음과 같이 설명했다. "우리는 빠르게 국민 삶의 일부가 되고 있다. 우리 방송은 고통과 기쁨을 공유하고 소통하려는 일반 이라크 사람들의 요구를 충족시켜주고 있다. … 우리는 이미 바그다드에서 넘버원이다."[45] 그러나 2007년 알-카에다 소속으로 추정되는 무장 세력이 이 방송국을 공격해 시설을 전소시켰다.

　빠른 성공을 거둔 또 다른 이라크 방송국은 알만하바 라디오(Radio Almanhaba) 방송이었다. 이 방송은 여성문제에 대해 주로 다루었다. 여성 관련 사안들에 대해 대담한 접근을 보여 큰 인기를 누렸다. 이 방송국은 이라크의 새 헌법을 제정하는데 있어서 여성의 이익이 적절히 반영되도록 청취자들이 이 과정에 참여할 것을 독려했다. 여권신장을 요구하는 한 집회에서 알만하바의 리포터는 인터뷰를 끝내자마자 마이크를 내려놓고 집회 참가자들과 함께 전단과 탄원서를 나눠주는 일을 도왔다.[46]

　서방의 기준에서 본다면 리포터의 이 같은 행위는 기자로서의 뉴스 취재 지침을 위반하는 것이 될 수 있다. 그러나 오늘날 이라크에서 언론인의 사회참여는 건전한 국가건설에 있어 필수적이다. 사안에 개입하지 말고 멀리 떨어져서 지켜보는 것이 전통적인 객관성 기준을 맞추는 것이다. 그러나 멀리 떨어져 있는 방식으로는 극단적 희망과 두려움이 교차하고 있는 곳에 살고 있는 이라크 사람들의 관심과 지지를 얻을 수 없다. 물론 이라크의 미래처럼 이곳 미디어 미래도 확실치는 않다. 그러나 후세인의 아들 우다이(Uday Hessein)의 가혹한 통제에서 벗어난 이후 이라크의 미디어는 극적인 변화를 거듭하고 있다.

중동지역의 다른 나라들과 마찬가지로 인터넷은 이라크에서도 주요 사안들에 대한 정보 확산과 토론의 귀중한 수단이 되고 있다. 후세인 정권이 붕괴한 이후 수백 개에 달하는 인터넷 카페에 전국에 문을 열었다. 종교적 그리고 정치적 웹사이트들은 많은 사람들의 관심을 끌고 있고, 정부관계자는 물론 일반인들 간의 토론을 유도하고 있다.47)

상당히 고무적인 현상이 이라크에서 나타나고 있다. 하지만 이라크는 아직도 폭력사태가 이어지는 등 불안정을 극복해내지 못하고 있다. 라디오, 인터넷 등 미디어가 이라크를 불안정에서 구해낼 수는 없다. 역동적인 그리고 빠르게 확산하고 있는 미디어 공동체를 구축하는 현재까지의 긍정적인 발전은 아주 긴 이라크 안정이라는 여정의 첫 몇 발자국일 뿐이다. 그럼에도 불구하고 만약 이런 뉴미디어의 역할이 없다면 이라크의 미래는 더욱 불투명할 것이다.

○ ✺ ○

중동지역에서 가장 역동적인 미디어 발전을 달성한 곳은 걸프지역이다. 알-자지라, 알-아라비아, 아부다비 TV 등이 이곳에 본부를 두고 있다. 이 지역의 몇몇 정부는 자신들의 국가가 뉴미디어의 진보적 중심지로 평가받는 것이 정치적 그리고 경제적 상황에 많은 도움을 줄 것이라고 인식하고 있다. 그러나 이런 인식을 가지고 있더라도 이들 정부가 미디어기관들에게 아무 유보사항 없이 완전한 자유를 제공하고 있다는 것을 의미하지는 않는다.

두바이는 2001년에 미디어시티를 개장했다. 입주한 미디어 기관들에 세금유예, 규제완화 등의 인센티브도 제공하고 있다. 이처럼 두 팔을 벌려 환영하는 조치를 취하면서 두바이는 뉴스, 금융, TV 네트워크, 출판 관련 외국 업체들을 유치하는데 비교적 성공했다. 그러나 국내 미디어와 인터넷 접속에는 다른 지침을 적용하고 있다. 두바이 공보부에는 검열국이 있다. 이 검열당국은 국내로 반입되는 외국 신문과 잡지를 감시하고, 포르노, 도박 등 금지된 콘텐츠를 담고 있는 인터넷 사이트를 필터링한다. 이 필터링의 범위는 때때로 더 확대되어, 약품용 알코올, 유방암 등의 단어들에도 민감하게 반응한다. 2005년 두바이 필터링시스템은 거의 하루 종일 『뉴욕타임스』 사이트 접속을 막았다. 이 신문의 일부 단어들이 필터를 작동시켰기 때문이었다.48)

사이트를 폐쇄하는 조치는 바레인에서도 발생해 왔다. 정부에 대해 비판적 논평을 담은 웹사이트들이 2002년에 금지되었다. 바레인 공보부는 '국민들 사이에 긴장을 조성하고 파벌주의를 조장하는 사이트들에 대해' 강력한 조치를 취할 것이라고 선언한 바 있다. 정부는 어떤 시각과 단어가 이런 문제를 야기하는지에 대해 결정할 수 있는 폭넓은 재량권을 가지고 있다. 인쇄 혹은 방송매체 시절과 달리 이제 정치적 토론을 효과적으로 차단할 수 없자, 바레인의 통치가문은 위성 TV와 인터넷을 골칫거리로 간주하고 있다. 정치적 웹사이트를 개설한 몇몇 인사들이 이미 투옥된 바 있다. 사실 전체인구의 70퍼센트가 시아파이고 통치가문과 연계된 수니파가 소수라는 점에서 바레인 왕족은 특히 뉴미디어에 민감하게 반응하고 있다. 바레인정부 관리들은 자국의 시아파들이 레바논에 본부를 둔 히즈불라의 채널 알-마나르를 시청하고 있고, 시아파 국가가 된 이라크의 폭력사태에 대한 상세한 정보를 제공하는 이라크 혹은 중동 위성 TV

에 점차 더 의존하고 있다는 점을 잘 알고 있다. 자국 내 시아파의 반항적인 태도를 적확히 파악하고 있는 바레인 정부는 인터넷 확산을 돕고 있는 이란의 영향력 확대 징후에 대해서도 예의 주시하고 있다.[49]

인터넷에 대한 우려는 사우디 왕족 구성원 사이에서도 잘 나타난다. 사우디정부의 인터넷서비스 담당국은 "이슬람 전통 혹은 국가의 규율을 위반하는 콘텐츠를 담고 있는 모든 사이트들은 폐쇄될 것"이라고 경고해 왔다.[50] 이미 폐쇄조치를 당한 사이트들 중에는 국제사면기구(Amnesty International)의 사우디 관련 웹페이지, 브리태니카 백과사전(Encyclopedia Britannica)의 '미국 역사에서의 여성' 페이지, 롤링스톤(*Rolling Stone*) 잡지, 워너브라더스레코즈(Warner Brothers Records) 등이 있다.

사우디아라비아의 블로그는 다른 주변 국가들보다 늦게 출범했고, 성장 속도도 느리다. 2006년 가을 경 약 2,000명의 사우디 블로거들이 자판에 손을 얹고 있었다. 그래도 2006년 초에 비해 3배 이상 늘어난 숫자였다. '기록하다'라는 뜻의 아랍어 타드윈(tadween)이 블로깅을 의미했고, 이 단어는 2006년이 되어서야 사우디 사람들에게 익숙해졌다.[51] 이렇게 적은 수의 블로거들조차도 사우디정부를 놀라게 했다. 그래서 '사우디 블로거 공식 커뮤니티(Official Community of Saudi Bloggers)'라는 조직이 설립되었다. 겉으로는 정부의 지원이 없는 것으로 되어있지만 사실상 현재의 정치 상황을 비판하는 블로거들을 공격하려는 목적을 가지고 있는 것으로 알려지고 있다. 이 커뮤니티의 창립자들은 정부를 귀찮게 하지 않는 블로거들에게 광고를 몰아주는 역할을 수행하고 있다.

또 다른 차원에서도 전선이 형성되고 있었다. 사우디 관리들은 TV와 라디오를 통해 전달되는 개혁주의 메시지에 대응해야 했다. 대표적인 개혁주의 단체는 런던에 본부를 두고 있는 사우디인권센터(Saudi Human Rights Center)였다. 이 단체는 위성 라디오와 TV를 통해 리야드에서의 반정부 시위를 독려해 왔다. 이슬라흐(Islah, 아랍어로 '개혁'을 의미함

- 역자 주) 라디오 방송국도 (리투아니아라는 설이 있지만) 알려지지 않은 곳에서 사우디의 개혁을 촉구하는 단파 방송을 송출했다. 이 방송은 또 사우디 내 가구당 위성수신율이 상당히 높다는 점을 이용해 위성으로도 라디오 전파를 내보냈다. 여기에 대다수 대중이 라디오보다는 영상 콘텐츠를 선호한다는 점을 파악한 이후, 이슬라흐 TV도 출범시켰다. 초창기에는 오디오 라디오 방송과 함께 화면에 방송사 로고와 자막 정보만을 제공했었다. 하지만 시간이 지나면서 이 방송국은 많은 시청자를 유혹할 만한 프로그램을 시작했다. 방송국의 대표적 스타인 알-파키흐(Saad al-Faqih)가 시청자들의 이메일, 팩스, 인터넷전화에 응답하면서 진행하는 시청자 참여 프로그램이었다. 특히 당시 인터넷 전화를 이용한 것은 사우디 당국의 도청을 피하기 위한 기발한 방법이었다. 프로그램을 진행하면서 알-파키흐는 사우드 가문의 왕자들을 끊임없이 비판했다. 그는 왕자들을 '참수형에 처해야 하는 대상은 잡범이 아니라 바로 왕자들과 같은 대도(大盜)들'이라고 강조했다.

    사우디정부의 대응도 만만치 않았다. 이슬라흐의 라디오 단파 및 TV 시그널을 방해했고, 이 방송국에게 서비스를 제공하지 말도록 유럽의 TV 송출업체들을 압박했다. 그러나 이슬라흐 방송은 2004년 12일 새로운 위성서비스 업체와 협력해 방송을 이어나갔다. 물론 사우디정부의 압력이 미치지 않는 곳에서였다. 이런 사우디정부의 조치들 때문에 이슬라흐 방송은 큰 영향력을 발휘하지는 못했다. 그럼에도 불구하고 사우디 내에서 인권옹호를 위한 시위를 독려하는 등의 가치 있는 성과를 거두었다.[52]

    이슬라흐 방송의 콘텐츠 수준을 평가하는 것은 아직 시기상조다. 그보다 우선 존재하기 위해 벌인 이 방송의 투쟁을 눈여겨봐야 한다. 그동안 심각한 도전을 받아오지 않았던 정부를 자극하는 이 같은 뉴미디어는 앞으로도 기득권 세력과 일종의 전투에 임해야할 것이다. 뉴미디어와 정부 모두 최신의 기술적 그리고 정치적 전술을 동원해 서로를 견제할 것이기 때문에 이런 험난한 갈등의 과정은 지속될 것이다. 사우디 사례에서 나타난 바와 같이, 아랍지역에 거점을 두지 않은 아랍의 방송 및 인쇄 매체들은 아랍 대중들에게 점차 더 많은 양의 정보를 제공하고 있다.53) 이브라힘(Youssef Ibrahim)은 "민주주의를 논하는 목소리가 위성 TV, 인터넷 그리고 휴대전화를 통해 점차 고조되어 왔으며, 이는 조용히 사태를 해결하려는 전제정권들에게 주름살이 되고 있다"고 지적했다.54)

'민주주의를 논하는 목소리'는 어느 정도의 효과를 거두고 있다. 제다(Jidda)에 본부를 둔 라디오 프로그램인 무바쉬르(Mubasher, 생방송이라는 의미 - 역자 주) FM은 부패, 성희롱, 정부 관리의 무책임한 관행 등에 대한 불만을 토로하는 청취자들을 집중 조명하고 있다. 과거에 공개적으로 토론될 수 없는 주제들이다. 그러나 압둘라(Abdullah) 국왕 자신도 프로그램의 진행자 알-자이드(Salama al-Zaid)에게 실패한 정부의 정책들에 대해 집중 조명할 것을 당부했다. 이런 왕족의 지지를 유지하기 위해 알-자이드는 종교기관을 비판하지는 않고 있다. 더불어 그는 일부 왕족의 긍정적 역할을 옹호하기까지 한다. 이런 제한적 요소들에도 불구하고 이 프로그램은 아직도 다른 어떤 사우디 미디어보다도 개방적인 창구로서의 역할을 하고 있다.55)

O 🖑 O

일부 중동국가들에서는 미디어와 관련한 논쟁이 뜨거워졌다가 가라앉기를 반복하고 있다. 그러나 다른 국가들에서는 긴장만이 지속되고 있다. 이런 중동 미디어 상황에 대한 부정적인 평가도 이어지고 있다. 팔레스타인 작가 바루드(Ramzy Baroud) 그의 가족이 어떻게 항상 BBC 라디오뉴스만을 청취하게 되었는지에 대해 다음과 같이 언급했다.

팔레스타인 사람들은 미디어와 애증의 관계를 가져 왔다. 우리의 난민

캠프 이름이 수천km 떨어진 곳의 라디오에서 흘러나올 때, 우리의 참혹한 상황이 아주 조금이라도 관심을 받고 있다는 것을 느낄 수 있다. … 그러나 이런 방송의 언급이 있다고 할지라도, 보도방향은 과거의 틀을 거의 벗어나지 못하고 있다. 즉 이스라엘 점령세력이 제공하는 자료에 의존해서 무엇이 발생했는지를 보는 것이다. 이런 상황이 오늘날까지 이어지고 있다. 이스라엘 군대가 인정하는 것만이 사실로 받아들여지고, 이스라엘 정부의 분석만이 신뢰를 얻고 있고, 이스라엘이 부인하는 것은 마치 아무 일이 없었던 것으로 간주되거나, 기껏해야 모호한 팔레스타인의 주장이라고 언급된다.

이스라엘 시각의 지배적 역할을 하고 있다는 바루드의 지적은 논란의 여지가 있다. 물론 대외홍보는 이스라엘 외교정책의 중요한 부분이다. 전 세계 모든 대사관에는 잘 훈련된 공보관이 배치되어 있고, 병사들조차도 카메라가 근접했을 때 어떻게 대처하는지에 대해 교육받고 있다. 반면 팔레스타인 사람들은 이런 노력에 있어서 상당히 뒤쳐져 있다. 하마스(Hamas)가 2005년 총선에 참여한다는 성명을 영어로 발표한 사례 정도는 있지만 말이다. 그러나 뉴미디어는 대외홍보에 있어 팔레스타인이 그 열세를 어느 정도 극복하도록 돕고 있다. 바루드에 따르면 확대하고 있는 이메일과 블로그의 이용은 사건들에 대한 팔레스타인의 해석을 유포시키는데 중요한 역할을 하고 있다.[56]

그동안 소외되었던 팔레스타인 등 중동지역 사람들은 '우리의 이야기'가 전해지는 것을 원하고 있다. 때문에 많은 사람들이 알-자지라 방송 등 중동지역의 위성방송을 선호하고 있다. 중동지역에서 가장 논란이 되고 있는 미디어인 알-마나르도 이런 분위기에서 그 지위를 유지하고 있는 것이다.

1991년 첫 방송을 시작했을 때, 알-마나르는 레바논의 히즈불라 및 다른 시아파 단체들에게 더 넓은 세계로의 접촉창구를 제공했다. "이스라엘에 의해 희생되어 왔다"는 그들의 주장이 전달될 수 있는 매체가 바로 알-마나르였다. 출범당시 이 방송은 "모든 무슬림과 아랍인이 생각하고 믿는 것을 진솔하게 반영할 것과 저속한 선동을 피할 것"임을 강조했었다. 그러나 알-마나르 방송을 비판하는 사람들은 다르게 생각한다. 중동정치학자 로스(Dennis Ross)는 알-마나르가 "증오와 지속적 갈등의 정신을 확산시키고 있어, 아랍과 이스라엘 간 평화공존의 개념을 거부하고 있다"고 지적했다.57)

무장정파 히즈불라가 이 채널의 부분적인 소유권을 가지고 있어 사실상 통제권도 행사하고 있다. (이란과 히즈불라와의 관계를 고려해 일부 사람들은 이 방송의 배후에 이란이 있다고 언급하고 있다.) 알-자지라와 마찬가지로 알-마나르도 2000년 인티파다(intifada, 팔레스타인 민중봉기 - 역자 주)를 계기로 그 존재감을 널리 알렸다. 이 채널은 팔레스타인 현장에 리포터를 두고 있었고, 따라서 많은 시청자들로부터 '지나치게 편향적'이라는 지적을 받을 정도로 친(親)팔레스타인 보도를 행했다는 지적을 받기도 했다. 그럼에도 불구하고 인티파다 이후 알-마나르 위성방송은 상당히 많은 시청자를 확보할 수 있었다. 이후 방송은 이슬람세계에서 이스라엘과 서방의 존재에 대해 '저항의 문화'를 더욱 발전시켜나갔다. 2004년 미국 정부는 알-마나르를 테러단체로 규정했고, 2년 후에는 미국 업체들이 이 방송과 사업관계를 갖는 것을 금지하는 법안도 통과시켰다. 하지만 알-마나르는 웹사이트, 인터넷 생방송, 방송 CD와 DVD 등을 통해 시청자 규모를 지속적으로 늘려가고 있다. 팔레스타인과 레바논의 '순교자'들에게 찬사를 보내는 한편 이스라엘의 시오니즘을 강력히 비난하는 방식으로 아랍인들의 분노를 반영한 것이 알-마나르의 지속적인 영향력 확대의 배경이다.58)

이스라엘과 히즈불라 간 전쟁이 2006년 7월 발발했을 때, 베이루트 교외에 위치한 알-마나르의 본부는 이스라엘의 가장 우선적인 폭격 대상이었다. 본부는 바로 파괴되었다. 그러나 몇 분이 지나지 않아 알-마나르는 히즈불라의 투쟁을 지지하고 이스라엘과 미국을 비난하는 방송을 다시 시작했다. 전쟁 기간 내내 이 방송은 히즈불라의 지도자 나스랄라(Hassan Nasrallah)의 발표를 지속적으로 내보내면서 사실상 그의 대변인 역할을 했다.

알-마나르의 방송 콘텐츠를 단순히 증오가 담긴 선전물로 무시할 수도 있을 것이다. 그러나 민병대와 반군단체에 협력하는 미디어의 원형으로서 알-마나르가 가진 영향력과 잠재력을 과소평가해서는 안 된다. 알-마나르는 나스랄라를 아랍지역에서 영웅으로 부각시키는데 결정적인 역할을 해왔고, 수니파 국가에 살고 있는 소수 시아파들이 자신들의 주장을 적극적으로 내세우는 것을 독려해 왔다. 2006년 여름 히즈불라가 이스라엘의 군대에 성공적으로 저항하고 있었을 때, 알-마나르는 히즈불라는 물론 이란과 시리아에 대한 지지를 보내면서 더욱 적극적으로 중동 내 반미 및 반이스라엘 연대를 구축해 나갔다.

알-마나르의 최근 역사는 미디어가 어떻게 무기처럼 사용될 수 있는지를 잘 설명해 준다. 방송은 히즈불라의 전쟁 수행을 간접적으로 도왔고, 때문에 준(準)전투세력으로 간주되어 이스라엘의 공격을 받았다. 따라서 알-마나르는 뉴스 보도기관 그리고 개인 언론인이 정치적 행위자로서의 역할을 수행할 수 있다는 명확한 사례이기도 하다. 이런 상황에서는 정치적 그리고 군사적 조치가 이들에게 가해질 수도 있다. 알-자지라 방송도 때때로 이런 상황에 처하곤 했다. 알-자지라도 알-카에다의 이익에 협력하는 보도를 행하고 있다는 비난을 받아왔다. 그러나 알-자지라와 알-마나르 방송의 콘텐츠를 비교해본다면 그런 비난은 근거 없는 것이라는 점을 쉽게 알 수 있다. 이스라엘과의 전쟁 기간 동안 잘 나타난 바와 같이, 히즈불라의 방송인 알-마나르가 행한 보도 방식이나 내용은 부차적인 사안일 뿐이다. 알-마나르의 궁극적 목표는 더 많은 사람들을 자극해서 히즈불라 대원이 되도록 만드는 것이었다.

자신의 주장을 표출할 수 있는 뉴미디어 수단이 생기는 것에 분명히 중요하고 환영할 일이다. 그러나 미디어 기관이 그 영향력을 남용할 때 더 많은 부작용이 생길 수 있다는 점도 잊지 말아야 한다. 대표적인 사례가 르완다의 선동적 라디오 방송국 밀 콜린스(Mille Collines)다. 1994년 이 방송은 후투(Hutus) 부족에게 인옌지(inhenzi, 현지어로 바퀴벌레 – 역자 주)라 불리던 투치(Tutsi) 부족에 대한 공격을 촉구해 투치 부족민들의 피로 나라의 강이 빨간색으로 물들게 했다.[59] 세계 어느 곳에서도 등장할 수 있는 뉴미디어의 미래 역할을 고려할 때, 르완다 사례는 꼭 기억되어야 한다. 뉴미디어에 대한 긍정적인 전망이 무성하다. 하지만 미디어 권력의 오용이 가진 잠재적 위험이 결코 무시되어서는 안 된다.

미래의 과제는

기술적 격차가 점차 좁혀지고 있고 아랍인들도 국제적 수준의 뉴미디어 이용에 근접하고 있더라도, 미디어를 통한 개혁에 대한 낙관은 반드시 이와 상응한 주의를 동반해야 한다. 알터만(Jon Alterman)이 지적한 바와 같이, 아랍의 위성 TV에서 볼 수 있는 대부분 토론 프로그램들은 "아직도 대중의 진정한 참여보다는 일방적이고 자극적인 장면을 연출하는데 초점이 맞춰져 있다."

다행히 대중의 참여가 점차 늘어나고 있다. 그러나 정치적인 사안들보다는 종교적인 측면을 다루는데 집중되어 있다. 대표적인 예는 저명한 TV 설교자 칼리드(Amr Khaled)가 진행하는 프로그램 등이다. 알터만은 이에 대해 다음과 같이 언급했다. "이집트에서 발생하는 많은 사건들을 언급하면서 그리고 중동 전역으로 방영되는 위성 TV 시스템을 이용해, 칼리드는 단순한 시청자 커뮤니티가 아니라 참여자 커뮤니티를 구축해 왔다. 그의 추종자들은 그가 진행하는 프로그램에 편지를 보내거나 전화하는 것 이상을 하고 있다. 전 세계에 퍼져있는 그의 팬들은 자선캠페인에 참여하고, 스터디그룹을 조직하는 등 칼리드의 가르침을 일상생활에 적용하려고 노력하고 있다."60)

이슬람 종교지도자의 전통복장 대신 유럽식 정장과 폴로 티셔츠를 선호하는 칼리드는 서방의 표현이나 속어도 자주 사용한다. 예를 들어 이슬람의 여성에 대해 언급할 때는 '능력을 주어야 한다'는 의미의 영어 임파워링(empowering)을 사용하고 이슬람의 사도 무함마드를 '최고의 운영자(the first manager)'라고 칭하기도 한다. 이집트에서 태어나 현재 영국에서 거주하고 있는 칼리드는 이슬람이 어떻게 현대 세계에서 번창할 수 있을까에 대해 명확히 설명해주면서 거대한 추종세력을 이끌고 있다. 제2세대 유럽 무슬림들이 그의 주요 지지 기반이다. 사우디 위성채널인 이끄라(Iqraa)에 있는 그의 프로그램들은 수백만은 열렬 시청자를 보유하고 있다. 2005년 2600만 건의 방문을 기록한 그의 웹사이트(www.amrkhaled.com)는 알-자지라와 한 이메일 포털사이트에 이어 중동에서 세 번째로 가장 인기 있는 사이트다. 때문에 현재 18개 언어로 번역되어 제공되고 있다.

칼리드는 여성들에게 히잡(hijab, 무슬림 여성의 머리 두건 – 역자 주)을 반드시 착용하라고 말한다. 그러나 또 다른 저명한 TV 설교자 알-카라다위(Yusuf al-Qaradawi)와는 달리 칼리드는 사람들이 팔레스타인 혹은 이라크에서의 저항에 참여해야하는지 등과 같은 사안에 대해서는 거의 의견을 제시하지 않는다. 그의 주요 설교 주제는 식자율과 사회참여를 높여 아랍 및 이슬람 부흥을 진작시키는 것이다. 유럽의 무슬림들에게 그는 공존의 중요성을 강조한다. 영국에 사는 무슬림들에게 그는 파키스탄의 축구팀이 아니라 영국 축구팀을 응원하라고 제안한다. 프랑스 무슬림들에게 그는 유명 디자이너의 모자를 구매하는 것을 허용하는 동시에 학교에서도 히잡을 착용할 수 있는 법적 권리를 보장받기 위해 노

력하라고 언급한다.61)

칼리드의 사례는 뉴미디어의 영향력이 가진 다각적인 측면을 잘 설명해준다. 미디어가 변화를 독려하려 한다면, 지나치게 정치적이어서는 안 된다. 창조적인 방법으로 또 다른 사회적 그리고 정치적 제도 및 상황과의 관계를 고려하면서 미디어가 이용되어야 한다.

그러나 이러한 온건성은 비판을 받을 가능성이 크다. 알-카라다위는 2006년 덴마크의 무함마드 만평사태에 있어 나타난 칼리드의 타협적인 접근은 나약함의 표상이라고 말했다. 존경받고 있는 원로 성직자인 알-카라다위는 또 칼리드를 다음과 같이 평가절하 했다. "칼리드는 설교할 자격조차 가지고 있지 않은 인물이다. 그는 상경대학 졸업자다. 책을 통해서만 지식을 얻었을 뿐이고 친구들과 확실한 철학적 사고와 가치판단이 필요하지 않은 사안들에 대해 대화를 하는 방식으로 그의 설교를 시작했을 뿐이다." 그러나 와이즈(Lindsay Wise)는 다른 평가를 내놓았다. "그의 설교가 유럽과 미국의 더 많은 지역으로 확산될수록, 칼리드는 모든 사람들을 행복하게 만드는 방식으로 말을 할 것이지만 동시에 아랍과 무슬림 대중들 사이에서 신뢰를 더 많이 잃을 수도 있다. 이것이 바로 아랍세계의 자유주의적 사상을 가진 정치인들과 개혁가들이 겪는 유사한 딜레마다. 대화와 타협의 수사학은 절망과 갈등의 시대에 큰 인기를 누리기 어렵다."62)

미디어를 통한 점증하는 참여는 여성 문제에 영향을 주고 있다. 많은 아랍 미디어 기관으로부터 오랫동안 조용히 다루어지면서, 여성에 관한 주제는 부분적으로 뉴미디어 덕분에 점차 더 많은 관심을 끌고 있다. 잘 알려진 사례로는 런던에 본부를 두고 있는 위성 TV 채널 '히야(Heya, '그녀'라는 뜻의 아랍어 – 역자 주)'다. 2005년 초 경 매일 약 1,500만 명의 시청자가 이 방송의 뉴스, 토크쇼, 그리고 오락프로그램을 시청했다. 특이한 것은 이 방송국의 직원 중 70퍼센트가 여성이라는 점이다. 또 아랍권 전역에서 취재하는 특파원을 두고 있었다. 히야의 설립자 아부 사마흐(Nicolas Abu Samah)는 채널의 목표가 '여성에게 능력을 부여하는 것'이라며 "우리는 터부시 되는 사안들에 문제를 제기하고 여성 관련 문제에 대한 논란을 야기할 것"이라고 말했다. 이 방송이 제공하는 프로그램들 중에는 '알-마크슈프(al-Makshouf, '폭로된'이라는 아랍어 – 역자주)'가 있다. 가정폭력이나 직장에서의 성차별 등의 주제를 다루는 토크쇼다. 새로운 프로그램인 '프롬 데이 투 데이(From Day to Day)'는 여성에 관한 세계뉴스에 초점을 맞춘다. 아부 사마흐는 방송이 검열을 피하기 위해 상당히 조심스런 접근법을 동원하고 있다고 말했다. 이를 반영하듯 히야 프로그램들에서는 정치 지도자와 종교 성직자들에 대한 직접적인 비판이 등장하지는 않는다.[63]

여성문제에 대한 점증하는 관심 외에도 선거정치에 대한 보도도 보다 포괄적인 동시에 자유분방해지고 있다. 2005년 이라크 총선을 취재하는데 있어서 중동의 TV 방송들은 최대한의 하드웨어를 동원해 야심찬 보도를 내놓았다. 알-아라비아 방송은 이라크 전역에 8대에 달하는 위성중계차량을 파견했고, 주변국가들과는 영상전화망을 연결해 입체적인 보도를 수행했다. 이라크 내에서의 취재보도가 금지되어 있는 상태에도 불구하고 알-자지라 방송도 다양한 우회적인 수단을 동원해 상당히 집중적인 취재와 보도를 내놓았다.[64] (알-자지라 방송의 이라크 내 취재금지 조치는 정보의 흐름을 차단하려는 중동 정권의 정치적 움직임을 잘 말해주는 사례다.)

○ ⚘ ○

다양하고 복잡한 사건들이 전개되고 있고 변모하는 국제 및 국내 정치적 역동성이 잘 나타나는 곳은 변화가 진행되는 지역이라고 할 수 있다. 물론 조용하고 점진적인 변화가 주를 이루지만, 긍정적인 방향으로 나아간다. 만약 이런 지역이 루이스(Bernard Lewis)가 언급한 것처럼 '많은 것들이 심각하게 잘못 돌아가고 있는'65) 곳 즉, 중동이라면, 이러한 변화는 그곳에 살고 있는 사람들이 긴장을 해소하고 아랍세계와 다른 국제사회가 더 가까워질 수 있도록 도울 것이다.

새로운 기술과 더불어 시청자 혹은 참여자가 증가하고 있는 뉴미디어는 이런 변화과정이 어떤 결과를 가져올지를 결정하는 가장 중요한 변수들 중 하나일 것이다. 언론학자 올브스펠트(Gadi Wolfsfeld)는 "언론인들이 적대적 세력 간에 화해가 이뤄지도록 독려할 도의적 책임감을 가져야 한다"고 주장했다. 문제점의 근본적 원인에 대해 최대한의 정보를 제공하고, 이들 문제를 해결하기 위한 방안들에 대해 이성적인 토론을 북돋우는 방식을 통해서다.66)

민주주의는 정부의 내외부에 존재하는 여러 세력에 의해 차단될 수도 그리고 방해받을 수도 있다. 2004년 아랍인간개발보고서(the Arab Human Development Report 2004)의 저자들은 다음과 같이 언급했다. "오늘날 아랍국가들에서는 자유와 민주주의 사이에 모순이 있는 것 같다. 왜냐하면 아랍지역의 많은 민주적 단체와 기관들이 포괄적인 자유를 수호하기 위한 본래의 목표를 추진하지 못하고 있기 때문이다. … 일부 미디어 기관들이 존재하지만 이들은 사실상 정부의 선전용 대변인 역할만을 수행하고 있다. 언론의 자유를 보장한다고 하지만 이도 정치적 활동을 하지 않는다는 조건 하에서다. 이처럼 볼모로 잡혀있는 것과 같은 미디어는 지적이고 객관적인 토론을 자극하고, 지식의 기반을 넓혀주고, 인적 자원 개발을 추진하는 등의 역할을 제대로 수행하지 못하고 있다."67) 뉴미디어가 건설적인 토론과 지식 및 정보의 제공에 기여하지 못한다면 민주주의의 전망은 밝지 않을 것이다. 이러한 언론의 기여가 의미 있는 역할을 하기 위해서는, 개인 블로거에서 미디어 대기업까지 언론 과정에 관여하는 모든 당사자들이 독립성을 가질 수 있어야 한다. 물론 정부의 압력을 피할 수는 없을 것이다. 그러나 민주화 과정이 자리를 잡기 위해서는 정부의 개입에 맞서 투쟁해야 한다.

언론의 자유에 있어 또 다른 변수는 경제적인 것이다. 윈저(Jennifer Windsor)와 카툴리스(Brian Katulis)는 이에 대해 다음과 같이 설명했다. "제한적인 언론의 자유에 대해 언급할 때 우리가 상당히 간과하고 있는 사실은 미디어의 경제적 독립성과 자생력이다. 대규모 위성 TV 채널들을 포함해 중동지역의 언론 중에서 경비를 자체적으로 충당하는 언론매체는 사실상 거의 없다. 대부분 언론기관은 정부의 소유이거나 통제를 받는다. 즉, 중동의 대다수 언론은 정부 혹은 왕족을 포함한 민간 소유주의 자금지원에 심각하게 의존하고 있다."[68]

안정적인 재정기반을 구축하는 등의 일상적인 사안이 중동의 미디어 사업에 불확실성을 가져다주고 있는 상황에서, 어떻게 민주주의 개념을 정착시킬 수 있는가 등의 보다 큰 사안들도 중동 언론이 수행해야 하는 과제다. 케펠(Gilles Kepel)은 아래의 이유 때문에 이 과제가 상당히 어려운 것이라고 설명한다. "이라크의 아부 그라이브(Abu Ghraib) 수용소 수감자 학대 사건 등 여러 스캔들은 서방의 민주주의 국가들의 이미지를 악화시켰다. 따라서 민주주의라는 단어 앞에 따라붙는 '서방의(Western)'라는 수식어는 교육받은 중동의 중산층들에게 부정적인 의미로 받아들여지고 있다. 이들 중산층이 사실 민주화의 가장 잠재적 수혜자임에도 불구하고 말이다. 결과적으로 민주화과정을 의미하는 아랍어 단어 '다마크라타(damakrata)'는 종종 서방이 강요하는 변화를 뜻하는 경멸적인 표현으로 사용된다."[69]

민주화 그자체가 의심을 받을 때, 의미 있는 정치개혁 전망은 밝지 않다. 이런 사안들에 대한 다양하고 복잡한 의문들에 대한 정확하고 명확한 답변도 제시되지 못하고 있다. 이제 뉴미디어라는 새로운 수단이 가용하다. 하지만 많은 사람들이 진정으로 이것을 원하는 지도 의문이다.

진보적 정치개혁을 일구어내는데 있어서 뉴미디어의 역할도 확실히 규정하기 어렵다. 왜냐하면 다른 지역과 마찬가지로 중동지역에서도 민주화를 향한 대부분 여정이 여전히 불확실하기 때문이다. 누구도 다음 단계에서 어디로 가야할 지 알지 못한다. 개혁의 전통적인 방향으로 나아가고 있는 사람들조차도 확신보다는 믿음에 의존하고 있다.

8

변화의 의미는

전 세계에 걸쳐 각기 정도는 다르지만, 뉴미디어의 접속성은 세계정치의 정체성과 구조를 형성해온 전통적 정치관계를 대체하고 있다. 세계를 연결하는 신경계의 재구성은 놀라운 속도로 진전되고 있고, 그 범위는 어느 때보다도 넓게 확장되고 있다. 뉴미디어는 국가와 시민이 상호작용하는 방식을 변화시키고 있고, 또 보다 많은 정보의 제공을 통해 적어도 지적 차원에서는 개인에게 더 큰 자율성을 부여한다.

이것이 알-자지라 효과다. 이 아랍 위성채널은 지배하는 자와 지배받는 자의 관계를 변화시키고 있는 새로운 통신수단과 정보 공급자의 세계에서 가장 두드러진 활동을 보이고 있다. 채널은 또 과거에는 주목을 받지 못했던 정치단체들의 목소리를 전하고 있다. 반세기 전에 있었던 TV의 출현도 뉴미디어가 오늘날 세계 정치에 미치는 영향에 비할 바가 되지 못한다.

이런 현상에 대해 정치적 행위자들의 반응은 다양하다. 일부는 뉴미디어를 통해 가능한 영향력 증대를 빠르게 인식하고 있다. 2008년 미국의 대선 캠페인 기간 중 후보자들이 인터넷을 적극적으로 활용한 것이 대표적인 예다. 보다 더 일반적인 예는 여러 나라의 정치 운동가들이 사용하고 있는 블로그와 웹사이트들이다. 이들 운동가들은 기존 정치세력의 견제에도 불구하고 자신들의 정보를 전파하고 지지자를 동원하는데 빠르고 효과적인 방법을 가지고 있다.

지하의 인쇄소에서 소량의 전단을 인쇄하여 거리에서 배포하던 것은 짧은 시간에 수백만 명이 볼 수 있는 웹상의 게재된 글로 대체되고 있다. 정부는 길가에서 전단을 배포하는 사람들을 쉽게 추적하고 체포할 수 있고, 또 이들의 영향력을 제한할 수 있다고 확신했다. 그러나 뉴미디어 수단을 이용하는 사람들에 대처하기는 상당히 어렵다. 중국과 다른 여러 국가에서 뉴미디어의 범람은 본질적으로 '민주적(democratic)' 성향을 띠고 있다. 이 때문에 정부가 이를 완전하게 차단하지는 못하고 있다.

이런 현상은 큰 틀에서의 진보다. 위성 TV는 정치적 다양성의 새로운 시대를 열고 있다. 다양한 종류의 담론을 대중에게 전달하기 때문이다. 인터넷은 더 큰 영향력을 가지고 있다. 접근이 쉽고, 비용이 들지 않고, 광범위한 전파력을 가진 대중적인 매체다. 누구든지 사람들을 설득하고, 모집하고, 동원하는데 이용할 수 있다. 다른 누군가가 관심을 갖는지 여부는 별개 문제다. 인터넷을 이용하는 것만으로도 긍정적인 결과를 가져온다. 대중의 관심을 끌기 위한 경쟁은 자신의 메시지가 가상의 인터넷 공간에서 눈에 띄도록 논리력과 창의력을 발달시키기 때문이다. 이런 과정을 통해 민주주의가 성장할 수 있는 토대가 마련되는 것이다.

보다 넓은 곳으로의 정보 확산은 긍정적인 현상이다. 그러나 주의해야 할 점도 있다. '정보'와 진실이 반드시 같은 것은 아니다. 인터넷은 사기와 속임수가 난무하는 공간으로도 입증되고 있다. 개인의 은행 계좌를 노린 신용사기부터 다수의 대중에게 악의가 가득한 소문을 퍼뜨리는 공간으로까지 이용되기도 한다. 사람들에게 임박한 태풍과 같은 위험을 알릴 필요가 있을 때 뉴미디어의 속도와 범위는 아주 유용하다. 그러나 악성 루머가 톱뉴스로 올라왔을 때 뉴미디어는 더 큰 피해를 야기할 수도 있다.

원하던 원하지 않던 간에 정치 지도자들과 단체들은 전례 없이 통합된 언론과 정치 환경에 직면하고 있다. 아직까지는 이 새로운 환경에 완전히 적응한 개인이나 단체는 거의 없다. 그러나 일부는 이 환경의 일부를 적절히 이용하는 기술을 터득한 것으로 보인다. 알-카에다 등 과격세력의 대변인들이 그 중의 하나다. 반면 세상을 더 살기 좋은 곳으로 만들기 위해 뉴미디어를 이용하려는 사람들도 있다.

언급되어야 하는 이야기들

통신기술을 활용하는 적극적인 활동가들이 있는 세계 너머에는 대다수 사람들의 눈에 잘 띄지 않는 곳들이 있다. 정치체제와 비밀스런 사안들에 대한 논의가 잘 알려져 있지 않은 곳이다. 이곳에서 가장 중요한 것은 기본적인 생존이다. 물, 의료혜택, 폭력으로부터의 피난처 등을 찾는 것이 주요 사안들이다. 희망이 환상에 불과한 끔직한 장소들이다. 뉴미디어가 이 문제들을 해결할 수는 없다. 그러나 도움을 줄 수는 있다.

우선 세계 언론의 자성이 필요한 시점이기 때문이다. 전통적 언론 기관들은 수단의 대량학살 전쟁과 같은 사건들을 보도하는데 큰 관심을 기울이지 않았다. 이런 이유에서 뉴미디어가 주목받고 있다. 미국진보운동기금(American Progress Action Fund)이 행한 뉴스 보도 분석에 따르면, 2004년에 ABC, CBS, 그리고 NBC 3사가 주요 저녁 뉴스방송에서 다르푸르(Darfur) 사태에 대해 보도한 시간은 총26분인 것으로 드러났다. 이와는 대조적으로 미국 가정용품 판매업체 회장을 지냈던 스튜어트(Martha Stewart)의 법정 공방에 대해서는 총 130분을 보도했다. 2005년 6월에도 세 방송사는 다르푸르 대학살에 대해 총15분의 시간을 할애했지만, 마이클 잭슨(Michael Jackson)의 재판에 대한 방송시간은 총 1,608분에 달했다. 뉴스 전문채널로 알려진 CNN도 같은 달에 다르푸르

사태에 대해 47분을 보도했지만, 잭슨 재판에 대해서는 878분간 보도했다.1) 크리스토프(Nicholas Kristof)는 뉴욕타임스에 기고한 글에서, 이런 보도방식에 있어서 BBC가 미국의 방송국들을 능가했다고 언급했다. 이런 현상은 크게 놀랄만한 일이 아니다. 그러나 크리스토프는 MTV가 미국 대학생을 타깃으로 설립한 대학생 전문 채널 mtvU도 큰 성공을 거두고 있다고 지적했다.2)

mtvU의 홈페이지인 mtvu.com의 콘텐츠는 웹을 기반으로 정보제공자가 무엇을 공급할 수 있는지 그리고 어떤 한계를 가지고 있는지를 잘 말해주는 사례다. 이 사이트는 여러 사안에 대한 기본적인 배경 지식과 더불어 다른 사이트로의 링크를 제공하고 있다. 예를 들면 전투기간 중 수단의 특정 마을에서 어떤 일이 벌어졌는지를 보여주는 국제사면위원회(Amnesty International)의 위성사진들이 게재된 페이지로의 링크가 가능하다. 이 사이트는 또 '다르푸르가 죽어가고 있다(Darfur is Dying)'라는 비디오 게임과도 링크를 걸어놓았다. 참가자가 잔자위드(Janjaweed, 흑인들을 공격하는 아랍 민병대 - 역자 주)의 공격에 대비해 난민 캠프를 지키고 유지하는 역할을 수행하는 게임이다. 게임에는 또 적대세력의 공격을 피해가면서 물을 구하는 임무도 있다.

전통적인 뉴스 보도 방식에 거의 관심이 없는 사람들에게도 이러한 접근 방식은 수단에서 벌어지고 있는 상황에 대해 최소한의 인식을 가질 수 있는 출발점을 제공한다는 점에서 의미가 있다. 그러나 다르푸르 분쟁에 대해 사람들의 관심을 불러일으키는 혁신적인 웹콘텐츠가 있다고 하더라도, 국제사회 혹은 수단 정부의 정책에 영향을 주었다는 증거는 거의 없다. 뉴미디어가 행동하도록 사람들을 자극한다는 것은 상당히 긍정적인 현상이다. 그러나 다른 대부분의 사안들과 마찬가지로 다르푸르 사태에 있어서도 뉴미디어를 통해 상황이 완전히 뒤바뀔 것이라고 기대하는 것은 여전히 비현실적이다.

비록 충분히 보도되지는 않았지만 다르푸르의 전쟁은 그나마 다른 사건들보다 더 많은 주목을 받았다. 유엔과 국경없는 의사회(Doctors Without Borders)는 매년 '세계가 더욱 귀 기울여야 할 이야기' 목록을 작성한다. 아이티에서 콩고 그리고 스리랑카에 이르기까지 다양한 나라와 사건을 다루면서, 유엔과 국경없는 의사회는 이들 사건들에 대한 대부분의 뉴스 보도에서 상당한 관심의 차이가 나타나고 있음을 강조한다. 이를 통해 제대로 다루어지지 않은 비참한 사건들에 대해 국세사회의 관심을 유도하고 있다. 인도적 구호단체들도 웹사이트를 이용해 이들 사안들에 대해 조명하고 있다. 그러나 아무리 이런 보고서들이 비참한 상황을 잘 전달하더라도, 소수 사람들의 양심을 일깨우고 약간의 기부를 이끌어 낸 것 이상의 효과를 거두었다는 증거는 없다. 그나마 이는 괜찮은 결과이다. 그러나 이러한 웹사이트들이 제공하는 상당한 양의 정보가 ABC 방송의 2분짜리 보도보다 영향력이 훨씬 작을 수밖에 없는 것이 현실이다.

최소한 현재까지는 그렇다. 그러나 정보를 수집하는 방식의 변화는 국제적 위기에 대한 온라인 경보의 중요성을 제고하고 있다. 더 많은 사람들이 전통적 뉴스보다 인터넷에 의존할수록, 영향력의 구도는 변화하게 될 것이다. 상당한 시간이 걸릴 것이다. 오랫동안 지배적이었던 매체들에 대한 의존도가 낮아지고(신문 발행 부수와 뉴스 시청자의 수가 감소하고 있다는 것이 그 증거다), 셀 수 없을 정도로 많은 웹사이트들 중 몇몇이 규모와 신뢰도에서 크게 발전할 때까지는 긴 시간이 필요할 것이다. 유튜브, 테크노라티 등 정보센터 역할을 하는 대규모 사이트들이 이미 많은 수의 시청자를 가지고 있는 전통적 정보제공자들이 해왔던 것처럼 방문자들을 덜 알려진 사이트들로 안내할 수 있다. 전통적 미디어와 뉴미디어의 이러한 공생관계는 무기한 계속 될 것이다.

기술의 발달로 인해 '뉴스의 가치(newsworthiness)'가 확대되는 가운데 언론인의 도의도 돌이켜 봐야 한다. 어떤 기사는 꼭 보도되어서 대중들이 보거나 읽을 수 있도록 제공되어야 한다. 오랜 기간 동안 나이트라인(Nightline)의 제작 감독이었던 시버스(Leroy Sievers)는 1994년의 르완다 대학살 보도에 관해 다음과 같이 언급했다. "이것이 보도되어야 하는 이야기였을까? 당연하다. 세상 사람들이 귀를 기울였을까? 그건 잘 모르겠다. 나는 사람들이 채널을 돌리지 않을까 염려했다. 그 영상을 보는 것이 너무 고통스러웠을 것이기 때문이다." 시버스는 몇 년 후 유대계 미국 작가인 비젤(Elie Wiesel)이 나이트라인 제작진에게 말한 내용을 다음과 같이 전했다. "그는 기자의 역할이 약자들을 위해 목소리를 내는 것이라고 말했다. 바로 그것뿐이었다. 바로 그것이 우리가 하려고 했던 것이었다. 르완다 사건 이전이든 후이든 세계 어느 곳에서도 인간은 인간이 할 수 있는 가장 잔혹한 행위를 저지르고 있었기 때문이다."[3]

몇몇 기자들과 언론기관들의 영웅적인 노력은 있었지만, 르완다 대학살에 대한 보도는 거의 없었고, 시기 또한 너무 늦었다. 국제사회의 군사적, 정치적인 대응도 마찬가지였다. 나이트라인 프로그램이 방영되던 ABC 등 대형 언론사들이 르완다를 취재하려했을 때는 이미 최악의 상황이 종료된 후였다. 10년 후, 다르푸르 사태에 대해서도 다양한 형태의 언론매체들은 현장에서 제대로 활동하지 않았다. 대중은 주요 언론의 뉴스에서보다 토크쇼에 등장한 스타 배우로부터 다르푸르의 위기에 대해 들었을 가능성이 더 크다.

2007년 중반에 들어서 유튜브닷컴(youtube.com)에는 다르푸르 사태와 관련된 수많은 동영상이 올라왔다. 적지 않은 동영상이 수 천 건의 조회 수를 올렸고, 다른 것들은 10만 건 이상의 조회 수를 기록하기도 했다. 그러나 이것이 정책입안자들에게 영향을 미칠 정도로 대중의 분노와 적극적인 참여를 불러 일으켰을까? 그렇지 않았다. 대학살의 고통은 계속 이어졌다. 아마도 언젠가는 대중의 자각이 일정 수준 이상에 도달하게 되고 정치적으로 극적인 변화를 맞이할 날이 있을 것이다.

만약 그렇게 된다면, 뉴미디어가 제공하는 수많은 정보가 결정적이지는 아니더라도 일정 부분 기여할 것이다. 고무적인 현상이 이미 나타나고 있다. 정보통신기술의 발달 덕분에 분쟁과 무관한 인도적 긴급 상황에 대한 대응 방식이 변하고 있다. 원조를 제공하는 구호단체들은 신기술을 이용해 재난 피해자들의 위치를 파악하고 그들이 보낸 구호물품의 위치를 추적한다. 구호 활동에 있어서 필수적인 요소 중의 하나는 통신센터다. 이를 통해 구호요원들은 소속 단체 및 정부와 수시로 연락을 하고, 안전 상황을 확인하고, 활동하고 있는 지역의 위성지도를 꼼꼼히 살펴볼 수 있다.

이를 가능하게 하기 위해 어떤 끔찍한 상황에서라도 통신흐름을 원활히 유지할 수 있는 국경없는 통신(Télécoms sans Frontières)의 자원봉사자들이 현장에서 가장 먼저 대응하고 있다. 유엔의 인도주의업무조정국 웹사이트인 릴리프웹(ReliefWeb)과 같은 정보 센터들도 전 세계의 긴급 사태에 대한 최신 정보를 지속적으로 업데이트하고 있다. 이러한 사이트들의 목록에는 어느 날 갑자기 파키스탄의 사이클론, 예멘의 메뚜기 떼 습격, 네팔의 산사태 등에 대한 정보가 올라올지 모른다. 국제 NGO의 비영리 컨소시엄인 넷호프(NetHope)는 구호단체들의 조직과 운영을 돕고 있다. 휴대전화도 중요한 역할을 하고 있다. 재난으로 인해 피해를 입은 사람들에게 있어 이웃 및 국제사회와 연락할 수 있는 수단인 휴대전화는 값을 헤아릴 수 없을 만큼 귀중한 것이다. 휴대전화의 이용은 증가하고 있다. 세계은행(World Bank)에 의하면 사하라이남 아프리카 지역의 휴대전화 가입자 수는 2000년부터 2006년 사이에 7배가 증가했다.[4)]

정치와 마찬가지로 재난구호에 있어서도 신기술 그 자체가 문제를 해결할 수는 없다. 그러나 신기술은 그 과정을 변화시킬 수 있다. 더 효과적인 방향으로 변화시킬 수 있다. 만약 당신이 쓰나미 혹은 전쟁의 피해를 당한다면, 신기술은 아주 많은 것을 의미한다.

위성 뉴스 채널과 수많은 매체

알-자지라는 많은 주목을 받고 있다. 단지 3,500만 시청자뿐만 아니라 다른 많은 사람들도 방송의 영향력에 호기심을 갖고 지켜보고 있다. 위성채널의 객관성에 대해 논하기 전에, 정보를 제공받고 있는 시청자 층에게 미치는 전반적인 영향을 평가하는 것이 중요하다. 생생하고 상대적으로 독립적인 콘텐츠를 얻을 수 있다는 것은 아랍 및 중동과 같은 지역에서는 새롭고 활력 넘치는 현상이다. 이는 또한 중동지역의 정치에 심대한 변화를 가져오고 있다.

서구 민주화 사회에 살고 있는 사람들은 공개적으로 서로의 정치적인 견해를 교환하는 것을 당연히 여기며, 이런 자유로움이 없다면 그들의 삶이 어떨지 대해서는 깊이 생각해본 적이 없을 것이다. 뉴미디어는 이런 종류의 자유를 누려본 적 없는 사람들이 이를 맘껏 누리도록 해준다. 사람들은 뉴미디어를 통해 더 많이 배우며 더 많은 것을 기대하게 된다. 이집트나 사우디아라비아 같이 강력한 정부가 지배하는 국가에서는 민주주의를 포용하려는 의향이 전혀 없어 보이지만, 펄펄 끓는 냄비의 뚜껑이 튀어 오르는 것처럼 민주주의에 대한 열망이 거세지고 있다.

변화의 노력은 때때로 방해받을 수는 있지만, 이러한 노력은 멈추지 않을 것이며 멈출 수도 없을 것이다. 결국 사람들은 사회정치적 삶의 구조가 변모하는 것을 목격할 것이다. 이런 변화는 수 백 개에 달하는 지역 위성채널의 부산물인 개방화 그리고 새로운 통신기술의 발달로 인해 부분적으로나마 가능한 것이다.

뉴미디어의 가장 오래된 전형 중의 하나인 TV는 부침을 거듭해왔다. TV의 옹호자들은 TV가 단지 머로우(Edward R. Murrow)가 말한 '번쩍이는 바보상자(merely wires and lights in a box)'에 불과하지 않다는 것을 증명하기 위한 노력을 계속해왔다. 최근 여러 위성 TV 채널의 영향력은 TV가 여전히 가치 있는 매체라고 믿는 사람들에게 힘을 불어 넣는다.

뉴미디어는 TV 보다 훨씬 혁명적인 역량을 보여주고 있다. 한편으로는 대중에 영합하는 그러나 일종의 참여 언론으로 분류되는 '시민 미디어(Citizen Media)'는 전통적인 정보 공급자인 거대 언론 기관들이 행하던 역할을 개개인이 수행하게 한다. 블로그의 글과 동영상은 사건에 대한 인상적인 분석을 신속하게 전달함으로써 활력을 얻는 커뮤니티를 형성한다. 블로그의 내용물이 얼마나 진실한지, 얼마나 많은 내용물들이 단지 제멋대로 쓴 것에 지나지 않은 것 인지에 대한 논의는 진행 중이다. 그러나 블로그 영역이 적어도 뉴스 의제를 보완하는 역할을 한다는 사실에는 의심의 여지가 없다. 사람들은 다른 곳에서는 볼 수 없는 온라인 정보를 찾는다. 이러한 온라인 메시지의 영향력은 전통적인 뉴스 미디어가 블로그로부터 정보를 취하고 이러한 정보를 좀 더 광범위하게 전파함으로써 극대화된다.

이러한 모든 활동은 요란한 소리를 내고 있다. 이것이 화음일까 불협화음일까? 아마도 현 시점에서는 후자일 가능성이 높다. 그러나 정보 소비자들이 과거에 뉴욕타임스나 BBC와 같은 매체를 방문하듯 많은 블로그들을 정기적으로 방문함으로써 이러한 현상에도 변화가 일어나고 있다. 다른 형태의 매체와 마찬가지로 뉴미디어에서도 주도적인 목소리는 배경으로부터 들리는 잡음을 동반할 것이다. 그럼에도 불구하고 사용자 생성 콘텐츠(user-generated contents)는 명백히 국제사회의 담론 안에 중요한 자리를 차지하게 될 것이다. 더 넓은 의미에서 정보가 민주주의라는 엔진을 위한 연료라면, 그 엔진은 더 많은 장소에서 더 빨리 달려야 할 것이다.

숫자와 규모는 나름대로 중요한 의미를 갖는다. 블로그 영역 전체를 그리고 정치적 콘텐츠를 가지고 있는 블로그를 찾기 위해 검색엔진을 사용하는 사람들이라면 그 검색결과의 수에 압도될 것이다. 이는 모든 것을 읽은 것 자체가 불가능함을 의미한다. 그러나 아무리 막으려는 시도가 엄격할 지라도 일부 콘텐츠는 대중들에게 전달될 것이다. 과거에는 문서를 압류하거나 라디오 전파를 차단함으로써 언론을 통제하던 정부는 이제 인터넷이 통과하는 포털사이트를 폐쇄하려 하고 있다. 얼마간은 정부가 이런 시도에 성공할 수 있겠지만, 기술과 그 사용자가 결국에는 더 우위에 있을 것이다.

활동가들 외에도 조용한 정보 소비자들 역시 새로운 미디어 수단에 의존하게 될 것이다. 인터넷은 독립적인 정보 탐험을 북돋운다. 사람들은 웹사이트들을 통해 호기심을 충족시킬 것이다. 이는 언론과 정치에 영향을 줄 것이다. 더불어 전통적인 미디어에 대한 의존도가 줄어들면서 이미 위태로운 상태에 처한 언론사들은 경제적 타격을 입을 것이다. 당신 스스로 뉴스를 얻을 수 있는데 왜 당신이 이미 편파적이라고 의심하고 있는 뉴스매체에 의존하는가?

정치에 있어서도 당신 스스로 주장들을 검증하고 사안들을 조사할 수 있는데 왜 당신이 이미 사안을 조작하고 있다고 생각하는 정치인을 신뢰하는가? 이미 오랫동안 사람들은 뉴스매체와 정치인들에 의해 제공되는 정보를 신뢰하지 않아왔다. 그러나 다른 대안이 없었다. 이제는 새로운 수준의 독립성이 보장되고 있다. 과거 수동적으로 정보를 받기만 했던 수백만의 사람들이 새로운 정보 공급자들을 찾을 것이다. 그리고 나서 사람들 자신이 다양한 종류의 뉴스를 2차적으로 확산시키는 역할을 하게 될 것이다.

정보 흐름에 있어 나타난 이러한 변화는 세계화를 지속시키는 역할을 할 것이다. 세계화한 사회가 세계표준에 맞추어 획일화된 것이 될 것이라고 우려하는 사람들이 있다. 이러한 사람들에게 미디어 혁명은 다양성이 지속될 수 있음을 확신시켜주어야 한다. 무미건조하게 일치하는 정보를 찾는 대신 정보 소비자들은 수많은 매체들 중 어떤 목소리에 귀를 기울여야 할지 결정해야 하는 힘든 과제에 직면하게 될 것이다. 이는 대도시 사람들이 매일 수십 개의 신문을 선택할 수 있는 상황과 어느 정도 유사하다. 인터넷 접속이 가능한 곳에 살고 있는 사람이라면 누구나 맘만 먹으면 수십 개 국가의 수십 개의 신문을 읽을 수 있고, 수백 개의 TV 채널을 시청할 수 있다. 또한 셀 수 없이 많은 다른 웹사이트, 온라인 뉴스레터, 블로그, 팟캐스트(podcast) 등도 살펴볼 수 있다.

지적 다양성은 알-자지라 효과의 기본 요소이다. 획일성에 대한 우려보다는 이용 가능한 모든 정보에 몰입할 시간을 내는 것이 더 큰 과제일 것이다.

언론 무기화의 위험성

정보를 전달하기 위해 사용되는 여러 형태의 매체 중, 전통적인 보도 기준과 관례에 기반을 둔 언론사들은 여전히 중요한 가치를 지닌다. 이런 언론사가 뉴욕타임스(*New York Times*), 디 벨트(*Die Welt*), 엘 빠이스(*El País*), 아사히 신문(*Asahi Shimbun*), BBC 등과 같은 거대 언론사이든 혹은 신생 아랍 위성 뉴스 채널들 중의 하나이든 간에, 다양한 형태의 언론은 정부의 권력을 견제할 수 있다. 물론 이런 언론사들이 대중의 신뢰를 얻고 또 이를 유지한다는 전제 하에서 말이다.

언론이 여론에 영향을 미친다는 사실은 더 이상 새롭지 않다. 그러나 최근 몇몇 국가들은 이런 언론의 영향력에 대해 공격적으로 대응하고 있고, 일부 언론 기관들도 객관적인 관찰자가 아니라 특정 이념이나 운동의 주창자가 됨으로써 상황을 더욱 더 악화시키고 있다.

2006년 이스라엘과 히즈불라 사이에 벌어진 전쟁은 어떻게 뉴스매체가 무기로 사용될 수 있는지를 잘 보여주었다. 히즈불라는 대중의 정서를 자극하고 투쟁의 명분에 대한 지지를 끌어 모으기 위해 알-마나르(al-Manar) TV를 이용했다. 물론 이스라엘은 알-마나르를 합법적인 뉴스매체로 인정하지 않았고, 군사 공격 목표로 삼았다. 알-마나르 방송국 본부와 송신탑은 폭격을 당했다. 이스라엘 공군기는 또한 레바논 TV 방송국들의 송신 설비와 남부를 지나는 기자들의 호위차량을 공격하기도 했다.

뉴스 매체가 정치에 개입하는 것 그리고 기자들을 준(準)전투원으로 간주하고 공격 목표로 삼는 것 모두 새로운 현상이 아니다. 최근 몇 년간 미국은 카불과 바그다드의 알-자지라 지국을 공격했다. 미국 기자들도 이라크 등지에서 납치되었다. 시리아에 비판적인 레바논 기자들도 살해당했다. 전 세계적으로 1991년 이래 600명 이상의 기자들이 그들 자신이 쓴 기사로 인해 살해당했다. 정부 또는 군이 종종 배후에 있었다. (이들 중 100명 이상이 2003년 미국의 이라크 침공 이래 목숨을 잃었다.) 이외에도 기자들에 대한 억압과 가혹행위는 광범위하게 일어나고 있다.

알-자지라와 같은 언론사들은 정치적 행위자로 인식되고 있다. 이러한 언론사들이 전 세계적으로 확산되고 여론에 미치는 영향력이 커짐에 따라, 각국 정부들은 이들 언론의 보도 내용에 대해 외교적 항의로 그리고 심지어 군사적 조치로 대응하고 있다.

언론의 무기화는 알지 못하는 사이에 진행되는 질병과 유사하다. 이는 모든 기자들의 뉴스 수집 능력에 악영향을 미치기 때문이다. 기자들을 표적으로 삼고 몰래 공격하는 정부들조차 겉으로는 독립적인 뉴스매체의 중요성을 강조하고 있지만, 몇몇 비정부단체(NGO)들이 지나치게 정치화한 언론매체들을 예의 주시하고 있다. 설상가상으로 이라크의 테러 단체들은 기본적인 전술의 하나로써 기자들을 공격하고 있다. 특히 서방 언론사를 위해 일하는 이라크 기자들에게는 더욱 잔인한 공격을 퍼붓고 있다. 뉴스 매체가 무기화되는 이러한 경향이 바뀌지 않는다면, 대중들은 교전지역에서의 생생한 보도를 더욱 보기 어려울 것이다. 가장 최신의 미디어 기술이라고 할지라도 취재에 대한 사실상 접근거부 현상을 극복할 수는 없다.

가상 커뮤니티의 출현

알-자지라 효과의 한 단면은 결속을 증진시키기 위해 뉴미디어에 의존하는 강력한 이익 공동체들의 부상이다. 뉴미디어는 문화적, 종교적 또는 정치적 성향을 공유하는 사람들을 과거에는 볼 수 없었던 수준으로 결속시킨다. 전 세계의 더 많은 사람들이 이러한 뉴미디어에 접속할수록, 한때는 단지 상상 속에서 가능했던 공동체가 그 회원 수를 늘려가고 공통의 이익을 보다 강력히 추구하면서 존재감을 더욱 확실히 알릴 것이다.

이러한 현상이 세계 정치에 미치는 효과는 예측하기 어렵다. 어떤 단체들은 뉴미디어 수단들을 공동체 내부의 목적으로 이용하면서 그들의 가상 커뮤니티를 다소 폐쇄적으로 유지하기를 원할 수도 있다. 반면 다른 단체들은 국제적으로 좀 더 적극적인 역할을 하기 위해 그들 단체의 영향력을 이용하려 할 수도 있을 것이다. 또, 어떤 단체는 폭력적인 목적을 위해 가상국가를 창설할 수도 있다. 테러리즘의 위험성에 대해 언급하는 사람들은 이러한 맥락에서 가상국가의 개념을 정확히 파악해야 한다. 이런 커뮤니티를 결성함으로써 테러 단체들은 그들의 영향력을 광범위하게 확대할 수 있기 때문이다. 소통은 모든 단체의 통합과 효율성에 있어서 필수적인 요소이다. 하나의 예를 들자면 알-카에다가 선동, 모집, 교육, 그리고 명령을 위해 어떻게 뉴미디어를 사용했는지에 대해 풍부한 증거자료가 이를 뒷받침한다.

가상 커뮤니티는 단순한 네트워크 이상의 역할을 한다. 많은 테러 단체가 뚜렷하고 정교한 목적성을 가지고 있다는 사실을 고려해본다면, 그들의 사이버 커뮤니티는 느슨하게 연결된 네트워크라기보다는 좀 더 확고하게 구성되어 있는 조직일 것이다. 만약 테러와의 '전쟁'이 실행에 옮겨지고 이로 인해 오랜 기간 동안 대립과 갈등이 지속된다면, 적이 누구인지 명확히 규정하는 것이 중요하다. 테러 조직의 역량과 지속성을 과소평가하거나 혹은 멀리 떨어진 동굴에서 활동하는 정신 나간 광신도쯤으로 치부한다면, 이는 중대한 과실이다. 알-카에다 그리고 이와 연계된 조직들에게는 이보다 훨씬 더 큰 무언가가 있다. 위협의 본질이 정치적인 이유로 또는 무지로 인해 과소평가된다면, 대테러 캠페인에 대한 대중들의 지지는 약해질 수 있다. 한 국가 또는 가상의 국가를 상대로 하는 전쟁을 치르기 위해서는, 장기전까지 고려하면서 정치적인 그리고 군사적인 맥락에서 적을 명확히 규정해야 한다. 바로 알-카에다도 하나의 단체가 아니라 이런 종류의 국가처럼 간주되어야 한다는 것이다.

가상국가 또는 커뮤니티들은 전사 계급을 탄생시키고 있다. 이르하비007(Irhabi007)이라는 ID를 사용하는 모로코 출신의 청년 출리(Younis Tsouli)는 그의 동료에게 보낸 이메일에 이라크에서 벌어진 실제 전투에 참여하지 못한 것에 대한 유감을 표했다. 그러나 그가 살고 있는 영국에서 그는 사이버 지하드의 가장 잘 알려진 구축자 중의 한사람이 되었다. 이라크 알-카에다의 지도자인 알-자르카위(Abu Musab al-Zarqawi)의 웹사이트 관리자였고, 인터넷을 이용해 대원 모집공고 및 무기 사용법과 전술에 대한 훈련 교재를 배포하려는 자들을 교육시키기도 했다. 이르하비007은 2005년 체포되기 전까지 알-카에다의 인터넷 기반시설을 설립하는데 선구적인 역할을 담당했다. 알-카에다는 현재 운영 중인 수 천 개의 웹사이트와 상당한 수의 지지자들을 위해 고안된 동영상을 통해 지속적으로 세계 속에서 자신들의 존재감을 키워가고 있다. 실제로 그들이 보유하고 있는 물리적 영토는 미미할지라도 알-카에다는 필요한 만큼의 사이버 영토를 보유하고 있다고 할 수 있다.

알-카에다의 소탕을 원하는 정부라면 일부 알-카에다 전투원들이 진을 치고 있는 파키스탄과 아프가니스탄 국경 지대의 한정된 지역을 알-카에다 영토로 규정하는 것은 무의미하다는 사실을 인식해야 할 것이다. 실제로 알-카에다는 그들의 글로벌 '조국(homeland)'을 건설하기위해 미디어 테크놀로지를 적극적으로 이용하고 있는 폭력적인 범죄국가다. 빈 라덴과 그의 부관들은 전쟁을 하는데 있어서 사이버공간이 와지리스탄(Waziristan)의 산악지역 만큼 좋은 지형이라는 점을 잘 알고 있다. 알-자지라 효과의 이러한 어두운 단면은 가까운 미래의 세계 정치 구도에도 영향을 줄 것이다.

테러리즘을 넘어서: 이슬람 세계에 대한 고찰

변화는 전 세계의 모든 부분에 영향을 준다. 그러나 이슬람 세계 내 아랍 지역의 불안정성이 상당히 지속될 것이라는 점을 염두에 두는 것이 중요하다. 이들에게는 내재된 불민의 저류가 강력하게 흐르고 있다. 이런 불만은 루이스(Bernard Lewis)와 같은 서구 학자들뿐만 아니라 아도니스(Adonis)로 더 잘 알려진 시리아 태생의 시인 사이드(Ali Ahmad Said) 등의 아랍인들에 의해 분석되어 왔다. 2006년 사이드는 다음과 같은 분석을 내놓았다. "아랍 민족은 많은 자원과 엄청난 역량을 가지고 있다. 그러나 우리 아랍 민족이 지난 한 세기 동안 이룩한 것을 다른 민족의 그것과 비교해 본다면, 우리 아랍민족은 멸종 단계에 있다고 말할 수밖에 없다. 국제사회에서 우리는 창조적인 존재가 되지 못하고 있기 때문이다."5)

이러한 견해는 모이시(Dominique Moisi)의 글로벌 '감정의 충돌(clash of emotions)'이라는 개념에 영향을 주었다. 모이시는 이 개념에 대해 "서방은 공포의 문화를 보여주고 있고, 아랍과 무슬림 세계는 굴욕의 문화에 갇혀있으며, 대부분의 아시아 국가들은 희망의 문화를 펼쳐나가고 있다"고 설명했다.6)

'충돌(clash)'이라는 단어는 불가피한 것처럼 보인다. 특히 서방의 정치학자 헌팅턴(Samuel Huntington)은 오늘날 세계의 현상을 조사하는 사람들을 위해 문명의 충돌이라는 의미론적 구조를 확립했다. 그의 충돌 개념에 대한 토론은 끝없이 지속되고 있다. 아랍의 대표적 사상가 사이드(Edward Said)가 헌팅턴의 이론을 '터무니없는 것'이라고 단언하자 헌팅턴을 비평하는 다른 사람들이 사이드의 입장에 동조하고 있다. 사이드의 이론에 따르면 '문화는 잡종이며 이종'이다. 사이드는 "서구 문명은 이데올로기적인 허구일 뿐"이라며 "일부 가치와 관념에 있어서만 개별적인 우월성을 가지고 있기 때문"이라고 강조했다.[7] 이와 같은 이질성이 이슬람 사회와 무슬림의 특징이기도 하다.

수많은 비평가들의 공격에도 불구하고, 충돌의 개념은 이슬람과 비이슬람 세계와의 관계를 연구하는 틀로 폭넓게 이용되고 있다. 2006년 11월부터 2007년 1월까지 27개 국가에서 2만 8,000명의 사람들에게 무슬림과 서방 문화 사이의 격렬한 충돌이 불가피 한 것인지에 대한 대대적인 여론조사가 있었다. 대부분의 사람들이 이런 충돌의 관념에 동의하지 않았다. 그러나 나이지리아, 독일 등 일부 국가들에서는 약 40퍼센트의 사람들이 그러한 충돌이 일어날 것이라고 예견했다. 여기에 세계에서 가장 많은 무슬림 인구를 가진 인도네시아에서는 전체인구의 약 51퍼센트 즉, 약 1억 명에 달하는 사람들이 이러한 격렬한 충돌을 예상했다.[8] 이러한 견해를 보면 알-카에다 연계 조직인 인도네시아의 제마 이슬라미야(Jemaah Islamiya)의 지도자인 바쉬르(Abu Bakar Bashir)가 왜 많은 지지자를 가질 수 있는지 알 수 있다. 2005년 바쉬르는 무슬림들이 기독교인 및 유대인과 싸우는 것은 쿠란이 언급한 운명이며, 이슬람을 받아들이지 않는 서구인들은 제거되어야 한다고 주장했다.[9] 이러한 극단적인 주장을 내놓는 사람은 바쉬르 한 명이 아니다. 그 외에도 공개적으로 그리고 지하에서 이런 시각을 확산시키려는 활동가들이 적지 않다.

이러한 태도와 시각에 기반을 둔 긴장 상태는 정치적 심리에 부정적인 영향을 준다. 2006년 말 크리스토프(Nicholas Kristof)는 이런 심리에 대해 다음과 같이 지적했다. "서구 사회는 성능이 더 좋은 폭탄을 제조하는데 창의력을 대부분 소진하는 것처럼 보이는 아랍세계를 대할 때 종종 피로를 느낀다. 서구 사회에서 편견 없는 사고를 가진 사람들조차 때로는 편협한 입장을 가진 사람들이 맞을지도 모른다는 생각에 체념할 때가 있다. 즉, 아마도 이슬람은 본질적으로 뒤떨어져 있고, 여성을 혐오하고, 폭력적인 집단이라고 말이다." 그러나 크리스토프는 그런 일방적인 판단에 오류가 있다고 지적 한다. 서구 사회에 관한 에드워드 사이드의 논점과 유사한 시각을 가진 크리스토프는 많은 다른 이들이 주장한 바 대로 이슬람은 획일적인 것이 아니라고 언급했다. 왜냐하면 아랍세계와 비아랍세계의 무슬림들은 종교적인 그리고 정치적인 신념을 결합시키는 데 있어서 상당한 차이를 보이기 때문이다. 크리스토프는 또 이슬람권의 다양성에 대해 다음과 같이 기술했다. "역사적으로 이슬람은 사우디아라비아 등 금욕적인 원리주의를 주창하는 사막 이슬람과 보다 외향적이고, 융통성이 있고, 관용적인 강가 또는 해안 이슬람으로 나뉜다. 사막 무슬림들이 주로 언론의 헤드라인을 장식하고 있지만, 내 생각에는 이슬람의 진정한 정신을 구현하기 위한 투쟁에서 해양 이슬람이 우세할 것이라 본다."[10]

아마 그럴 수도 있을 것이다. 그러나 흥미로운 점은 헌팅턴의 가설도 입증하거나 반증하는 것보다는 예측하는 데 유용하다는 것이다. 사이드와 크리스토프처럼 동질성 이론을 비판하는 사람들은 다양성이 공통성을 압도한다고 주장할 수 있다. 그러나 이 가설도 입증하기 쉽지 않다. 넘쳐나는 매스미디어 콘텐츠가 이러한 다양성을 모호하게 만들고 있기 때문이다. 크리스토프가 언급한 피로는 단지 실제로 일어난 사건에서만 근거를 두는 것이 아니다. 정보 소비자가 맞닥뜨리는 사실과 허구의 혼합 또한 이러한 피로를 만들어 낸다. 알-자지라 효과의 부산물 중 하나는 정보 과잉이다. 루머로 도배된 블로그, 고정관념으로 가득한 오락 프로그램, 지나치게 단순화하여 보도되는 뉴스 등이 쏟아지는 가운데에서 미묘한 차이는 잘 전달되지 않는다.

수많은 뉴미디어를 어떻게 다룰지에 대한 불확실성이 일반 대중들 사이에서는 커져가고 있는 반면, 테러 단체들 내부에는 다양한 미디어를 어떻게 다뤄야 하는지에 대해 정확히 알고 있는 사람들이 있다. 대테러 전문가인 킬컬렌(David Kilcullen)은 "만약 빈 라덴이 글로벌 미디어, 위성 통신, 인터넷에 접근할 수 없었더라면, 그는 그저 동굴 속에 은둔하고 있는 괴짜 정도로 여겨졌을 것이다."

킬컬렌은 또 급진적 이슬람운동이 용의주도하게 계획된 정보전략을 추진하기 위해 여러 전술을 고안하고 있다고 지적했다. 그는 이라크에서의 미군 차량에 대한 매복 공격을 이런 전술의 한 예로 들었다. "그들은 미군 험비(humvee)를 하나씩 제거하면서 그 수를 줄이기 위해 이러한 공격을 감행하는 것이 아니다. 불타는 험비의 모습을 담은 극적인 비디오 영상을 얻기 위해 매복공격을 하고 있는 것이다." 킬컬렌에 의하면, 이러한 영상은 유튜브 뿐 아니라 지하디스트(Jihadist, 성전주의자 – 역자 주) 웹사이트에도 게재된다. 이 사이트를 방문하는 사람들은 동영상을 본 후 클릭 한번으로 기부금을 낼 수 있다. (이러한 사이트들은 Irhabi007과 같은 자들에 의해 만들어진다.)

패커(George Packer)는 "아프간, 이라크, 그리고 레바논의 저항세력은 예전의 베트남과 엘살바도르의 전사들과는 달리 그들 자신의 메시지를 즉각적으로 확산시켜 줄 세계적인 미디어 네트워크에 접속할 수 있다"고 기술했다. 이런 네트워크는 이슬람 무장단체의 대원을 늘리기 위해 면밀히 고안된 콘텐츠를 제공한다. 브라크만(Jarret Brachman)도 "온라인에 게재되는 콘텐츠가 기술적으로 정교해지고 양적으로 많아지면서 지하디스트들의 전략적 선전물은 질적인 면에서도 향상되고 있다."[11]

이러한 극단주의적인 미디어 메시지들은 주류 언론들이 전달하는 관련 이미지들을 통해 더욱 강력한 효과를 나타낸다. 알-자지라와 알-아라비아는 그들 채널을 홍보하기 위해 관타나모 수감자들의 영상을 사용했다. 이를 통해 미국이 무슬림들을 억압하고 있다는 인식을 강력하게 확산시켰다.[12] 중동지역에도 비교적 독립적인 뉴스 채널들이 생겨나 이런 일을 행할 수 있다는 것은 언론 환경이 변했음을 보여주는 한 예이다. 정부의 통제를 받는 정보원 또는 친정부 매체의 비율은 계속해서 줄어들고 있다. 이러한 현상은 좀 더 자유롭고 논쟁을 불러일으킬 수 있는 담론을 조장하지만, 정보와 의견 간의 균형에 변화를 가져온다. 한때 수많은 '뉴스' 콘텐츠를 조종했던 정부들은 이제 눈앞의 수습책을 넘어서는 새로운 전략을 고안해내기 위해 서두르고 있다. 2008년 초 아랍국가들은 사우디아라비아와 이집트의 주도 하에 국가가 위성방송을 통제해야 한다고 강조하는 헌장을 채택했다. 이후 두 달도 안 되어 런던에 본사를 두고 이집트 정부에 비판적인 방송을 해왔던 알-히와르(Al Hiwar) 채널은 이집트의 위성방송 사업자인 나일샛(Nilesat)으로부터 방송 송출을 거부당했다. 나일샛은 이집트 정부가 일부 지분을 소유하고 있다.

새로운 전략의 모색

이러한 새로운 환경에서 여론에 영향을 주기 위해서는 과거의 선전 방법 이상의 것이 필요하다. 블로그와 뉴미디어가 정부의 자화자찬적인 메시지에 반박하기 위한 공간을 신속하게 제공한다는 점에서 과거의 선전 방식은 공격당하기 쉽다. 미국 정부가 이러한 사실을 인식하는데 특히나 오랜 시간이 걸렸다. 결과적으로 미국 정부의 공공외교(public diplomacy) 노력도 큰 결실을 보지 못해왔다.

접근 방식의 변화가 필요하다. 예를 들어 반(反)지하디스트 웹사이트가 지하디스트 웹사이트에 대항해야 한다. 여기서 반지하디스트가 친미 사이트를 의미하지는 않는다. 지하디스트의 테러 공격으로 인해 가장 큰 피해를 입을 당사자는 표면적인 목표인 미국인이기보다는 일반 무슬림들일 것이다. 2005년 알-카에다와 연계된 세력이 요르단 암만의 호텔을 폭파했을 때, 현장에서 사망한 60명 중 대부분은 아랍인이었다. 이 사건은 아랍 사회 내에서 알-카에다에 대한 강한 반발을 불러일으켰다.

이러한 무차별적인 공격을 알리고 비난함으로써 지하디스트들이 여론의 외면을 받도록 할 수 있다. 이는 분명히 미국은 물론 대부분의 이슬람국가 정부의 이익에 부합되는 것이다. 그러나 이러한 노력은 아랍의 사회 환경과 가치관에 대한 깊은 이해를 반영하는 방식으로 수행되어야 한다. 뉴미디어는 젊은 층에 영향을 줄 수 있는 가장 중요한 매체이며, 지하디스트 조직들은 이들 젊은 층을 타깃으로 삼아 대원으로 끌어들이려 하고 있다. 이것이 미디어가 전쟁터의 역할을 하는 또 다른 예다.

더 나아가 미디어 전략을 수립할 때 이슬람국가들에서 광범위하게 자리 잡은 정부에 대한 불만이 고려되어야 한다. 이집트 등과 같은 국가에서 대대적인 자유화 혹은 개혁이 진행되지 않을 경우, 정부에 동조하는 것처럼 보이는 사람들은 대중으로부터 절대 신뢰를 얻지 못할 것이다. 따라서 정책 입안자들은 민주화 노력을 증대시키는 알-자지라 효과의 긍정적인 측면을 적극적으로 활용할 수 있는 준비가 되어 있어야 한다.

앞서 언급했듯이, 미국 정부는 아랍 위성채널이 반미 정서를 불러일으킬 것을 우려하여, 아랍어로 방송되는 알-후르라(Al-Hurra) TV와 라디오 채널인 사와(Sawa)를 설립하는데 대규모 자본을 투입했다. 음악을 위주로 편성하면서 간간히 뉴스도 방송하는 것을 통해 이 두 채널이 아랍인들에게 친근하게 다가가기를 미국은 기대했었다. 그러나 미국의 이러한 노력에 대해 동조하는 사람들보다는 비판하는 사람들이 더 많았다. 미국의 소리(Voice of America)의 전 국장 라일리(Robert Reilly)는 사와의 접근 방식은 '관념의 전쟁'을 음악 밴드들의 전투로 바꿔놓았다고 비판했다. 그는 또 다음과 같이 덧붙였다. "우리는 10대들에게 팝 음악을 듣게 함으로써 윤리를 가르치지 않는다. 그런데 왜 우리는 아랍인들과 이란인들이 이런 방식으로 미국과 민주주의에 대해 배우길 기대하는가? 우리가 가장 영향을 주고 싶어 하는 사람들은 이러한 음악 위주로 편성된 방송에 내재된 우리의 자만심을 간과하지 않는다."13)

베테랑 외교관인 루흐(William Rugh)도 사와와 알-후르라에 비판적이다. 사실상 '미국의 소리' 아랍어 방송을 대체하고 있는 사와가 미국의 소리를 청취해왔던 아랍의 정책 입안자들과 지식인들의 관심을 무시했다고 꼬집었다. 그는 또 알-후르라가 알-자지라와 같은 방송들의 적수가 되지 못한다고 덧붙였다. 왜냐하면 알-후르라는 아랍의 시청자들의 눈에 "아랍의 독재 권력들에 의해 통제되어 정부의 선전 도구로 이용되어 왔던 전통적 TV 프로그램을 제공하고 있기 때문"이라고 그는 설명했다. 알-후르라 TV의 잘못된 접근 방식의 대표적인 사례 중 하나는 아부 그라이브 수용소의 수감자 학대 스캔들을 다룬 프로그램이었다. 루흐는 "알-후르라가 친미 성향의 평론가들을 출연시킨 반면, 알-자지라는 클라크(Richard Clarke) 등 미국 정부에 비판적인 의원들이 정부의 실패를 따졌던 미국 상원 청문회를 방송했다"며 "둘 중에 후자가 공공외교에 훨씬 더 효과적"이었다고 강조했다."14)

라디오와 TV는 미국의 공공외교 예산의 상당 부분을 차지하고 있다. 그러나 그 외에 다른 노력도 기울여지고 있다. 뒤늦게나마 미 정부 당국자들은 온라인을 통한 대화와 토론 등에 적극적으로 참여하고 있다. 부시 행정부의 공공외교 담당인 휴즈(Karen Hughes) 미 국무부 차관은 9/11 이후 급감했던 문화와 교육의 교류를 부활시켰다. 휴즈는 미국 외교관들이 단지 그들이 근무하고 있는 국가의 정부뿐만 아니라 대중들에게 도움을 줄 수 있다는 사실에 고무되었다고 말했다. 의료와 교육 부문에 대한 지원의 중요성이 강조되었고 좀 더 논란의 여지가 있는 몇몇 사안들보다 우선시되었다.15) 미국의 이러한 노력은 점차 눈에 띄기 시작했다. 그러나 전반적인 공공외교 프로그램은 그 중요성에 부응할만한 성과를 아직 내지 못하고 있다.

전에 없이 매체들이 난립하는 소통의 우주에서, 최상으로 다듬어진 공공외교 메시지조차 쉽게 그 효력을 잃을 수 있다. 국제 위성채널, 테러리스트 웹사이트, 개인 블로그를 막론하고 모든 뉴미디어의 사용자들이 이러한 뉴미디어의 현실에 직면하고 있다. 그러나 소통의 우주에도 일종의 질서가 생겨날 것이다. 시간이 흐름에 따라 정보 소비자들은 스스로 생각하기에 가장 흥미롭고, 진솔하고, 유용한 매체에 매력을 느낄 것이다. 아무리 방문자가 적다고 하더라도 누구나 자신의 블로그, 웹사이트 등에 자신이 하고 싶은 말을 남길 수 있을 것이다. 자유와 스스로 만든 규율은 공존할 수 있어야 한다.

○ ⚘ ○

알-자지라 효과가 민주주의의 발전을 도울 수 있을까? 또 그럼으로써 문명의 충돌의 가능성을 감소시킬 수 있을까? 이에 대한 확실한 대답은 '아마도' 일 것이다. 테러리스트이건 혹은 부도덕한 정치 지도자들이건 문명의 충돌을 고대하는 사람들은 뉴미디어를 이용하여 전보다 더 많은 대중들에게 접근해 이들을 자극할 수 있을지도 모른다. 그러나 한편으로 이들은 전보다 더 많은 반대에 직면하게 될 것이다. 이런 희망에 찬 기대는 순진한 생각이 될 수도 있다. 그러나 알-자지라 효과를 조사해본 결과, 누군가는 이 경쟁에서 온건한 상식이 오직 커다란 불행만을 담보하는 사안들보다는 우세하다고 생각할 것이다.

이러한 현상은 단지 정치적 긴장과 갈등의 공간에만 해당하는 것은 아니다. 전 세계적으로 중국, 인도, 브라질 같은 국가들이 첨단기술을 바탕으로 지속적 성장을 거두면서, 이들 국가의 정치와 국민의 복지는 의심의 여지없이 뉴미디어의 보급에 영향을 받을 것이다. 필자는 적어도 지금으로서는 알-자지라 효과가 가져올 수 있는 혜택에 대해 낙관적이다.

이 책의 서두에 언급했듯이, '미디어'는 더 이상 예전의 미디어가 아니다. 미디어는 체계인 동시에 스스로 움직이는 행위자다. 또, 여러 모로 세계정세를 변화시킨다. 물론 미디어 외에도 다른 많은 요소들이 세계정치의 미래를 구체화 할 것이다. 하지만 알-자지라 효과를 이해하고 또 그 전개방향에 관심을 가진다면, 미래에 대해 우려하는 사람 누구나 우리 주변에서 발생하는 변화들을 쉽게 이해할 수 있을 것이다.

주석

제1장: 문명의 충돌을 넘어

1. George Packer, "When Here Sees There," *New York Times*, April 21, 2002.
2. Thomas L. Friedman, *Longitudes and Attitudes: The World in the Age of Terrorism* (New York: Anchor Books, 2003), 390.
3. National Commission on Terrorist Attacks Upon the United States, *The 9/11 Commission Report: Final Report of the National Commission on Terrorist Attacks Upon the United States* (New York: Norton, 2004), 340.
4. Middle East Media Research Institute, *Now Online: Swear Loyalty to al Qaeda Leaders*, Special Dispatch Series, no. 1027, November 18, 2005, www.memri.org/bin/articles.cgi?Page=archives&Area=sd&ID=SP102705.
5. Nicholas Watt and Leo Cendrowicz, "Brussels Calls for Media Code to Avoid Aiding Terrorists," *Guardian*, September 21, 2005.
6. Anthony Shadid and Kevin Sullivan, "Anatomy of the Cartoon Protest Movement," *Washington Post*, February 16, 2006.
7. David Ignatius, "From 'Connectedness' to Conflict," *Washington Post*, February 22, 2006.
8. Bernard Lewis, *What Went Wrong? Western Impact and Middle Eastern Response* (New York: Oxford University Press, 2002), 3.
9. Friedman, *Longitudes and Attitudes*, 165.
10. Yasmine el-Rashidi, "D'oh! Arabized Simpsons Aren't Getting Many Laughs," *Wall Street Journal*, October 14, 2005.
11. Thomas L. Friedman, *The Lexus and the Olive Tree* (New York: Farrar, Straus, Giroux, 1999), 7; Friedman, *Longitudes and Attitudes*, 3–4.
12. Jean Chalaby, "From Internationalization to Transnationalization," *Global Media and Communication* 1, no. 1 (2005), 30.

13. Jon B. Alterman, "The Information Revolution and the Middle East," in *The Future Security Environment in the Middle East: Conflict, Stability, and Political Change*, eds. Nora Bensahel and Daniel L. Byman (Santa Monica, CA: RAND, 2003), 243.
14. Marc Lynch, *Voices of the New Arab Public: Iraq, Al-Jazeera, and Middle East Politics Today* (New York: Columbia University Press, 2006), 2.
15. Gilles Kepel, *The War for Muslim Minds: Islam and the West* (Cambridge, MA: Harvard University Press, 2004), 7–8.
16. John R. Bradley, *Saudi Arabia Exposed: Inside a Kingdom in Crisis* (New York: Palgrave Macmillan, 2005), 91.
17. Yossi Alpher, "Strategic Interest: Downloading Democracy (with Some U.S. Help)," *Daily Star*, October 4, 2005; "Palestinian-Israeli Crossfire," Bitterlemons.org, www.bitterlemons.org/about/about.html.
18. Pew Research Center, *Islamic Extremism: Common Concern for Muslim and Western Publics*, Pew Global Attitudes Project, July 14, 2005, http://pewglobal.org/reports/display.php?ReportID=248.
19. Jim Yardley, "A Spectator's Role for China's Muslims," *New York Times*, February 19, 2006.
20. Olivier Roy, *Globalized Islam: The Search for a New Ummah* (New York: Columbia University Press, 2004), 25, 123.
21. Diana Mukkaled, "The World Is Closely Watching," *Asharq Alawsat*, August 30, 2005.
22. Habib Battah, "Watching American TV in Beirut," aljazeera.net, July 14, 2006.
23. Roy, *Globalized Islam*, 102.
24. Pew Research Center, *The Great Divide: How Westerners and Muslims View Each Other*, Pew Global Attitudes Project, June 22, 2006, http://pewglobal.org/reports/display.php?ReportID=253.
25. Kepel, *War for Muslim Minds*, 20.
26. Lynch, *Voices of the New Arab Public*, 194.
27. Faiza Saleh Ambah, "Arab World Riveted by Coverage of the 'Sixth War,'" *Washington Post*, August 14, 2006.
28. Doreen Carvajal, "Big Fish Dive into Arab News Stream," *International Herald Tribune*, June 19, 2006.
29. Middle East Media Research Institute, "*Ya Mohammed*" *Website Hosted in U.S.: A Part of Internet Jihad*, Special Dispatch, no. 1131, March 31, 2006, www.memri.org/bin/articles.cgi?Page=archive&Area=sd&ID=SP113106; Meris Lutz, "A Cyber-platform for Arab Culture," Daily Star, April 6, 2006.

30. Mark Allen, *Arabs* (London: Continuum, 2006), 42.

제2장: 위성채널의 급증

1. Fahmy Howeidy, "Setting the News Agenda in the Arab World," in *The Al Jazeera Decade* (Doha: Al Jazeera Channel, 2006), 129.
2. Arab Advisors Group, "48 Percent of Households in Cairo Use the Internet and 46 Percent Have Satellite TV," news release, January 24, 2005.
3. Samuel Abt, "For Al Jazeera, Balanced Coverage Frequently Leaves No Side Happy," *New York Times*, February 16, 2004.
4. Laura M. James, "Whose Voice? Nasser, the Arabs, and 'Sawt al-Arab' Radio," *Transnational Broadcasting Studies Journal*, no. 16 (Spring 2006), www.tbsjournal.com/James.html.
5. Lynch, *Voices of the New Arab Public*, 36.
6. Faisal Al Kasim, "*The Opposite Direction:* A Program Which Changed the Face of Arab Television," in The *Al Jazeera Phenomenon: Critical Perspectives on New Arab Media*, ed. Mohamed Zayani (Boulder, CO: Paradigm, 2005), 103.
7. Friedman, *Latitudes and Attitudes*, 135, 155.
8. Naomi Sakr, *Satellite Realms: Transnational Television, Globalization, and the Middle East* (London: I. B. Tauris, 2001), 13.
9. U.S. Institute of Peace, *Arab Media: Tools of the Governments; Tools for the People?* Virtual Diplomacy Series, no. 18, July 2005, 5.
10. Stanley Foundation, *Open Media and Transitioning Societies in the Arab Middle East: Implications for U.S. Security Policy*, report in association with the Institute for Near East and Gulf Military Analysis (Muscatine, IA: Stanley Foundation, 2006), 13.
11. "About MBC Group," MBC, www.mbc.net.
12. Samantha M. Shapiro, "The War Inside the Arab Newsroom," *New York Times Magazine*, January 2, 2005.
13. Ibid.
14. Anthony Shadid, "A Newsman Breaks the Mold in Arab World," *Washington Post*, May 1, 2006; Shapiro, "War Inside the Arab Newsroom."
15. John Kifner, "Massacre Draws Self-Criticism in Muslim Press," *New York Times*, September 9, 2004.
16. Shapiro, "War Inside the Arab Newsroom."
17. Shadid, "Newsman Breaks the Mold in the Arab World."
18. Stanley Foundation, *Open Media and Transitioning Societies*, 15.
19. LBC Group, www.lbcgroup.tv/LBC/En.

20. Raed el Rafei, "Lebanese TV Has a Politically Split Personality," *Los Angeles Times*, December 8, 2006.
21. Sebastian Rotella, "French Ban on Arab TV Station Raises Questions," *Los Angeles Times*, January 10, 2005.
22. Vivian Salama, "Hamas TV: Palestinian Media in Transition," *Transnational Broadcasting Studies Journal*, no. 16 (Spring 2006), www.tbsjournal.com/Salama.html.
23. Craig S. Smith, "Warm and Fuzzy TV, Brought to You by Hamas," *New York Times*, January 18, 2006.
24. Middle East Media Research Institute, *Hamas Al-Aqsa TV: A Mickey Mouse Character Teaches Children About the Islamic Rule of the World And to "Annihilate the Jews,"* Special Dispatch Series, no. 1577, May 9, 2007; *On Hamas Al-Aqsa TV, Nahoul the Bee Replaces Farfour the Mickey-Mouse Character, Vows to Continue Farfour's Path of Martyrdom, Jihad*, Special Dispatch Series, no. 1657, July 15, 2007; and *Hamas Bee Nahoul Abuses Cats, Lions at Gaza Zoo, Calls for Liberation of Al-Aqsa Mosque*, Special Dispatch Series, no. 1683, August 17, 2007. All available at www.memri.org/sd.html.
25. Javid Hassan and Naif Al-Shehri, "Al Resalah Launched," *Arab News*, March 7, 2006.
26. Al-Resalah Satellite TV Channel, www.alresalah.net; Middle East Media Research Institute, *Islamic Cleric on Saudi Prince Al-Waleed Bin Talal's New TV Channel*, Special Dispatch Series, no. 1118, March 18, 2006, www.memri.org/bin/articles.cgi?Page=archives&Area=sd&ID=SP111806.
27. Paul Cochrane, "Is Al-Hurra Doomed?" worldpress.org, June 11, 2004, www.worldpress.org/Mideast/1872.cfm.
28. Neil MacFarquhar, "Washington's Arabic TV Effort Gets Mixed Reviews," *New York Times*, February 20, 2004.
29. Cochrane, "Is Al-Hurra Doomed?"
30. Javid Hassan, "Top Judge Blasts Al-Hurra TV's Ideological War," *Arab News*, March 9, 2004.
31. Barbara Slavin, "VOA Changes Prompt Staffer Protests," *USA Today*, July 12, 2004.
32. Arab Advisors Group, "Al-Jazeera Viewers," news release, September 5, 2004.
33. Dana Zureikat Daoud, "Al-Hurra: An Insider's View," *Adham Center News*, Fall 2004, www.adhamonline.com/News/News.htm.
34. Shibley Telhami testimony, in Senate Foreign Relations Committee, T*he Broadcasting Board of Governors: Finding the Right Media for the*

Message in the Middle East: Hearing before the Committee on Foreign Relations, 108th Cong., 2nd sess., April 29, 2004, http://foreign.senate.gov/testimony/2004/TelhamiTestimony040429.pdf.

35. Anne Marie Baylouny, "Alhurra, the Free One: Assessing U.S. Satellite Television in the Middle East," *Strategic Insights* 4, no. 11 (November 2005), www.ccc.nps.navy.mil/si/2005/Nov/baylounyNov05.asp. See also, Philip Seib, "The Ethics of Public Diplomacy," in Ethics in Public Relations: Responsible Advocacy, eds. Kathy Fitzpatrick and Carolyn Bronstein (Thousand Oaks, CA: Sage, 2006), 155–170.
36. "BBC World Service 2010: Arabic Television," BBC World Service.com, October 25, 2005; Matthew Magee, "BBC Trims European Output to Take on Al Jazeera," *Sunday Herald* (Glasgow), October 23, 2005.
37. "Bush House of Arabia," *Economist*, October 29, 2005, 57; Heba el-Qudsy, "Q and A with BBC Arabic's Salah Najm," Asharq Alawsat, October 7, 2006.
38. Juan Forero, "And Now, the News in Latin America's View," *New York Times*, May 16, 2005; "Telesur: A Counter-hegemonic Project to Compete with CNN and Univision," La Jornada (Mexico), February 27, 2005.
39. Humberto Marquez, "Telesur, a Latin American TV Network, Is on the Air," Global Information Network, May 25, 2005; Reed Johnson, "World News from a New Point of View," *Los Angeles Times*, June 19, 2005.
40. Theresa Bradley, "Telesur Buys Caracas TV Channel, Expanding Chavez Media Reach," Bloomberg.com, December 14, 2006; Marquez, "Telesur."
41. "Telesur: A Counter-hegemonic Project."
42. Aram Aharonian, "Todo lo que usted quiere saber de Telesur (Everything You Want to Know About Telesur)," www.rebelion.org, July 13, 2005, translated by BBC Monitoring Media, July 20, 2005.
43. Forero, "And Now the News in Latin America's View"; Marquez, "Telesur"; Bradley, "Telesur Buys Caracas TV Channel."
44. Doreen Carvajal, "All-News Television Spreading Its Wings," *International Herald Tribune*, January 8, 2006.
45. About France 24, www.france24.com/en/about-france-24.
46. "Everybody Wants One Now," *Economist*, November 30, 2006; John Ward Anderson, "All News All the Time, and Now in French," Washington Post, December 7, 2006.
47. Caroline Wyatt, "World News to Get a French Flavor," *BBC News*, December 6, 2006.
48. Anderson, "All News All the Time."
49. "Russia's TV Broadcasting Not Limited by Language," Novosti, June 27,

2005.
50. "Journalism Mixes With Spin on Russia Today: Critics," Canadian Broadcasting Corporation, March 10, 2006; Kim Murphy, "Russia Will Air Its View of the World," *Los Angeles Times*, June 8, 2005.
51. Murphy, "Russia Will Air Its View of the World."
52. Carvajal, "All-News Television Spreading Its Wings."
53. "News of the World," Economist, November 1, 2006.
54. Carvajal, "All News Television Spreading Its Wings."
55. "Background: DW-TV Focus on News and Information," Deutsche Welle, www.dw-world.de/dw/article/0,2144,823127,00.html.
56. "About CNN-IBN," IBN Live, www.ibnlive.com/aboutus.html.
57. Jessica Bennett, "G. Scott Paterson: The CEO Is Aiming JumpTV at Immigrants Who Want to Watch Ethnic Programming," *Newsweek International,* January 1, 2007; Steve Gorman, "Webcast Network JumpTV to Launch Iraqi Service," Reuters, January 24, 2006.
58. Bridges TV, www.bridgestv.com.
59. Siraj Wahab, "Muslims Need to Be Media Savvy," *Arab News*, September 14, 2006.
60. Kingdom Holding Company, www.kingdom.com.sa.

제3장: 인터넷의 범람

1. Elham Ghashghai and Rosalind Lewis, *Issues Affecting Internet Use in Afghanistan and Developing Countries in the Middle East*, RAND Issue Paper, 2002, 3.
2. James Steinberg, "Information Technology and Development: Beyond 'Either/Or,'" *Brookings Review*, Spring 2003, 46.
3. Steinberg, "Information Technology and Development"; "Behind the Digital Divide," *Economist*, March 12, 2005, 22.
4. "Behind the Digital Divide," 22, 25.
5. Ibid., 25; Ghashghai and Lewis, *Issues Affecting Internet* Use, 3.
6. Catherine Yang, "Wireless Heads for the Hills," *Business Week*, November 28, 2005, 13; Ghashghai and Lewis, Issues Affecting Internet Use, 3; "Intel Reveals Wimax Wireless Chip," BBC News, April 18, 2005, http://news.bbc.co.uk/2/hi/technology/4455727.stm.
7. Jeffrey R. Young, "MIT Researchers Unveil a $100 Laptop Designed to Benefit Children Worldwide," *Chronicle of Higher Education*, November 25, 2005, A 41; One Laptop per Child, www.laptop.org.
8. Sharon LaFraniere, "Crowds of Pupils but Little Else in African Schools,"

New York Times, December 30, 2006.
9. Young, "MIT Researchers Unveil," A 42.
10. Ghashghai and Lewis, *Issues Affecting Internet Use*, 4.
11. Victoria Shannon, "What Laptop per Child?" *International Herald Tribune*, November 19-20, 2005.
12. Kevin Sullivan, "Internet Extends Reach of Bangladeshi Villagers," *Washington Post*, November 22, 2006.
13. Jonathan Curiel, "Arab Media Present Varied Viewpoints on Prisoner Abuse," *San Francisco Chronicle*, May 9, 2004.
14. Hendrik Hertzberg, "Big News Week," *The New Yorker*, May 30, 2005; Evan Thomas, "How a Fire Broke Out," *Newsweek*, May 23, 2005, 32.
15. Michael Getler, "Yet Another Wake-Up Call," *Washington Post*, May 22, 2005.
16. Hertzberg, "Big News Week."
17. "Yesterday's Papers," *Economist*, April 23, 2005, 59.
18. "War Beyond the Box," Center for Social Media, www.centerforsocialmedia.org/warbeyondbox.
19. Olesya Dmitracova, "Russians Do in Blogs What Few Can Do in Media: Argue," washingtonpost.com, December 18, 2006, www.washingtonpost.com/wp-dyn/content/article/2006/12/18/ AR2006121800087.html.
20. Garry Kasparov, "Putin's Critics: A Web Strategy," *Business Week*, June 4, 2007, 112; The Other Russia, theotherrussia.org; Russian Live Journal, community.livejournal.com/daily_russian.
21. David Mattin, "We Are Changing the Nature of News," *Guardian*, August 15, 2005.
22. Mattin, "We Are Changing"; iTalkNews, www.italknews.com.
23. "The Whole World Is Reading," journalism.org, December 13, 2006, http://journalism.org/node/3276; *Global Voices*, www.globalvoicesonline.org.
24. "We Had 50 Images Within an Hour," *Guardian*, July 11, 2005.
25. "Execution Footage a Dilemma for TV News," *Television Week*, January 8, 2007.
26. Michael Coren, "Internet Aids Tsunami Recovery," CNN.com, January 5, 2005, www.cnn.com/2005/TECH/01/05/tech.tsunami/index.html; Stephanie Strom, "Storm and Crisis: Donations," *New York Times*, September 13, 2005.
27. Live 8, www.live8live.com; "Over 26 Million Text Messages Sent Backing Live 8," *New York Times*, July 4, 2005.
28. Thomas Crampton, "French Police Fear That Blogs Have Helped Incite Rioting," *New York Times*, November 10, 2005; Molly Moore and Daniel

Williams, "France's Youth Battles Also Waged on the Web," *Washington Post*, November 10, 2005, "French Youths Turn to Web, Cell Phones to Plan Riots," *New York Times*, November 9, 2005.
29. Emily Wax, "African Rebels Take Their Battles Online," *Washington Post*, January 14, 2006.
30. Robert W. Hefner, "Civic Pluralism Denied? The New Media and Jihadi Violence in Indonesia," in *New Media in the Muslim World: The Emerging Public Sphere*, eds. Dale F. Eickelman and Jon W. Anderson, 2nd ed. (Bloomington: Indiana University Press, 2003), 161, 171.
31. Faisal Devji, *Landscapes of the Jihad: Militancy, Morality, Modernity* (Ithaca, NY: Cornell University Press, 2005), 96.
32. Friedman, *Longitudes and Attitudes*, 169.
33. "Dial M for Mujahideen," *Economist*, May 20, 2006, 45.
34. Habib Battah, "SMS: The Next TV Revolution," *Transnational Broadcasting Studies Journal*, no. 16 (Spring 2006), www.tbsjournal.com/Battah.html.
35. Moises Naim, "The YouTube Effect," *Foreign Policy*, January-February 2007, 103-104.

제4장: 가상국가의 부상

1. Benedict Anderson, *Imagined Communities: Reflections on the Origin and Spread of Nationalism* (London: Verso, 1991), 6, 7.
2. Merlyna Lim, *Islamic Radicalism and Anti-Americanism in Indonesia: The Role of the Internet* (Washington, DC: East-West Center, 2005), viii.
3. Andrew Cockburn, "Iraq's Resilient Minority," *Smithsonian*, December 2005, 44.
4. Christopher Catherwood, *Winston's Folly: Imperialism and the Creation of Modern Iraq* (London: Constable, 2004), 113, 180.
5. Christiane Bird, *A Thousand Sighs, a Thousand Revolts: Journeys in Kurdistan* (New York: Random House, 2005), 143.
6. Cockburn, "Iraq's Resilient Minority," 54.
7. William Merrifield, "MED-TV: Kurdish Satellite Television and the Changing Relationship Between the State and the Media," *Transnational Broadcasting Studies Journal*, no. 14 (Spring 2005), www.tbsjournal.com/Archives/Spring05/merrifield.html.
8. Sakr, *Satellite Realms*, 62; M. Hakan Yavuz, "Media Identities for Alevis and Kurds in Turkey," in New Media in the Muslim World, 193.
9. Merrifield, "MED-TV."

10. "Medya TV CEO Denies Links with PKK," www.clandestineradio.com, February 25, 2004, www.clandestineradio.com/crw/news.php?id=&stn=684&news=345.
11. Yigal Schleifer, "Denmark Again? Now It's Under Fire for Hosting Kurdish TV Station," *Christian Science Monitor*, April 21, 2006.
12. "About KWR," KurdistanWeb.org, http://kurdistanweb.org/kw/about-kw.html.
13. Kurdish Media, www.kurdmedia.com/.
14. Roy, *Globalized Islam*, ix, 18, 146.
15. Anthony Shadid, *Legacy of the Prophet: Despots, Democrats, and the New Politics of Islam* (Boulder, CO: Westview Press, 2002), 252, 253, 266.
16. Devji, *Landscapes of the Jihad*, 22, 72, 74.
17. Friedman, *Longitudes and Attitudes*, 137.
18. Lawrence Pintak, *Reflections in a Bloodshot Lens: America, Islam and the War of Ideas* (London: Pluto Press, 2006), 244, 241.
19. Devji, *Landscapes of the Jihad*, 28.
20. Quintan Wiktorowicz, "The Salafi Movement: Violence and Fragmentation of Community," in *Muslim Networks from Hajj to Hip Hop*, eds. miriam cooke and Bruce B. Lawrence (Chapel Hill: University of North Carolina Press, 2005), 220.
21. Sakr, *Satellite Realms*, 34.
22. Anthony Bubalo and Greg Fealy, *Between the Global and the Local: Islamism, the Middle East, and Indonesia*, Brookings Institution, U.S. Policy Toward the Islamic World, Analysis Paper, no. 9, October 2005.
23. Karim Raslan, "The Islam Gap," *New York Times*, February 15, 2006.
24. Eickelman and Anderson, *New Media in the Muslim World*, 1.
25. Pew Research Center, *Islamic Extremism: Common Concern for Muslim and Western Publics*, Global Attitudes Project, July 14, 2005, http://pewglobal.org/reports/display.php?ReportID=248.
26. Reza Aslan, *No God but God: The Origins, Evolution, and Future of Islam* (New York: Random House, 2006), 237.
27. David Martin Jones and M. L. R. Smith, "Greetings From the Cyber-caliphate: Some Notes on Homeland Insecurity," *International Affairs* 81, no. 5 (October 2005): 941.
28. Roy, *Globalized Islam*, 19.
29. IslamOnline.net-About Us, www.islamonline.net/english/aboutus.
30. Roy, *Globalized Islam*, 112.
31. Jon W. Anderson, "The Internet and Islam's New Interpreters," in *New*

Media in the Muslim World, 45, 48.
32. Jakob Skovgaard-Petersen, "The Global Mufti," in *Globalization and the Muslim World: Culture, Religion, and Modernity*, eds. Birgit Schaebler and Leif Stenberg (Syracuse, NY: Syracuse University Press, 2004), 155-156.
33. Jon W. Anderson, "New Media, New Publics: Reconfiguring the Public Sphere of Islam," *Social Research* 70, no. 3 (Fall 2003): 898.
34. Kepel, *War for Muslim Minds*, 19.
35. Shadid, Legacy of the Prophet, 68; Marc Lynch, "Al Qaeda's Media Strategies," *National Interest*, March 1, 2006, www.nationalinterest.org/Article.aspx?id=11524.
36. Gary R. Bunt, *Islam in the Digital Age: e-Jihad, Online Fatwas, and Cyber Islamic Environments* (London: Pluto Press, 2003), 211.
37. IslamiCity-Islam & the Global Muslim eCommunity, www.islamicity.com.
38. Jon W. Anderson, "Wiring Up: The Internet Difference for Muslim Net works," in *Muslim Networks from Hajj to Hip Hop*, 255-256.
39. Peter Mandaville, "Communication and Diasporic Islam: A Virtual Ummah?" in *The Media of Diaspora*, ed. Karim H. Karim (London: Routledge, 2003), 135, 146.
40. Sam Cherribi, "From Baghdad to Paris: Al Jazeera and the Veil," *Harvard International Journal of Press/Politics* 11, no. 2 (Spring 2006): 122, 124, 128.
41. Hefner, "Civic Pluralism Denied?" 160.
42. Lim, *Islamic Radicalism and Anti-Americanism in Indonesia*, 44, 46.
43. Devji, *Landscapes of the Jihad*, 66.
44. Eickelman and Anderson, *New Media in the Muslim World*, 8.
45. Jocelyne Cesari, "Islam in the West: Modernity and Globalization Revisited," in *Globalization and the Muslim World*, 86.
46. Lim, *Islamic Radicalism and Anti-Americanism in Indonesia*, viii.
47. Carl W. Ernst, "Ideological and Technological Transformations of Contemporary Sufism," in *Muslim Networks from Hajj to Hip Hop*, 203.

제5장: 글로벌 커넥션, 글로벌 테러리즘

1. "Hizb ut-Tahrir al-Islami (Islamic Party of Liberation)," GlobalSecurity.org, www.globalsecurity.org/military/world/para/ hizb-ut-tahrir.htm.
2. Zeyno Baran, "Fighting the War of Ideas," *Foreign Affairs*, November-

December 2005, 72–73.
3. Roy, *Globalized Islam*, 238, 270.
4. Hizb ut Tahrir, www.hizb-ut-tahrir.org.
5. James Brandon, "Hizb ut-Tahrir's Growing Appeal in the Arab World," *Jamestown Foundation Terrorism Monitor* 4, no. 24 (December 14, 2006).
6. Madeleine Gruen, "Hizb ut-Tahrir's Activities in the United States," *Jamestown Foundation Terrorism Monitor* 5, no. 16 (August 16, 2007).
7. Abdel Bari Atwan, *The Secret History of al Qaeda* (Berkeley: University of California Press, 2006), 222.
8. National Commission on Terrorist Attacks, *9/11 Commission Report*, 362–363.
9. Devji, *Landscapes of the Jihad*, 137.
10. Jason Burke, *Al Qaeda: Casting a Shadow of Terror* (London: I. B. Tauris, 2003), 12.
11. Michael Scheuer, "Al Qaeda Doctrine for International Political Warfare," *Jamestown Foundation Terrorism Focus* 3, no. 42 (October 31, 2006).
12. National Commission on Terrorist Attacks, *9/11 Commission Report*, 145.
13. Michele Zanini and Sean J. A. Edwards, "The Networking of Terror in the Information Age," in *Networks and Netwars: The Future of Terror, Crime, and Militancy*, eds. John Arquila and David Ronfeldt (Santa Monica, CA: RAND, 2001), 34.
14. Gabriel Weimann, *Terror on the Internet: The New Arena, the New Challenges* (Washington, DC: U.S. Institute of Peace Press, 2006), 115–116.
15. Craig Whitlock, "The New al Qaeda Central," *Washington Post*, September 9, 2007.
16. Lawrence Wright, "The Terror Web," *The New Yorker*, August 2, 2004, 44.
17. See Ron Suskind, *The One Percent Doctrine* (New York: Simon & Schuster, 2006).
18. Michael Scheuer, *Imperial Hubris: Why the West Is Losing the War on Terror* (Washington, DC: Brassey's, Inc., 2004), 81.
19. Weimann, *Terror on the Internet*, 66.
20. Atwan, *Secret History of al Qaeda*, 122.
21. Weimann, *Terror on the Internet*, 65, 67; Robert Spencer, "Al Qaeda Internet Magazine Sawt al-Jihad Calls to Intensify Fighting During Ramadan," Jihad Watch, October 23, 2004, www.jihadwatch.org/archives/003647.php.
22. Weimann, *Terror on the Internet*, 44.

23. Steve Coll and Susan B. Glasser, "Terrorists Move Operations to Cyberspace," *Washington Post*, August 7, 2005.
24. Scheuer, *Imperial Hubris*, 79, 81.
25. Nadya Labi, "Jihad 2.0," A*tlantic Monthly*, July–August 2006, 103.
26. Middle East Research Media Institute, *American al Qaeda Operative Adam Gadahn, al Qaeda Deputy al-Zawahiri, and London Bomber Shehzad Tanweer in New al Sahab/al Qaeda Film Marking the First Anniversary of the 7/7 London Bombings*, Special Dispatch Series, no. 1201, July 11, 2006, www.memri.org/bin/articles.cgi?Page=archives&Area=sd&ID=SP120106; Jessica Stern, "Al Qaeda, American Style," New York Times, July 15, 2006.
27. Michael Scheuer, "Al Qaeda's Media Doctrine: Evolution from Cheerleader to Opinion-Shaper," *Jamestown Foundation Terrorism Focus* 4, no. 15, May 22, 2007.
28. Dan Murphy and Jill Carroll, "Al Qaeda Ramps Up Its Propaganda," *Christian Science Monitor*, July 16, 2007; Bruce Riedel, "Al Qaeda Strikes Back," Foreign Affairs 86, no. 3 (May–June 2007): 30.
29. "As-Sahab: Al Qaeda's Nebulous Media Branch," *Stratfor Daily Terrorism Brief*, September 8, 2006, www.stratfor.com; Hassan M. Fattah, "Al Qaeda Increasingly Reliant on Media," *New York Times*, September 30, 2006.
30. Middle East Media Research Institute, *Islamist Websites Monitor No. 85*, Special Dispatch Series, no. 1543, April 13, 2007, www.memri.org/bin articles.cgi?Page=archives&Area=sd&ID=SP15410; Andrew Black, "Al Qaeda in the Islamic Maghreb's Burgeoning Media Apparatus," Jamestown Foundation Terrorism Focus 14, no. 14 (May 15, 2007).
31. Labi, "Jihad 2.0," 102.
32. Robert F. Worth, "Jihadists Take Stand on Web, and Some Say It's Defensive," *New York Times*, March 13, 2005.
33. Susan B. Glasser and Steve Coll, "The Web as Weapon," *Washington Post*, August 9, 2005.
34. Various examples available at the MEMRI TV Web site, www.memritv.org.
35. Paul Jenkins, "Redefining Terror," *World Today*, August–September 2006, 8.
36. Worth, "Jihadists Take Stand on Web."
37. Marc Santora and Damien Cave, "Banned Station Beams Voice of Iraq Insurgency," *New York Times*, January 21, 2007.
38. Paul Richter, "U.S., Saudis at Odds Over TV Station," *Los Angeles Times*, May 31, 2007.

39. Kepel, *War for Muslim Minds*, 114.
40. Devji, *Landscapes of the Jihad*, 99, 162.
41. Evan F. Kohlmann, "The Real Online Terrorist Threat," *Foreign Affairs* 85, no. 5 (September-October 2006), 117; Middle East Media Research Institute, Islamist Websites Monitor # 82-85, Special Dispatch Series, no. 1543, April 13, 2007, www.memri.org/bin/articles.cgi?Page=archives&Area=sd&ID=SP154307.
42. "A World Wide Web of Terror," T*he Economist*, July 14, 2007, 28-29.
43. Middle East Media Research Institute, *Islamist Website Instructs Mujahideen in Using Popular U.S. Web Forums to Foster Anti-War Sentiment Among Americans*, Special Dispatch Series, no. 1508, March 20, 2007, www.memri.org/bin/articles.cgi?Page=archives&Area=sd&ID=SP150807; and How Islamist Internet Forums Are Used to Inform Mujahideen of News From Western Media, Special Dispatch Series, no. 1615, June 8, 2007, www.memri.org/bin/articles.cgi?Page=archives&Area=sd&ID= SP161507.

제6장: 민주주의를 위한 사이버 투쟁

1. Alterman, "Information Revolution and the Middle East," 245.
2. Shanthi Kalathil and Taylor C. Boas, *Open Networks, Closed Regimes: The Impact of the Internet on Authoritarian Rule* (Washington, DC: Carnegie Endowment for International Peace, 2003), 128, 136, 44.
3. Reporters Without Borders, *2006 Internet Annual Report*, www.rsf.org/IMG/pdf/report.pdf.
4. Shanthi Kalathil, "Dot Com for Dictators," *Foreign Policy*, March-April 2003, 44.
5. Singapore i-Government, www.igov.gov.sg/programmes/eGap_II; eCitizen: Your Gateway to All Government Services, www.ecitizen.gov.sg.
6. Kalathil, "Dot Com for Dictators," 48.
7. Cathy Hong, "New Political Tool: Text Messaging," *Christian Science Monitor*, June 30, 2005.
8. "The Party, the People, and the Power of Cyber-talk," *The Economist*, April 29, 2006, 28; Edward Cody, "Despite a Ban, Chinese Youth Navigate to Internet Cafes," Washington Post, February 9, 2007; China Internet Network Information Center, www.cnnic.net.cn.
9. Bruce Einhorn, "The Net's Second Superpower," *Business Week*, March 15, 2005, 54-55.
10. "The Party, the People," 27; RAND, "RAND Report Says Internet Unlikely to Spark Major Political Change in China in Near Future," news

release, August 26, 2002, www.rand.org/news/press.02/dissent.html.
11. Mark Magnier, "China Clamps Down on Web News Discussion," *Los Angeles Times*, February 26, 2004.
12. Howard W. French, "As Chinese Students Go Online, Little Sister Is Watching," *New York Times*, May 9, 2006.
13. Cody, "Despite a Ban."
14. Peter S. Goodman and Mike Musgrove, "China Blocks Web Search Engines," *Washington Post*, September 12, 2002; Bruce Einhorn and Ben Elgin, "The Great Firewall of China," Business Week, January 23, 2006, 34.
15. Fareed Zakaria, *The Future of Freedom: Illiberal Democracy at Home and Abroad* (New York: Norton, 2003), 85.
16. Anne Applebaum, "Let a Thousand Filters Bloom," *Washington Post*, July 20, 2005.
17. Kathy Chen and Geoffrey A. Fowler, "Microsoft Defends Censoring a Dissident's Blog in China," *Wall Street Journal*, January 6, 2006.
18. "The End of the Affair," *The Economist*, September 24, 2005, 80.
19. Tina Rosenberg, "Building the Great Firewall of China, With Foreign Help," *New York Times*, September 18, 2005.
20. John Pomfret, "Outbreak Gave China's Hu an Opening," *Washington Post*, May 13, 2003.
21. Ibid.
22. Magnier, "China Clamps Down on Web News Discussion"; Tim Luard, "China Clamps Down on Online Justice," *BBC News Online*, January 19, 2004, http://news.bbc.co.uk/2/hi/asia-pacific/3409995.stm.
23. Philip P. Pan, "Chinese Evade Censors to Discuss Police Assault," *Washington Post*, December 17, 2005; Howard W. French, "Beijing Casts Net of Silence Over Protest," New York Times, December 14, 2005; "In Memory of Miss Liu Hezhen," www.marxists.org/archive/lu-xun/1926/04/01.
24. Michael Singer, "Triangle Boy Unleashed," internetnews.com, March 8, 2001.
25. Ethan Gutmann, "Who Lost China's Internet?" *Weekly Standard*, February 25, 2002; Ben Elgin, "Outrunning China's Web Cops," Business Week, February 20, 2006, 38.
26. Chris Buckley, "Internet Muckraker Challenges China's Censors," *Washington Post*, February 17, 2006; Nicholas D. Kristof, "Death by a Thousand Blogs," New York Times, May 24, 2005.
27. "China Shuts Two Popular Blogs in Latest Crackdown," Reuters, March 8,

2006.
28. Einhorn and Elgin, "Great Firewall of China"; Chen and Fowler, "Microsoft Defends Censoring a Dissident's Blog in China."
29. Philip P. Pan, "Bloggers Who Pursue Change Confront Fear and Mistrust," *Washington Post*, February 21, 2006.
30. Kristof, "Death by a Thousand Blogs"; Nicholas D. Kristof, "In China, It's ******* vs. Netizens," *New York Times*, June 20, 2006.
31. "Google to Censor Results on New Chinese Search Site," *Washington Post*, January 25, 2006.
32. OpenNet Initiative, *China Tightens Controls on Internet News Content Through Additional Regulations*, Bulletin 012, July 5, 2006, www.open netinitiative.net/bulletins/012.
33. Philip P. Pan, "Leading Publication Shut Down in China," *Washington Post*, January 25, 2006; Jim Yardley, "Chinese Journal Closed by Censors Is to Reopen," New York Times, February 16, 2006; Minxin Pei, "Media Control Gets More Tricky," *Straits Times*, February 27, 2006.
34. Xu Wu, "A Chronicle of Chinese Cyber Nationalism" (paper presented at the International Studies Association annual convention, March 23, 2006), 1, 5; Jim Yardley, "A Hundred Cell Phones Bloom, and Chinese Take to the Streets," *New York Times*, April 25, 2005.
35. Zakaria, *Future of Freedom*, 85.
36. '미얀마'는 국가 법과 질서 회복위원회(State Law and Order Restoration Council)라는 단체가 1989년 정권을 무력으로 장악했을 때 새롭게 사용하기 시작한 국가 이름이다. 그러나 일부 단체, 정부, 미국 대통령을 포함한 정치인 등은 아직도 이 나라를 '버마'라고 부른다. 따라서 나도 이 책에서 '버마'라고 영어로 표현했다.
37. Lars Bevanger, "Burmese TV Broadcasts from Norway," *BBC News Online*, August 22, 2005, http://news.bbc.co.uk/2/hi/asia-pacific/4173748.stm.
38. Reporters Without Borders, *Burma Annual Report-2006*, www.rsf.org/article.php3?id_article=17346.
39. Howard W. French, "Online Newspaper Shakes Up Korean Politics," *New York Times*, March 6, 2003.
40. David Anable, "The Role of Georgia's Media — and Western Aid — in the Rose Revolution," *Harvard International Journal of Press/Politics* 11, no. 3 (Summer 2006): 7.
41. David Ignatius, "Reality Check for the Neo-Wilsonians," *Washington Post*, January 26, 2005.
42. Anable, "Role of Georgia's Media," 10.
43. Adrian Karatnycky, "Ukraine's Orange Revolution," *Foreign Affairs 84*,

no. 2 (March-April 2005): 43.
44. OpenNet Initiative, "Internet Filtering in Vietnam in 2005-2006: A Country Study," www.opennet.net/studies/vietnam.
45. Randeep Ramesh, "Bloggers' Fury as India Blocks Sites," *Guardian*, July 19, 2006.
46. Spencer Kelly, "Getting Connected in Rural India," BBC Click Online, October 21, 2005, http://news.bbc.co.uk/2/hi/programmes/click_online/4364168.stm.
47. Gopal Sharma, "Banned From the Air, Nepal News Radio Hits Streets," *Reuters*, June 21, 2005.
48. Kalathil and Boas, *Open Networks, Closed Regimes*, 73; Cherian George, Contentious Journalism and the Internet: Towards Democratic Discourse in Malaysia and Singapore (Singapore: Singapore University Press, 2006), 56, 76.
49. George, *Contentious Journalism and the Internet*, 2, 121.
50. Elaine Sciolino, "A New French Headache: When Is Hate on TV Illegal?" *New York Times*, December 9, 2004; Doreen Carvajal, "French Court Orders a Ban on Hezbollah-Run TV Channel," *New York Times*, December 14, 2004; "Europeans Ban Hezbollah-Run TV Channel," *New York Times*, March 18, 2005.
51. Jeremy R. Azrael and D. J. Peterson, *Russia and the Information Revolution*, RAND Issue Paper (Santa Monica, CA: RAND, 2002).
52. Mark Glaser, "Journalist Paints Bleak Picture for Media in Zimbabwe," *Media Shift*, PBS, September 6, 2006, www.pbs.org/mediashift/2006/09/digging_deeperjournalist_paint.
53. "Narrowing the Digital Divide," *Wired News*, November 12, 2005; "Can Technology Ease Africa's Woes?" *Reuters*, November 15, 2005.

제7장: 중동을 바꾸는 힘

1. Mohamed Zayani, "Introduction—Al Jazeera and the Vicissitudes of the New Arab Mediascape," in *The Al Jazeera Phenomenon: Critical Perspectives on New Arab Media*, ed. Mohamed Zayani (Boulder, CO: Paradigm Publishers, 2005), 33.
2. Robin Wright, "Al Jazeera Puts Focus on Reform," *Washington Post*, May 8, 2005.
3. Hugh Miles, *Al-Jazeera: The Inside Story of the Arab News Channel That Is Challenging the West* (New York: Grove: 2005), 327, 328.
4. Bernard Lewis, "Freedom and Justice in the Modern Middle East," *Foreign*

Affairs 84, no. 3 (May–June 2005): 46.
5. Marc Lynch, "Assessing the Democratizing Power of Satellite TV," *Transnational Broadcasting Studies Journal,* no. 14 (Spring 2005), www.tbsjournal.com/Archives/Spring05/lynch.html.
6. Mustafa el-Menshawy, "Little Matchbox, Lots of Spark," *Al-Ahram Weekly,* December 29, 2005.
7. Lynch, "Assessing the Democratizing Power of Satellite TV." 8. Mohamed Darwish, "Once Again Divided," *Al-Ahram Weekly,* October 16, 2003.
9. Lewis, "Freedom and Justice in the Modern Middle East," 47.
10. Zayani, "Introduction," 35.
11. Marc Lynch, "Watching Al Jazeera," *Wilson Quarterly,* Summer 2005, 44.
12. Miles, *Al-Jazeera,* 328.
13. UN Development Program, *Arab Human Development Report 2004: Towards Freedom in the Arab World* (New York: UN Publications, 2005), 22.
14. Kalathil and Boas, *Open Networks, Closed Regimes,* 150.
15. Charles A. Kupchan, *The End of the American Era: U.S. Foreign Policy and the Geopolitics of the Twenty-first Century* (New York: Knopf, 2002), 106.
16. David Ignatius, "Careful With Syria," *Washington Post,* November 18, 2005.
17. UN Development Program, *Arab Human Development Report 2003: Building a Knowledge Society* (New York: UN Publications, 2003), 63; Internet Usage World Stats: Internet and Population Statistics, www.internetworldstats.com.
18. Nicholas Watt and Leo Cendrowicz, "Brussels Calls for Media Code to Avoid Aiding Terrorists," *Guardian,* September 21, 2005.
19. Technorati: About Us, http://technorati.com/about.
20. Madeleine K. Albright and Vin Weber, *In Support of Arab Democracy: Why and How: Report of an Independent Task Force* (New York: Council on Foreign Relations, 2005), 30.
21. Neil MacFarquhar, "In Tiny Arab State, Web Takes on Ruling Elite," *New York Times,* January 15, 2006.
22. Hong, "New Political Tool: Text Messaging."
23. Steven Coll, "In the Gulf, Dissidence Goes Digital," *Washington Post,* March 29, 2005.
24. Zayani, "Introduction," 35.
25. Alterman, "Information Revolution and the Middle East," 243.

26. Lynch, "Assessing the Democratizing Power of Satellite TV."
27. Ramez Maluf, "Arab Media in a Shrinking World," *Stanley Foundation Courier*, no. 48 (Summer 2005), 14.
28. Magda Abu-Fadil, "Live from Martyrs' Square: Lebanon's 'Reality TV' Turns Coverage of Peaceful Protests Into Media Battle," *Transnational Broadcasting Studies Journal*, no. 14 (Spring 2005), www.tbsjournal.com/Archives/Spring05/abufadil.html.
29. Osama el-Ghazali Harb, "Fear of Freedom," *Al-Ahram Weekly*, April 14, 2005.
30. Naguib Mahfouz, "The Media's Long Road," *Al-Ahram Weekly*, December 23, 2004.
31. Tom Perry, "Egyptian State Media Ignore U.S. Calls for Reform," *Reuters*, June 22, 2005.
32. Dina Ezzat, "Now Showing," *Al-Ahram Weekly*, June 9, 2005; Daniel Williams, "Appalled at Beating of Protestors, Egypt's Opposition Leaps to Action," Washington Post, July 6, 2005; "Egypt Bloggers Spearhead Anti-Mubarak Dissent," *Agence France Presse*, August 29, 2005.
33. Mark Glaser, "Blogs, Wiki, Google Bomb Used to Free Egyptian Activist," *Media Shift*, PBS, May 23, 2006, www.pbs.org/mediashift/2006/05/digging_deeperblogs_wiki_googl_1.html.
34. Salama A. Salama, "Media Reform!" *Al-Ahram Weekly*, July 1, 2004.
35. Nasrin Alavi, *We Are Iran: The Persian Blogs* (Brooklyn, NY: Soft Skull Press, 2005), 219, 280.
36. Saeed Kamali Dehghan, "Iran's Big Brother for Bloggers," *Guardian*, June 7, 2007; Alavi, *We Are Iran*, 1, 2, 4; Nahid Siamdoust, "Iranian Blogger Returns From Exile for Vote," *Los Angeles Times*, June 23, 2005; "Iran Cracks Down on Bloggers," *Associated Press*, March 28, 2006.
37. "Iran Cracks Down on Bloggers," *Associated Press*, March 28, 2006.
38. Siamdoust, "Iranian Blogger Returns"; "Iran Cracks Down on Bloggers"; Amol Sharma, "Muckraking Mullahs," Foreign Policy May-June 2002, 99; Dehghan, "Iran's Big Brother for Bloggers."
39. Alavi, *We Are Iran*, 248-49, 319.
40. Ibid., 102; Siamdoust, "Iranian Blogger Returns."
41. Alavi, *We Are Iran*, 345.
42. Middle East Media Research Institute, *Interview With Editor in Chief of the Reformist Web Site Metransparent.com*, Special Dispatch Series, no. 1193, June 28, 2006, www.memri.org/bin/articles.cgi?Page=archives&Area=sd&ID=SP119306.
43. Marwan Kraidy, "Syria: Media Reform and Its Limitations," *Arab Reform*

Bulletin 4, no. 4 (May 2006): 3-4.
44. "Syria's Internet Serves as Platform for Dissent," Daily Star, March 15, 2006; Gal Beckerman, "The New Arab Conversation," *Columbia Journalism Review*, January-February 2007, 19.
45. James Palmer, "Baghdad Radio Lets Foes Talk Things Out," *Washington Times*, January 18, 2006; "Talk Radio Comes to Baghdad," *BBC News*, June 19, 2004, news.bbc.co.uk/2/hi/middle_east/3821307.stm.
46. Yochi J. Dreazen, "Women Find a Voice at Iraq Radio Station," *Wall Street Journal*, July 29, 2005.
47. Anne Alexander, "Iraqi Web Sites," *Global Media and Communication 1*, no. 2 (August 2005): 226.
48. Hassan M. Fattah, "Dubai Opens Door Wide to News Media, but Journalists Note a Catch," *New York Times*, September 11, 2005.
49. Adnan Malik, "Bahrainis Ask for Information Minister's Resignation Over Internet Censorship," Associated Press, May 4, 2002; MacFarquhar, "In Tiny Arab State, Web Takes on Ruling Elite."
50. "Local Content Filtering Policy," Internet Services Unit, www.isu.net.sa/saudi-internet/contenet-filtring/filtring-policy.htm.
51. Faiza Saleh Ambah, "New Clicks in the Arab World," *Washington Post*, November 12, 2006.
52. Andrew Hammond, "Outspoken Saudi Bloggers Wary of 'Official' Group," *Reuters*, May 3, 2006; David Crawford, "Battle for Ears and Minds: As Technology Gives New Voice to Dissent, a Saudi Vies to Be Heard," *Wall Street Journal*, February 4, 2004; Bradley, Saudi Arabia Exposed, 193-195.
53. UN, "Mass Media, Press Freedom and Publishing in the Arab World: Arab Intellectuals Speak Out," *news release*, October 20, 2003.
54. Youssef M. Ibrahim, "Will the Mideast Bloom?" *Washington Post*, March 13, 2005.
55. Hassan M. Fattah, "Challenging Saudi Arabia's Powerful, One Caller at a Time," *New York Times*, May 5, 2007.
56. Ramzy Baroud, "Citizen Journalism," *Al-Ahram Weekly*, July 20, 2006; "The Battle for Public Relations," The Economist, March 26, 2005, 48.
57. Al Manar, www.almanar.com.lb; Avi Jorisch, *Beacon of Hatred: Inside Hizballah's Al-Manar Television* (Washington, DC: Washington Institute for Near East Policy, 2004), ix.
58. Jay Solomon and Mariam Fam, "Air Battle: Lebanese News Network Draws Fire as Arm of Militant Group," *Wall Street Journal*, July 28, 2006.

59. Philip Seib, *The Global Journalist: News and Conscience in a World of Conflict* (Lanham, MD: Rowman and Littlefield, 2002), 68.
60. Jon Alterman, "The Key Is Moving Beyond Spectacle," *Daily Star*, December 27, 2004.
61. Samantha M. Shapiro, "Ministering to the Upwardly Mobile Muslim," *New York Times Magazine*, April 30, 2006.
62. Lindsay Wise, "Amr Khaled vs. Yusuf Al Qaradawi: The Danish Cartoon Controversy and the Clash of Two Islamic TV Titans," *Transnational Broadcasting Studies Journal*, no. 16 (Spring 2006), www.tbsjournal.com/Wise.htm.
63. Will Rasmussen, "Heya Satellite Channel Tackles Women's Core and Controversial Issues in Middle East," *Daily Star*, February 25, 2005.
64. Hassan Fattah, "Voting, Not Violence, Is the Big Story on Arab TV," *New York Times*, January 30, 2005.
65. Lewis, *What Went Wrong?* 151.
66. Gadi Wolfsfeld, *Media and the Path to Peace* (Cambridge: Cambridge University Press, 2004), 102, 2, 5.
67. UN Development Program, *Arab Human Development Report 2004*, 65.
68. Jennifer L. Windsor and Brian Katulis, "Three Keys to the Cowed Arab Media," *Daily Star*, May 17, 2005.
69. Kepel, *War for Muslim Minds*, 293.

제8장: 변화의 의미는

1. "Overview of Research and Methodology," BeAWitness.org, www.beawitness.org/methodology.
2. Nicholas Kristof, "All Ears for Tom Cruise, All Eyes on Brad Pitt," *New York Times*, July 26, 2005.
3. Leroy Sievers, "There Is Evil," *Los Angeles Times*, June 12, 2005.
4. "Flood, Famine, and Mobile Phones," *The Economist*, July 28, 2007, 61-62; ReliefWeb, www.reliefweb.int; NetHope: Wiring the Global Village, www.nethope.org.
5. Middle East Media Research Institute, Renowned Syrian Poet "Adonis": "We, in Arab Society, Do Not Understand the Meaning of Freedom," Special Dispatch Series, no. 1393, December 14, 2006, http://memri.org/bin/articles.cgi?Page=archives&Area=sd&ID=SP139306.
6. Dominique Moisi, "The Clash of Emotions," *Foreign Affairs 86*, no. 1 (January-February 2007): 8.

7. Edward W. Said, *Orientalism* (New York: Vintage, 2003), 347.
8. "If You Want My Opinion," *The Economist*, March 10, 2007, 58.
9. Scott Atran, "In Indonesia, Democracy Isn't Enough," *New York Times*, October 5, 2005.
10. Nicholas Kristof, "The Muslim Stereotype," *New York Times*, December 10, 2006.
11. George Packer, "Knowing the Enemy: Can Social Scientists Redefine the 'War on Terror'?" *The New Yorker*, December 18, 2006, 60, 64; "The Future of the Jihadi Movement: A Five-Year Forecast," *Chronicle of Higher Education*, October 20, 2006.
12. Somini Sengupta and Salman Masood, "Guantanamo Comes to Define U.S. to Muslims," *New York Times*, May 21, 2005.
13. Robert R. Reilly, "Britney vs. the Terrorists," *Washington Post*, February 9, 2007.
14. William A. Rugh, "Broadcasting and American Public Diplomacy," *Transnational Broadcasting Studies Journal* 14 (Spring 2005), www.tbsjournal.com/Archives/Spring05/rugh.html.
15. William McKenzie, "Karen Hughes Q and A: Public Diplomacy in Real Time," *Dallas Morning News*, December 12, 2006.

참고문헌

Books

Alavi, Nasrin. *We Are Iran: The Persian Blogs*. Brooklyn, NY: Soft Skull Press, 2005.

Albright, Madeleine K., and Vin Weber. *In Support of Arab Democracy: Why and How: Report of an Independent Task Force*. New York: Council on Foreign Relations, 2005.

Anderson, Benedict. *Imagined Communities: Reflections on the Origin and Spread of Nationalism*. London: Verso, 1991.

Atwan, Abdel Bari. *The Secret History of al Qaeda*. Berkeley: University of California Press, 2006.

Bensahel, Nora, and Daniel L. Byman, eds. *The Future Security Environment in the Middle East: Conflict, Stability, and Political Change*. Santa Monica, CA: RAND, 2003.

Bird, Christiane. *A Thousand Sighs, a Thousand Revolts: Journeys in Kurdistan*. New York: Random House, 2005.

Bradley, John R. *Saudi Arabia Exposed: Inside a Kingdom in Crisis*. New York: Palgrave Macmillan, 2005.

Bunt, Gary R. *Islam in the Digital Age: e-Jihad, Online Fatwas, and Cyber Islamic Environments*. London: Pluto Press, 2003.

___. *Virtually Islamic: Computer-Mediated Communication and Cyber Islamic Environments*. Cardiff: University of Wales Press, 2000.

Catherwood, Christopher. *Winston's Folly: Imperialism and the Creation of Modern Iraq*. London: Constable, 2004.

Cooke, Miriam, and Bruce B. Lawrence. *Muslim Networks From Hajj to Hip*

Hop. Chapel Hill: University of North Carolina Press, 2005.

Devji, Faisal. *Landscapes of the Jihad: Militancy, Morality, Modernity.* Ithaca, NY: Cornell University Press, 2005.

Eickelman, Dale F., and Jon W. Anderson, eds. *New Media in the Muslim World: The Emerging Public Sphere.* 2nd ed. Bloomington: Indiana University Press, 2003.

Friedman, Thomas L. *Longitudes and Attitudes: The World in the Age of Terrorism.* New York: Anchor Books, 2003.

George, Cherian. *Contentious Journalism and the Internet: Towards Democratic Discourse in Malaysia and Singapore.* Singapore: Singapore University Press, 2006.

Handbook for Bloggers and Cyber-dissidents. Paris: Reporters Without Borders, 2005.

Kalathil, Shanthi, and Taylor C. Boas. *Open Networks, Closed Regimes: The Impact of the Internet on Authoritarian Rule.* Washington, DC: Carnegie Endowment for International Peace, 2003.

Kepel, Gilles. *The War for Muslim Minds: Islam and the West.* Cambridge, MA: Harvard University Press, 2004.

Lewis, Bernard. What Went Wrong: Western Impact and Middle Eastern Response. New York: Oxford University Press, 2002.

Lim, Merlyna. *Islamic Radicalism and Anti-Americanism in Indonesia: The Role of the Internet.* Washington, DC: East-West Center, 2005.

Lynch, Marc. *Voices of the New Arab Public: Iraq, Al-Jazeera, and Middle East Politics Today.* New York: Columbia University Press, 2006.

Miles, Hugh. *Al-Jazeera: The Inside Story of the Arab News Channel That Is Challenging the West.* New York: Grove, 2005.

National Commission on Terrorist Attacks Upon the United States. *The 9/11 Commission Report: Final Report of the National Commission on Terrorist Attacks Upon the United States.* New York: Norton, 2004.

Pintak, Lawrence. *Reflections in a Bloodshot Lens: America, Islam and the War of Ideas.* London: Pluto Press, 2006.

Roy, Olivier. *Globalized Islam: The Search for a New Ummah.* New York: Columbia University Press, 2004.

Sakr, Naomi. *Satellite Realms: Transnational Television, Globalization, and the Middle East.* London: I. B. Tauris, 2001.

Schaebler, Birgit, and Leif Stenberg, eds. *Globalization and the Muslim World: Culture, Religion, and Modernity.* Syracuse, NY: Syracuse University Press, 2004.

Seib, Philip. *The Global Journalist: News and Conscience in a World of Conflict*. Lanham, MD: Rowman and Littlefield, 2002.

Shadid, Anthony. *Legacy of the Prophet: Despots, Democrats, and the New Politics of Islam*. Boulder, CO: Westview Press, 2002.

Weimann, Gabriel. *Terror on the Internet: The New Arena, the New Challenges*. Washington, DC: U.S. Institute of Peace Press, 2006.

Wright, Lawrence. *The Looming Tower: Al-Qaeda and the Road to 9/11*. New York: Knopf, 2006.

Zayani, Mohamed, ed. *The Al Jazeera Phenomenon: Critical Perspectives on New Arab Media*. Boulder, CO: Paradigm Publishers, 2005.

Articles, Chapters, and Reports

Al Kasim, Faisal. "*The Opposite Direction*: A Program Which Changed the Face of Arab Television." In The *Al Jazeera Phenomenon: Critical Perspectives on New Arab Media*, edited by Mohamed Zayani. Boulder, CO: Paradigm, 2005.

Alterman, Jon B., "The Information Revolution and the Middle East." In *The Future Security Environment in the Middle East: Conflict, Stability, and Political Change*, edited by Nora Bensahel and Daniel L. Byman. Santa Monica, CA: RAND, 2003.

Anable, David. "The Role of Georgia's Media — and Western Aid — in the Rose Revolution." *Harvard International Journal of Press/Politics* 11, no. 3 (Summer 2006): 7.43.

Anderson, Jon W., "The Internet and Islam's New Interpreters." In *New Media in the Muslim World: The Emerging Public Sphere*, edited by Dale F. Eickelman and Jon W. Anderson. 2nd ed. Bloomington: Indiana University Press, 2003.

___. "New Media, New Publics: Reconfiguring the Public Sphere of Islam." *Social Research* 70, no. 3 (Fall 2003): 887. 906.

___. "Wiring Up: The Internet Difference for Muslim Networks." In *Muslim Networks From Hajj to Hip Hop*, edited by miriam cooke and Bruce B. Lawrence. Chapel Hill: University of North Carolina Press, 2005.

Azrael, Jeremy R., and D. J. Peterson. *Russia and the Information Revolution*. RAND Issue Paper. Santa Monica, CA: RAND, 2002.

Baran, Zeyno. "Fighting the War of Ideas." *Foreign Affairs*, November. December 2005, 68.78.

Brinkerhoff, Jennifer M. "Digital Diasporas and Conflict Prevention: The Case of

Somalinet.com." *Review of International Studies* 32, no. 1 (January 2006): 25.47.

Bubalo, Anthony, and Greg Fealy. *Between the Global and the Local: Islamism, the Middle East, and Indonesia*. Brookings Institution, U.S. Policy Toward the Islamic World, Analysis Paper, no. 9, October 2005.

Bunt, Gary. "Defining Islamic Interconnectivity." In *Muslim Networks From Hajj to Hip Hop*, edited by miriam cooke and Bruce B. Lawrence. Chapel Hill: University of North Carolina Press, 2005.

Cherribi, Sam. "From Baghdad to Paris: Al Jazeera and the Veil." *Harvard International Journal of Press/Politics* 11, no. 2 (Spring 2006): 121.138.

Cockburn, Andrew. "Iraq's Resilient Minority." *Smithsonian*, December 2005, 43. 55.

Eickelman, Dale F., and Jon W. Anderson. "Redefining Muslim Publics." In *New Media in the Muslim World: The Emerging Public Sphere*, edited by Dale F. Eickelman and Jon W. Anderson. 2nd ed. Bloomington: Indiana University Press, 2003.

Ernst, Carl W. "Ideological and Technological Transformations of Contemporary Sufism." In *Muslim Networks From Hajj to Hip Hop*, edited by miriam cooke and Bruce B. Lawrence. Chapel Hill: University of North Carolina Press, 2005.

Hefner, Robert W. "Civic Pluralism Denied? The New Media and Jihadi Violence in Indonesia." In *New Media in the Muslim World: The Emerging Public Sphere*, edited by Dale F. Eickelman and Jon W. Anderson. 2nd ed. Bloomington: Indiana University Press, 2003.

Jones, David Martin, and M. L. R. Smith. "Greetings From the Cybercaliphate: Some Notes on Homeland Insecurity." *International Affairs* 81, no. 5 (October 2005): 925.950.

Kalathil, Shanthi. "Dot Com for Dictators." *Foreign Policy*, March. April 2003, 43.49.

Labi, Nadya. "Jihad 2.0." *Atlantic Monthly*, July.August 2006, 102. 108.

Mandaville, Peter G. "Communication and Diasporic Islam: A Virtual *Ummah*?" In *The Media of Diaspora*, edited by Karim H. Karim, 135.147 London: Routledge, 2003.

___. "Reimagining the *Ummah*? Information Technology and the Changing Boundaries of Political Islam." In *Islam Encountering Globalization*, edited by Ali Mohammadi, 66.90. London: RoutledgeCurzon, 2002.

Merrifield, William. "MED-TV: Kurdish Satellite Television and the Changing Relationship Between the State and the Media." *Transnational Broadcasting Studies Journal*, no. 14 (Spring 2005), www.tbsjournal.com/ Archives/Spring05/ merrifield.html.

Packer, George. "Knowing the Enemy: Can Social Scientists Redefine the 'War on Terror'?" *The New Yorker*, December 18, 2006, 60.69.

Shadid, Anthony, and Kevin Sullivan. "Anatomy of the Cartoon Protest Movement." *Washington Post*, February 16, 2006.

Shapiro, Samantha M. "Ministering to the Upwardly Mobile Muslim." *New York Times Magazine*, April 30, 2006.

Stanley Foundation. *Open Media and Transitioning Societies in the Arab Middle East: Implications for U.S. Security Policy*. Report in association with the Institute for Near East and Gulf Military Analysis. Muscatine, IA: Stanley Foundation, 2006.

Wiktorowicz, Quintan. "The Salafi Movement: Violence and Fragmentation of Community." In *Muslim Networks From Hajj to Hip Hop*, edited by miriam cooke and Bruce B. Lawrence. Chapel Hill: University of North Carolina Press, 2005.

Wright, Lawrence. "The Terror Web." *The New Yorker*, August 2, 2004, 40.53.

Yavuz, M. Hakan. "Media Identities for Alevis and Kurds in Turkey." In *New Media in the Muslim World: The Emerging Public Sphere*, edited by Dale F. Eickelman and Jon W. Anderson. 2nd ed. Bloomington: Indiana University Press, 2003.

찾아보기

(7)
7월 7일 테러 78

(9)
9/11 테러공격 3
9/11위원회 3

(A)
ABC뉴스 46
AP 79

(B)
BBC 23; BBC 국제방송 44
BMW 165
burmanet.org 176
B-92 라디오 179

(C)
CIA 28
CNN 효과 86

(D)
DVB 온라인 176
DVD 68

(E)
EFE 22
e-정부 152
e시민 154

(G)
GM 134

(I)
IBN(Indian Broadcast News) 57
IT 185
ITV 52

(K)
KurdistanWeb.com 95

(M)
MED-TV 93
MSNBC 17
MTV 236
mtvU 236; mtvu.com 236

(R)
RTA 55

(T)

TF1 51
TV 18 그룹 57

(ㄱ)

가단(Adam Gadahn) 142
가디언 78
가상 정치 196
가상 커뮤니티 245
가상국가 89
간지(Akbar Ganji) 213
감정의 충돌 247
개방성 214
객관성 192, 218
관타나모 107
걸프 218
검열 203
검색엔진 242
게이츠(Bill Gates) 66
게틀러(Michel Getler) 72
경찰국가 198
고세(Ulysse Gosset) 51
공공외교 251
공통성 249
관념의 전쟁 253
광섬유 음성데이터 시스템 84
교황 베네딕트 16세(Benedict XVI) 41
구글; 구글닷씨엔(Google.cn) 172; 구글 비디오 79
구라니 96
국경없는 기자회 153
국경없는 의사회 237
국경없는 통신 239
국민민주당 208
국민방송네트워크 205
국수주의 202
국제로터리 134
국제사면기구 220; 국제사면위원회 236
국제전기통신연합(ITU) 70
군중심리 76
굴라이드(Fawzi Guleid) 201
권위주의 154, 180
규제조치 172
극단주의 251
글로벌 무슬림 99
글로벌 보이스 76
글로벌 이슬람법 해석자(global mufti) 114
기독교방송네트워크(CBN) 117

(ㄴ)

나블루스 39
나세르(Gamal Abdel Nasser) 29
나스랄라(Hassan Nasrallah) 225
나시르주의 209
나이지리아 187
나이트라인 238
나일샛 22, 251
나홀 40
네비게이션 67
넷 포털 156
넷호프 239
노무현 177
노벨상; 노벨문학상 206; 노벨평화상 210; 노벨평화상위원회 210
노보스티 53
노홀리부드 50
누르(Ayman Nour) 209
뉴 포시스 82
뉴스 코퍼레이션 61, 73, 161
뉴스레터 243
뉴스의 가치 237
뉴욕타임스 2
니엘센(A. C. Nielsen) 43

(ㄷ)

다마크라타 231
다르푸르 235
다슈티(Rola Dashti) 201
다양성 249
다자니(Nabil Dajani) 42
다카르 105
단문메시지서비스(SMS) 85
대량살상무기 191
대중문화 192
대중의 참여 226
데라크샨(Hossein Derakhshan) 211
데브지(Faisal Devji) 83
도이체벨레 22
도청 221
도하 107
독립 텔레비전위원회(ITC) 93
독립성 231
동결점 173
두바이 219
둥저우(登州) 166
드 푸질락(Alain de Pouzilhac) 51
디 벨트(Die Welt) 6, 243
디즈니사(社) 46, 61
디즐라 라디오 217
디지털 이주민 74
디지털정보격차 186
디지털 토착민 74
또 다른 러시아 75

(ㄹ)

라디오 221; 라디오 알-이슬람 114
라비(Nadya Labi) 142
라슬란(Karim Raslan) 105
라스카르 지하드 82
라스무센(Anders Fogh Rasmussen) 5
라이브 8 80
라이스(Condoleeza Rice) 207
라일리(Robert Reilly) 252

란츠(Cristoph Lanz) 56
러시안 라이브 저널 75
러시아 투데이 53
레닌주의 기법 157
레바논방송사(LBC) 31
로스(Dennis Ross) 224
로이(Oliver Roy) 16, 99, 109, 112, 126
로즈(Flemming Rose) 5
로즈 TV 94
롤링스톤 220
루머 250
루쉰(魯迅) 166
루이스(Bernard Lewis) 8, 192, 195, 230, 247
루스타비-2 178
루터 159
루흐(William Rugh) 253
룩셈부르크 65
르완다 12, 69
리신 141
리투아니아 221
린샤 16
린치(Marc Lynch) 13, 21, 29, 193
링크 TV 60
리눅스(Linux) 68
리 쉰드 168
리우 헤젠(Liu Hezhen) 166
리콴유(李光耀) 160
릴리프웹 239
림(Merlyna Lim) 90, 118, 120
링크톤 156

(ㅁ)

마그립 36
마드리드 열차 테러사건 78
마디 100
마오쩌둥(毛澤東) 168
마이크로소프트사 66
마이클 안티 169

마이클 잭슨(Michael Jackson) 235
마일즈(Hugh Miles) 190
마케도니아 67
마틱(Veran Matic) 179
마흐무드의 소굴 200
마흐푸즈(Naguib Mahfouz) 206
마틴(Javier Martin) 22
매복공격 250
말레이시아 7
매스미디어 195
머독(Rupert Murdoch) 61, 73-74, 161
머로우(Edward R. Murrow) 240
멀티미디어 메시징 서비스(MMS) 85
메쉬 네트워크 68
모로코 15, 22, 28
모사드(Mossad) 15, 28
무가베(Mugabe) 186
무바라크(Hosni Mubarak) 193
무바쉬르 222
무아스카르 알-밧타르 141
무앗진 115
무자히딘(Mujahidin) 3, 103
무함마드 5
문명의 충돌 122
문자메시지 201
미국진보운동기금 235
미국평화연구소 190
미드야 TV 94
미들이스트트랜스패런트닷컴 209, 214
미디어시티 219
미디어 지하드 150
미래의 선구자 40
미로니유크(Svetlana Mironyuk) 53
미얀마 민주화의 소리 175
민(Jean K.Min) 75
민병대 225
민주주의 151
민주화 170

밀로셰비치(Slobodan Milosevic) 179
밀레니엄 보고서 66

(ㅂ)

바그다드 217
바란 126
바레인 219; 바레인 국가민주주의연구소 201; 바레인 블로그사이트 200; 바레인온라인닷컴 200
바루드(Ramzy Baroud) 222
바쉬르(Abu Bakar Bashir) 248
바이만(Gabriel Weimann) 136, 140
바타(Habib Battah) 17
반이스라엘 연대 225
백향목 혁명 203
발루트(Jihad Ballout) 45
버드(Christiane Bird) 92
버발로(Anthony Bubalo) 104
버크(Jason Burke) 135
번영복지당 104
번트(Gery Bunt) 114
범아랍민족주의 117
범이슬람주의 121
베네수엘라 46-47
베를린 장벽 151
베오그라드 151
베이루트 224
베일루니(Anne Marie Baylouny) 44
베흐누드(Masoud Behnoud) 212
보나퐁(Jerome Bonnafont) 52
보노(Bono) 80
보도 방향 192
보아뉴스닷컴 168
보아스(Taylor C. Boas) 152, 197
보이콧 193
볼리바르(Bolivar) 48
볼리비아 47
부(副)국가(sub-state) 91
부룬디 186

부르키나파소 186
부정선거 193
북대서양조약기구(NATO) 98
북오세티아 33
분절화 136
불락 100
불량국가 98
브라질 25, 69
브라크만(Jarret Brachman) 250
브래들리(John Bradley) 14
브레이크닷컴 79
브로드밴드 68
브리지스 TV 60
브리태니카 220
블레어(Tony Blair) 52
블로그영역 211
블로깅베이루트닷컴 203
비정부기구(NGO) 178
비젤(Elie Wiesel) 238
빌 앤드 멜린다 게이츠 재단 67

(ㅅ)

사르데사이(Rajdeep Sardesai) 57
사르코지(Nicolas Sarkozy) 53
사막 이슬람 249
사미즈다트 198
사와 252
사용자 생성 콘텐츠 241
사우디 블로거 공식 커뮤니티 220
사우디인권센터 220
사우트 알-지하드 140
사이드(Ali Ahmad Said) 247
사이드(Edward Said) 248
사이버 공간 3
사이버민족주의 174
사이버시민(cybercitizen) 7
사제폭탄 137
사찰단 191
사카쉬빌리(Mikheil Saakashvili) 178

사크르 103
사프사리(Bijan Safsari) 211
사하로프 213
사회주의 158
사회미디어센터 74
살라마(Salama Ahmed Salama) 194, 209
살라피 103; 살라피 지하드주의 118
상하이사범대학 158
샤(shah) 210
샤디드(Anthony Shadid) 100
샤리아 125
샤스(Nabil Shaath) 39
샨다 156
샬라비(Jean Chalaby) 11
선전물 225
성전의 목소리 83
세계은행 239
세계전기통신개발위원회 65
세계과학언론인협회 110
세계보건기구(WHO) 163
세계화 11-12, 25
세르비아 179
세사리(Jocelyne Cesari) 120
세속주의 210
세이프웹 168
세포조직 132
셰리비(Sam Cherribi) 116
셰바르드나제(Eduard Shevardnadze) 178
셰이크 왈리드(Sheikh Walid al-Ibrahim) 32
셰이크 이브라힘(Sheikh Ibrahim al-Khudairi) 42
소라니 92
소셜네트워킹 129
소통 245, 254
소프트 파워 178
소후 156
송출업체 221

수니파 219
수평적 동료의식 97
수피 121; 수피 신비주의자 129; 수피주의 120; 수피즘 120;
순교자 21, 224; 순교자광장 205
술라이만(Abdelkarim Nabil Suleiman) 208
쉬 타오(師濤) 162
쉬우(Xu Wu) 174
슈라 137; 슈라 의회 206
슈어(Michael Scheuer) 139
스리랑카 237
스와힐리 101
스카이락 81
스카이블로그 81
스타TV 161
스타 아카데미 85
스튜디오 7 186
스튜어트(Martha Stewart) 235
스페인 22
시나 156; 시나닷컴 165
시니오라(Fouad Siniora) 37
시라크(Jacques Chirac) 52
시리아미디어시티 215
시민; 시민 기자 178; 시민 미디어 241; 시민언론 76
시스코 시스템 161
시아파 219
시오니즘 224
신뢰성 192
시버스(Leroy Sievers) 238
신뢰도 237
신원리주의 126
싱가포르 154
싱크센터 183
쌍방향성 97, 197

(ㅇ)

아난(Kofi Annan) 66
아도니스 247
아라파트 38, 102
아랍; 아랍뉴스 71; 아랍샛 22, 147; 아랍어 119; 아랍의 목소리 29; 아랍인간개발보고서 230
아르헨티나 47
아리스테귀(Gustavo de Aristegui) 138
아메리칸 아이돌 60, 80
아민(Hussein Amin) 42
아민(Samir Amin) 55
아부다비 TV 31
아부 그라이브 71, 231
아부 사마흐(Nicolas Abu Samah) 229
아사히 신문 243
아아로니안(Aram Aharonian) 46
아웅산 수지(Aung San Suu Kyi) 175
아이클만(Dale Eickelman) 106, 119
아이토크뉴스 76
아이티 237
아프가니스탄 3
아킬(Pierre Akel) 214
아흐마디네자드(Mahmoud Ahmadinejad) 212
알-가드당 209
알-니다 142
알-라쉬드(Abdul Rahaman al-Rashid) 33
알-리살라TV 40
알-리카비(Ahmad al-Rikabi) 217
알-마나르(al-Manar) 36, ; 알-마나르 TV 184, 244
알-마스리 알-야움 209
알-마이나(Khaled al-Maeena) 71
알-마크슈프 229
알-멘샤위(Mustafa el-Menshawy) 194
알-사하브 재단 143
알-샤르크 알-아우사트(al-Sharq al-Awsat) 33
알-아라비 알-나시리 209
알-아라비아(al-Arabiya) 14

알-아사드(Bashar al-Assad) 204, 216
알-아즈하르 113
알-아크사 39
알-아흐람 207, 208
알-알리(Mohammed Jassim Al Ali) 189
알-와프드 71
알-이슬람(Dar al-Islam) 14
알-자르카위(Abu Musab al-Zarqawi) 113, 137, 246
알-자와히리 135
알-자우라 146
알-자이드(Salama al-Zaid) 222
알-자지라(al-Jazeera) 59, 190, 192-194; 알-자지라 민주공화국 196; 알-자지라 잉글리시 58, 111
알-카라다위(Sheikh Yusuf al-Qaradawi) 34, 113, 227
알-카심(Anwar al Qassem) 215
알-카에다(al-Qaeda) 142
알-파키흐(Saad al-Faqih) 221
알-하릅(Dar al-Harb) 14
알-하카와티(al-Hakawati) 23
알-후르라(al-Hurra) 36, 42
알-히와르 251
알라비(Nasrin Alavi) 212
알렌(Mark Allen) 24
알리바바닷컴 162
알만하바 라디오 217
알터만(Jon Alterman) 12, 152, 226
알퍼(Yossi Alpher) 14
암만 252
압둘 누르(Ayman Abdel Nour) 216
압둘 파타흐(Alaa Abd el-Fattah) 208
압둘 하미드(Ammar Abdel Hamid) 216
압둘라(Abdullah) 222
앤더슨(Benedict Anderson) 89
앤더슨(Jon Anderson) 106, 112, 119
야 무함마드(Ya Mohammed) 23
야후 161
언론법 210
언론조사등록국 176
언스트 120
에이즈(AIDS) 184
엘 빠이스 243
엘라프닷컴 209
엘살바도르 250
엠에스엔스페이스(MSN Space) 161, 169-170
역동성 197
영상전화망 229
오렌지 혁명 179
오마이뉴스 75, 177
오웬(Mark Owen) 52
오픈넷 이니셔티브 172, 180
옥스팸 80
온건성 228
올포시리아(All4Syria) 216
와이드샷 205
와이맥스 68, 181
와이즈(Lindsay Wise) 228
와지리스탄 247
왕 시아오펑(Wang Xiaofeng) 169
우루과이 47
우르드어 101, 111
우크라이나 179
울라마 113
울브스펠트(Gadi Wolfsfeld) 230
움마(ummah) 99, 125
워너브라더스레코즈 220
워싱턴포스트 22, 72
원리주의 118
원스톱샵 96
원자바오(溫家寶) 164
월드와이드웹(World Wide Web) 197
웹블로기스탄 211, 213
웹캐스트 199
웹포스팅 158
위성중계차량 229
위성지도 239
위크토로위츠 103

위키스 77
위키피디아 74
윈저(Jennifer Windsor) 231
유니비전 50
유럽집행위원회(European Commission) 4
유안 레이(Yuan Lei) 169
유텔샛 37, 184
유투(U2) 80
유튜브 79, 85, 237; 유튜브 효과 86; 유튜브닷컴 238
율란트-포스텐(Jyllands-Postern) 5
이그나티우스 198
이끄라 227
이라크 이슬람국가 144
이르비드 68
이르하비007 149, 246
이맘(Imam) 16
이바디(Shirin Ebadi) 210
이베이 161
이브라힘(Youssef Ibrahim) 194, 222
이스라엘 2; 이스라엘 모델 214
이슬라마바드 72
이슬라미시티 114
이슬라흐 220; 이슬라흐 TV 221
이슬람 공동체 125
이슬람공포증 61
이슬람온라인 110
이슬람운동 250
이슬람회의기구(OIC) 61
이질성 248
이집션 블로그 208
이흐사노글루(Ekmeleddin Ihsanoglu) 61
인도 25, 69
인도네시아 7, 15, 82
인도적 구호단체 237
인민의 CNN 48
인옌지 226
인터넷혁명 212
인티파다 224

(ㅈ)

자야니(Mohamed Zayani) 196
자오 얀(趙岩) 171
자오 징(Zhao Jing) 169
자유화 152
자카르타 130
자카리아(Fareed Zakaria) 160, 174
잔자위드 236
잔지바르 129
장미혁명 178
장쩌민(江澤民) 170
저항의 문화 224
전기통신연합 65
점프 TV 59, 60
접속성 233
정보; 정보격차 65; 정보 민주주의 199; 정보 소비자 242-243; 정보접근 215; 정보통신기술(ICT) 65, 239; 정보평가서 149; 정보혁명 206
정실주의 193
정체성 233
정치; 정치국 159; 정치적 자발성 202; 정치적 행위자 225, 233, 244
정통성 193
제다 222
제마 이슬라미야 104, 248
조국 247
조그비 102
조지(Cherian George) 182, 183
조지아 178
종파주의 205
주르와트 알-사남 145
주커만(Ethan Zuckerman) 76
준(準)전투원 244
중국청년일보 173
중동투명성 214
중증급성호흡기증후군(SARS) 163
지닝(Jining) 169
지구촌 2

지식보급센터 67
지오시티 180
지하드(Jihad) 3, 101
지하디스트 140, 250
진보주의적 209

(ㅊ)

차베스(Hugo Chavez) 46
차이나넷 159
차이나텔레콤 159
참새전술 168
참여 198
채널 5 179
채팅방 200
처칠(Winston Churchill) 92
체첸 전쟁 54
출구조사 178
충돌 248
칠레 69

(ㅋ)

카가르리츠키(Boris Kagarlitsky) 53
카림 아미르 208
카라치 130
카라트니치(Adrian Dartnycky) 179
카불 84
카세트테이프 210
카슈미르 82
카스트로 46
카스파로프(Garry Kasparov) 75
카심(Hisham Kassem) 207
카이로 타임스 209
카자흐스탄 25
카툴리스(Brian Katulis) 231
카트리나 80
카팁(Ghassan Khatib) 15
카팁(Nabil Khatib) 34
칸(Imran Khan) 72

칸파르(Wadha Khanfar) 28, 190
칼라슈니코프 140
칼라실(Shanthi Kalathil) 152, 197
칼리드(Amr Khaled) 226
칼리파 126
칼리프 126
칼후리 96
케르만지 92
케펠(Gilles Kepel) 13, 21, 231
코트디브아르 81
코펠(Roger Koppel) 6
코헨(Stephen P. Cohen) 102
콜린스(Mille Collines) 226
콩고 237
쿠르드노동자당(PKK) 94-95
쿠바 46, 47
쿠웨이트 28, 151
쿱찬(Charles Kupchan) 197
크래머(Chris Cramer) 57
크리스토프(Nicholas Kristof) 170, 236, 249
클라크(Richard Clarke) 253
클린턴(Bill Clinton) 157
키르기스스탄 128
키마샤니 96
키예프 151
킬컬렌(David Kilcullen) 250
킹덤 홀딩사(社) 40, 61

(ㅌ)

타이프패드 180
타임 워너 61
타지키스탄 128
탄위르(Shehzad Tanweer) 142
탈레반 84
탈문화화 127
탈영토화(deterritorialization) 11, 90, 127
탈중앙화 136

탕헤르 107
터너(Ted Turner) 2
터키 15
테러 132; 테러리즘 132; 테러리스트 137; 테러와의 전쟁 54, 132
테크노라티 199, 237
테헤란 105
텔레비전 에스파뇰라 50
텔레수르 46
텔하미(Shibley Telhami) 43
톈안먼 151
토론토 105
토크쇼 217
투명성 191
투치 226
트라이앵글보이 168
티술리(Younis Tsouli) 149

(ㅍ)

파르푸르 40
파키스탄 15
파흐드(Fahd) 32
판디(Mamoun Fandi) 196
팔레스타인 2, 7; 팔레스타인방송사(PBC) 38; 팔레스타인의 목소리 38
팟캐스트 243
패커(Geogre Packer) 2, 250
패튼(Chris Patten) 162
패퍼트(Seymour Papert) 69
페르시아블로그 211
페이지뷰 110
펠히 96
펜타곤 72
포털사이트 242
폭스 뉴스 32
표현의 자유 175
푸틴(Vladimir Putin) 54, 185
풀뿌리 216

푸켓 재해 메시지 게시판 79
퓨처 37
퓨 글로벌 애티튜드 프로젝트 15; 퓨 글로벌 애티튜드 조사 102
프라브다 우크라이나 179
프랑스 24 51
프롬 데이 투 데이 229
프리드먼(Thomas Friedman) 2, 11, 30, 83
프리 알라 208
필리(Greg Fealy) 104
필터링 219; 필터링 시스템 160, 212

(ㅎ)

하늘의 주권 93
하디스 118
하릅(Osama el-Ghazali Harb) 206
하리리(Rafik Hariri) 37, 108, 200
하마드 빈 칼리파(Hamad bin Khalifa) 191
하마스(Hamas) 39, 223
하벨(Vaclav Havel) 213
하이칼(Mohammed Hassanein Heikal) 194
하짐 삼촌 39
하짐 샤라위(Hazim Sharawi) 39
하퍼콜린스 161
한 아이 당 한 대의 노트북 68-69,
할랄 115
해안 이슬람 249
행동주의 190
허리케인 80
허츠버그(Hendrik Hertzberg) 72
헌팅턴(Samuel Huntington) 121, 248
험비 250
헤우라미 96
헤이룽장 성 165
헤프너(Robert Hefner) 82
현상 97

호메이니(Ayatollah Ruhollah
　　Khomeini)　210
획일성　243
후세인(Saddam Hussein)　79
후와이디(Fahmy Howeidy)　28
후진성　195
후진타오(胡錦濤)　164
후투　226
휴대전화　201

휴먼라이츠워치　216
휴즈(Karen Hughes)　253
히야　228
히잡　116, 227
히즈불라(Hezbollah)　90
히즈브 알-타흐리르　125, 128
히틀러(Adolf Hitler)　12
힐라　146

저자 소개

남가주대학의 언론외교학과 교수인 필립 세이브는 언론과 공공외교(public diplomacy)에 관련한 많은 책을 저술하고 있다. 대표적인 저서로는 『헤드라인 외교: 언론보도가 외교정책에 미치는 영향』, 『글로벌 저널리스트: 분쟁의 세계에서 언론과 양심』, 『전선을 넘어: 전쟁 보도의 양상』, 『21세기의 언론과 분쟁』, 『전쟁 캠페인과 언론: 에드워드 머로와 미국의 참전』, 『뉴미디어와 중동』 등이 있다. 그는 또 '미디어, 전쟁 그리고 분쟁' 학술지의 공동 편집인이다. 현재 캘리포니아 파사데나에 살고 있다.

역자 소개

서정민 (amirseo@hufs.ac.kr)

한국외대 아랍어과 졸업
한국외대 통역대학원 아랍문학 석사
카이로 아메리칸대 (중동)정치학 석사
영국 옥스퍼드대 (중동)정치학 박사

현 한국외대 국제지역대학원 중동아프리카학과 교수
    KBS객원해설위원, 외교통상부 정책자문위원, 교육과학기술부 국비유학
    자문위원, 대외경제정책연구원자문위원

중앙일보 중동전문기자 겸 카이로특파원 역임

주요 논저

『글로벌 에너지 중심지, 중동』(미래에셋투자교육연구소)
『기자 아저씨가 들려주는 이집트 이야기』(한솔)
『두바이: 무한 상상력과 창조적 리더십』(글로연)
『두바이 CEO의 창조경영』(청림출판)
『부르즈 칼리파: 대한민국이 피운 사막의 꽃』(글로연)
『아라비아의 보석: 사나』(웅진다책)

『오바마의 과제: 3조 달러의 행방』(역서, 전략과 문화)
『이집트 사람들』(역서, 사계절)
『인간의 땅, 중동』(중앙북스)
"The Decline of Spiritual Authority: Religious Officials in the Egyptian Authority." (한국이슬람학회논총)
"예멘의 부족주의와 이슬람 과격운동" (한국이슬람학회논총)
"테러리즈미즘과 알카에디즘: 국제테러의 구조적 배경" (한국중동학회논총)
"反테러 담론 생산과 對테러 체제 구축" (한국중동학회논총).
"이집트 정권의 對과격 이슬람운동 정책" (국제정치연구) 외 다수